JN233072

なぜ生きる

高森顕徹 監修
明橋大二
伊藤健太郎

1万年堂出版

はじめに

「ママ　パパへ
わたしは　いきていてもいみのない人《にん》げんです。わたしがいきていても　みんながこまるだけです。
ママパパ長いあいだおせわになりました。なにもいわず　わたしをしなせてください。わたしはじごくで　みんなのことをみまもっています」

小学校二年の女の子の遺書《いしょ》である。

自殺《じさつ》の増加《ぞうか》と低年齢化《ていねんれいか》に、世のなか戸惑《とまど》っている。科学や医学などは急進《きゅうしん》したが、人類《じんるい》の闇《やみ》はますます深《ふか》まっているといえよう。

「強く生きよ」と励《はげ》ます本が相次《あいつ》いでベストセラーになっているが、「生きていても意味のない人間《にんげん》」と言われて、どんな説得《せっとく》が用意されているのだろうか。

「生きよ生きよ」と連呼《れんこ》されても、

「人生《じんせい》は　食《く》て寝《ね》て起《お》きて　クソたれて　子《こ》は親《おや》となる　子《こ》は親《おや》となる」

「世《よ》の中《なか》の　娘《むすめ》が嫁《よめ》と花咲《はなさ》いて　カカアとしぼんで　婆《ばば》と散《ち》りゆく」

禅僧《ぜんそう》・一休《いっきゅう》に人生の裸形《らぎょう》を露出《ろしゅつ》されると、むなしくこだまするだけである。


戦争、殺人、自殺《じさつ》、暴力《ぼうりょく》、虐待《ぎゃくたい》などは、「生きる意味があるのか」「苦しくとも、生きねばならぬ理由《りゆう》は何か」必死《ひっし》に求めても知《し》り得《え》ぬ、深《ふか》い闇《やみ》へのいらだちが、生み出す悲劇《ひげき》とは言えないだろうか。

たとえば少年法を改正《かいせい》しても、罪《つみ》の意識《いしき》のない少年にどれだけの効果《こうか》を期待《きたい》しうるか、と懸念《けねん》されるように、これら諸問題《しょもんだい》の根底《こんてい》にある「生命《せいめい》の尊厳《そんげん》」、「人生《じんせい》の目的《もくてき》」が鮮明《せんめい》にされないかぎり、どんな対策《たいさく》も水面に描《えが》いた絵に終わるであろう。

「人生《じんせい》に目的《もくてき》はあるのか、ないのか」

「生きる意味は何なのか」

人類《じんるい》は今も、この深《ふか》い闇《やみ》の中にある。

どこにも明答《めいとう》を聞けぬ中、親鸞聖人《しんらんしょうにん》ほど、人生《じんせい》の目的《もくてき》を明示《めいじ》し、その達成《たっせい》を勧《すす》められた方はない。

「万人共通《ばんにんきょうつう》の生きる目的《もくてき》は、苦悩《くのう》の根元《こんげん》を破《やぶ》り、〝よくぞこの世に生まれたものぞ〟の生命《せいめい》の大歓喜《だいかんぎ》を得《え》て、永遠《えいえん》の幸福に生かされることである。どんなに苦しくとも、この目的《もくてき》果《は》たすまでは生《い》き抜《ぬ》きなさいよ」

聖人《しょうにん》、九十年のメッセージは一貫《いっかん》して、これしかなかった。まさしく人類《じんるい》の迷闇《めいあん》を破《やぶ》る、世界の光といわれるにふさわしい。

人気テレビ番組『知ってるつもり?!』では、戦後出版《しゅっぱん》された本の中で、一番多く語《かた》られた「歴史上の人物ベストワン」と紹介《しょうかい》された。それほど有名で、強い関心を持たれている聖人《しょうにん》だが、その思想《しそう》はアキレルほど誤解曲解《ごかいきょっかい》されていることに驚《おどろ》く。

〝それは親鸞学徒《しんらんがくと》の怠慢《たいまん》だよ〟

といわれれば弁解《べんかい》の余地《よち》はないが、今は猛省《もうせい》して奮起《ふんき》を誓《ちか》いたい。

悲しい誤解《ごかい》の一つをあげれば、「平生業成《へいぜいごうじょう》」という言葉であろう。

「平生業成《へいぜいごうじょう》」とは、親鸞聖人《しんらんしょうにん》のすべてを漢字四字であらわした、いわば一枚看板《いちまいかんばん》とされている言葉である。「平生《へいぜい》」とは「現在《げんざい》」のこと。人生《じんせい》の目的《もくてき》を「業」という字であらわし、完成《かんせい》の「成」と合わせて「業成《ごうじょう》」といわれる。「平生業成《へいぜいごうじょう》」とは、まさしく、人生《じんせい》の目的《もくてき》が現在《げんざい》に完成《かんせい》する、ということだ。

親鸞聖人《しんらんしょうにん》の特色《とくしょく》が「平生業成《へいぜいごうじょう》」といわれるのは、聖人《しょうにん》ほど人生《じんせい》の目的《もくてき》と、その完成《かんせい》のあることを強調《きょうちょう》された方はなかったからである。

それが今日《こんにち》、「あなたの平生業成《へいぜいごうじょう》が悪かったからだ」とか「私の平生業成《へいぜいごうじょう》がよかったから」などと、日常行為《にちじょうこうい》のことのように使われたり、聖人《しょうにん》の生命《いのち》が公然《こうぜん》と誤用《ごよう》、蹂躙《じゅうりん》されては、浅学非才《せんがくひさい》をかえりみず親鸞学徒《しんらんがくと》は、悲泣《ひきゅう》して立ち上がらずにおれないのである。

はたして人生《じんせい》の目的《もくてき》は、あるのか、ないのか。

親鸞学徒《しんらんがくと》の一人として、親鸞聖人《しんらんしょうにん》の言葉を通して迫《せま》ってみたいと思う。

第一部は、直面《ちょくめん》する問題点を中心に、文学者《ぶんがくしゃ》や思想家《しそうか》の人生論《じんせいろん》を掘《ほ》り下《さ》げてみた。

第二部は、少々難《むずか》しいと感じられる方があるかもしれないが、聖人《しょうにん》の言葉をあげて、古今東西《ここんとうざい》、変わらぬ人生《じんせい》の目的《もくてき》を明《あき》らかにした。

引用した古文や漢文は、今日《こんにち》の人に馴染《なじ》まないので、飛《と》ばして読まれてもわかるように、直後《ちょくご》に現代的表現《げんだいてきひょうげん》に変えて構成《こうせい》したつもりである。

ご批判《ひはん》を頂《いただ》ければありがたい。

平成十三年早春　著者識《しる》す

なぜ生きる

目次

・苦しみの新しい間を楽しみといい、楽しみの古くなったのを苦しみという
・絵を楽しんで描いていたピカソは、筆を置くと不機嫌《ふきげん》になった
・「好きな道を歩いていれば目的地はいらない。
歩《あゆ》みそのものが楽しいのだから」と言う人の、見落としているもの

(5)

・「仕事」が「人生の目的」なの?　侘《わび》しくありませんか?
・「考えてみるとだね、一生働《はたら》きつづけてこの家の支払いをすませ、
やっと自分のものになると、誰も住む者はいないんだな」
・働《はたら》けど働《はたら》けど、決して報《むく》われない……
・〝男なんていなくてもいい!〟そんな世の中になるかも
・最後の救いを　少女に求める中年男性もいる
・無益《むえき》な生涯だったと気づいたり、罪の山積《さんせき》に驚《おどろ》くのは、

二部　親鸞聖人の言葉

(17) 善いことをすると腹が立つ …… 248

・わずかなクッキーを隣家《りんか》にプレゼントしても、
「ありがとう」の一言がなかったらおもしろくない

・偽善者《ぎぜんしゃ》とは「人の為《ため》と言って　善をする者」
しかし、まわりの人のためだとわかっていても、
タバコすらやめられない

(18) 「地獄は一定《いちじょう》すみか」の自己との対面 …… 255

・どんな悪い者だと痛感している人でも、
自分は百パーセント悪いとは思っていない

・レントゲンの前では、美人も、醜女も、富める者も、
貧しい者も、老少男女の違いもなく、ただ見苦しい骨の連鎖《れんさ》ばかり

(19) 「悪人」とは人間の代名詞――「悪人正機《あくにんしょうき》」とは …… 261

・「今年」が終われば、また「今年」
「今日」が終われば、また「今日」がはじまる
・吐いた息が吸えないときから後生《ごしょう》である。
それは、一分後かもしれない
・善人と思っている「善人」を「善人」と言われている

(20)
『歎異抄《たんにしょう》』の「往生極楽《おうじょうごくらく》の道」――法《ほう》の深信《じんしん》…………270
・関東から京都まで歩いて聞きに行ったのは
「死後のハッキリしない無明《むみょう》の闇《やみ》を破り〝極楽浄土へ必ず往《ゆ》ける〟
大安心・大満足になる」一つのためだった
・友人に貸した大金が返ったとき
〝彼の誓約は本当だった〟と、疑いが晴れる
・「弥陀《みだ》の救いは一度でしょうか、二度でしょうか」
「この世は、弥勒菩薩《みろくぼさつ》と同格（正定聚《しょうじょうじゅ》）に救《すく》い摂《と》られ、

死ぬと同時に弥陀《みだ》の浄土で、無上《むじょう》のさとり（滅度《めつど》）
が得られる。弥陀《みだ》の救いは二度（二益《にやく》）ある」
・「いつ何がおきるか分からない火宅《かたく》無常《むじょう》の世界に住む、
煩悩《ぼんのう》にまみれた人間のすべてのことは、そらごとであり、
たわごとであり、まことは一つもない。
ただ、念仏《ねんぶつ》のみが、まことなのだ」

(21)
先を知る智恵をもって　安心して生き抜きたい ……… 281
・多くのことを知るよりも、もっとも大事なことを知る人こそが智者《ちしゃ》。
智者《ちしゃ》と愚者《ぐしゃ》は、「後世《ごせ》を知るか、否《いな》か」で分かれる
・未来明るい智者《ちしゃ》になるには、智慧《ちえ》の太陽に照破《しょうは》されるしかない
・浄土へ〝往《ゆ》〟き、仏に〝生〟まれることを「往生《おうじょう》」という
のであって、「こまった」とか「死んだ」ことではない
・足元の小川が渡れぬ者に、先の大河が渡れるはずはない

(22) 心も言葉も絶えた世界 ……… 292

・「不思議だなぁ、どうしてこんな悪性《あくしょう》が救《すく》い摂《と》られたのか。
なぜ愉快なのか。恵まれるのか。生かされるのか。
どれだけ考えてもわからない。……」

・「貴《とうと》いとか賤《いや》しいとか、僧侶とか俗人とか、男女、老少、
罪の軽重、善根《ぜんごん》の多少など、大信海《だいしんかい》の拒《こば》むものは何もない。
完全自由な世界である」

・金輪際《こんりんざい》 幸せとは無縁の者を、無上《むじょう》の幸福《こうふく》にする

(23) 人生の目的完成すれば どう変わる ……… 301

・雲や霧がどんなに天をおおっていても、
日光で雲霧《うんむ》の下は明るいように、欲や怒り、ねたみの
煩悩《ぼんのう》一杯あるがままで、心は浄土に遊んでいるように明るく愉快

・欲望のなくなったのが一番の幸せなら、

石や屍《しかばね》が一番幸福ということになる
・シブ柿のシブがそのまま甘味になるように、
煩悩《ぼんのう》（苦しみ）一杯が、功徳《くどく》（幸せ）一杯となる

(24) 『歎異抄《たんにしょう》』と人生の目的 …… 311

・〝すべての人を　見捨てられない幸福（摂取不捨《せっしゅふしゃ》の利益《りやく》）
にせずにはおかぬ〟弥陀《みだ》の誓願《せいがん》
・念仏《ねんぶつ》を称《とな》えたときに救われるのでもなければ、
称《とな》えていれば助かるのでもない。
〝称《とな》えよう〟と思いたつ心の、おきたときである
・「『念仏申さん』と思いたつ心」＝「他力《たりき》の信心」
他力《たりき》とは　〝弥陀《みだ》より賜《たまわ》ること〟
・摂取不捨《せっしゅふしゃ》の幸福になるには、老若男女、慈善家、殺人犯、
頭の良し悪しなどは関係ない。他力の信心ひとつが肝要《かんよう》

・悪人が、どうして無上の幸福者になれるのか、
もっとも罪の重い人を救うための本願《ほんがん》だからだ
・「こんな私は、救われないのではなかろうか」と悪を恐れるのは、
〝絶対助からぬ極悪人《ごくあくにん》〟と、知らされていないから

(25) 人生の目的は「無碍《むげ》の一道《いちどう》」…………324

・「我に自由を与えよ　しからずんば死を！」
——真の自由はいずこに
・〝雨がやまないように〟〝山がもっとさびしければ〟
〝村がもっと遠ければいい〟…。恨んでいた道の遠さも、
今は少しも苦にならない
・不自由の中に　自在の自由を満喫《まんきつ》する「無碍《むげ》の一道《いちどう》」

(26) 人生の目的も「みんなちがって　みんないい」のか…332

(28) 人生の目的完成してからの　親鸞聖人の生きざま …… 350
・三十一歳で、肉食妻帯《にくじきさいたい》を断行。激しさ、厳しさは、
言動に顕著《けんちょ》にあらわれ、文字はカミソリで書いたように鋭《するど》い
・越後《えちご》流刑《るけい》の原因は何か——知られざる真因
・「私が死んだら、賀茂河《かもがわ》に捨てて魚に食べさせるがよかろう」
・独《ひと》り生《うま》れ　独り死ぬ　独り来て　独り去る
独りゆかれた　親鸞聖人

あとがき …… 364

一部　なぜ生きる

――苦しくとも　生きねばならぬ　理由は何か――

(1) 幸せはいとも簡単に崩《くず》れ去《さ》る

「出ていって！」

二階から駆《か》けおりるなり、父をたたきながら叫《さけ》んだ母の声は、今も耳の底《そこ》から離《はな》れない。立ちすくむ私の目の前を無言《むごん》で通《とお》り過《す》ぎた父は、二度と家には戻《もど》りませんでした。小学生だった私が離婚《りこん》という言葉を知り、悲しい事態《じたい》を理解《りかい》したのは数カ月たってからのことです。涙《なみだ》に映《うつ》っていたものは、なんの前ぶれもなく、幸せがいとも簡単《かんたん》に崩《くず》れ去《さ》るという現実《げんじつ》でした。

どんなに堅固《けんご》そうな幸福にも、破局《はきょく》があるのではなかろうか。いつ何がおきるか分《わ》からない、そんな不安定な人生に、どんな意味があるのだろうか。

ひとは、なんのために生きるのか。

平凡《へいぼん》な生活のまどろみが破《やぶ》られ、愕然《がくぜん》とさせられたとき、この問いに真剣《しんけん》な解答《かいとう》が迫《せま》られます。

不幸な運命に負けず、強く生きる体験記《たいけんき》が、つづけてベストセラーになりました。「毎日が訓練《くんれん》と思って耐《た》えなさい、きっと幸せになれるから」「あきらめたら、あかん！」「なんでもいいから、信じた道を歩《あゆ》んでほしい」と訴《うった》えています。

ゆっくりでもいい、一歩ずつ前へ進みなさい……そんなメッセージを、みんな待望《たいぼう》しているようだ。

しかし、どこに向かって歩くのか、ゴールは一体《いったい》どこなのか、明《あき》らかにされているのでしょうか。

◉どんな行動にも目的があります。人生にも……

どんな行動にも目的があります。たとえば、タクシーに乗った時《とき》。いかに無口《むくち》な人でも、まず行《ゆ》く先《さき》を告《つ》げるでしょう。目的地がわからねば、どこへ走ればよいか困《こま》るからです。むやみに車を走らせたら、時間とお金が無駄《むだ》になります。

「なんで勉強しているの？」と聞かれたら、「明日《あす》、試験《しけん》があるから」「資格《しかく》を取るため」などと答えるでしょう。「どこへ行くの？」と聞かれれば、「買い物」「気分転換《きぶんてんかん》に散歩《さんぽ》」と言うように、行動には目的があるのです。

では、「なぜ生きるの？」と聞かれたら、なんと答えればよいのでしょうか。

生きることは大変です。受験《じゅけん》戦争を勝《か》ち抜《ぬ》き、就職難《しゅうしょくなん》をくぐり抜《ぬ》け、リストラにおびえて働《はたら》き、老《お》いや病魔《びょうま》とも闘《たたか》わねばなりません。人間関係《にんげんかんけい》のストレスに悩《なや》まされ、事故や災害、会社の倒産《とうさん》など、不測《ふそく》の事態《じたい》も襲《おそ》ってきます。

これらの苦難《くなん》を乗《の》り越《こ》えて、なぜ生きねばならぬのか。もっとも大事な「生きる目的」が示されぬまま、ただ苦しみに負けず「生きよ」「がんばれ」「死ぬな」の連呼《れんこ》は、ゴールなき円形《えんけい》トラックをまわりつづけるランナーに、鞭打《むちう》つようなものでしょう。

◉毎日が、決まった行動のくり返しと気づく

イソップの「アリとキリギリス」の話では、夏のあいだ働《はたら》いたアリは、冬は楽しく遊ぶことができました。ところが人間《にんげん》は、夏はもちろん、冬も働《はたら》きつづけなければなりません。

「がんばって生きていれば、きっとそのうちいいことあるよ」と、それらしい体験《たいけん》の無かった人から無責任《むせきにん》な励《はげ》ましを聞かされても、「代《か》わりばえのしない生活がつづくだけ」が実感《じっかん》ではないでしょうか。そんな人々の感覚《かんかく》を『完全自殺《かんぜんじさつ》マニュアル』は、つぎのように表現《ひょうげん》しています。

―あなたの人生はたぶん、地元《じもと》の小・中学校に行って、塾《じゅく》に通《かよ》いつつ受験勉《じゅけんべん》―

強《きょう》をしてそれなりの高校や大学に入《はい》って、4年間ブラブラ遊んだあとどこかの会社に入社して、男なら20代後半で結婚《けっこん》して翌年《よくねん》に子どもをつくって、何回か異動《いどう》や昇進《しょうしん》をしてせいぜい部長クラスまで出世して、60歳で定年退職《ていねんたいしょく》して、その後《ご》10年か20年趣味《しゅみ》を生かした生活を送って、死ぬ。どうせこの程度《ていど》のものだ。しかも絶望的《ぜつぼうてき》なことに、これがもっとも安心できる理想的《りそうてき》な人生なんだ。

（鶴見済『完全自殺マニュアル』）

大学生はたいてい、学校に行くとまず掲示板《けいじばん》を見て、休講《きゅうこう》がないか探《さが》します。昼休みの食堂はいつも満員で、退屈《たいくつ》な授業《じゅぎょう》が終わると、サークルで遊んだりバイトをしたりして帰宅《きたく》。二カ月の夏休み、春休みも飛《と》ぶように過《す》ぎ去《さ》り、四年間もまたたく間《ま》に終わってしまいます。

社会に出たら、ますますこの回転は速《はや》まるでしょう。朝起《お》きて、満員電車に揺《ゆ》られながらの通勤《つうきん》は、まさに〝痛勤《つうきん》〟。クタクタに疲《つか》れて帰ると、すぐ朝が来る。東京南《みなみ》麻布《あざぶ》に勤《つと》める契約社員《けいやくしゃいん》だったころ、電車のアナウンス「つぎは広尾《ひろお》」が「疲労《ひろう》」と聞こえるたびに、「今日《きょう》も朝から疲《つか》れた」とため息《いき》をつかずにいられなかった。会社まで十分《じっぷん》歩く間《あいだ》に、「あっ、この前すれ違《ちが》った人だ」と思ったことが、何度あったか分《わ》かりません。自分も他人も、決まった行動のくり返しだと、つくづく肌《はだ》で感じたものでした。

「毎日毎日《まいにちまいにち》ぼくらは鉄板《てっぱん》の　上《うえ》で焼《や》かれて　嫌《いや》になっちゃうよ」で始まるのが、子門《しもん》真人《まさと》の「およげ!たいやきくん」（作詞・高田ひろお）です。四五三万枚の記録的《きろくてき》ヒットになったのは、毎日つづく単調《たんちょう》な日常《にちじょう》に、「嫌《いや》になっちゃうよ」と、多くの人が感じているからではないでしょうか。

「生きてきて本当によかった」という満足《まんぞく》がなく、来る日も来る日も「食《た》べて寝《ね》て起《お》きて」のくり返しならば、ゴールを知らずに走っているランナーと同じです。ゴールに近づく喜びもなければ、「やった!」というゴール突破《とっぱ》の感激《かんげき》もないと思ったら、足に力が入《はい》るはずはないでしょう。目的地がハッキリしていてこそ元気に走り通せるのは、人生行路《じんせいこうろ》も同じです。

◉なぜ生きるかがわかれば、ひとは苦悩《くのう》すら探《さが》し求《もと》める

生きる目的がハッキリすれば、勉強も仕事も健康管理《けんこうかんり》もこのためだ、とすべての行《こう》為《い》が意味を持ち、心から充実《じゅうじつ》した人生になるでしょう。病気がつらくても、人間関係《にんげんかんけい》に落《お》ち込《こ》んでも、競争《きょうそう》に敗《やぶ》れても、

「大目的《だいもくてき》を果《は》たすため、乗《の》り越《こ》えなければ！」

と〝生きる力〟が湧《わ》いてくるのです。

ニーチェは『道徳《どうとく》の系譜《けいふ》』に、なぜ生きるかがわかれば、「人間《にんげん》は苦悩《くのう》を欲《ほっ》し、苦《く》悩《のう》を探《さが》し求《もと》めさえする」と書いています。方向さえ正しければ、速く走るほど早く目的地に着きますから、損《そん》をする苦労は一つもありません。人生の目的成就《じょうじゅ》のためならば、時間、体力、お金をどれだけ使っても、百パーセントそれらは生かされます。使い捨てにはならないのです。

人生に苦しみの波は絶《た》えませんが、生きる目的を知った人の苦労は、必ず報《むく》われる

苦労です。人生は素晴《すば》らしい、と言う人もいれば、何をやってもむなしい、と言う人もいます。

真《しん》の「人生の目的」を知るか、否《いな》かの違《ちが》いでしょう。

◉生きることイコール良いこと。これが大原則

一人の遭難者《そうなんしゃ》を助けるために、レスキュー隊が動員《どういん》されます。人命《じんめい》は地球よりも重いと言われているからでしょう。「生きることイコール良いこと」、この大原則《だいげんそく》が否定《ひてい》されたら、延命《えんめい》を目的とする医学をはじめ、政治・経済、科学・芸術《げいじゅつ》、倫理《りんり》・法律《ほうりつ》も、すべてが空中分解《ぶんかい》します。これらは、「どうすればより長く、快適《かいてき》に生きられるか」の追求《ついきゅう》以外ないからです。

リストラや介護《かいご》の不安を解決《かいけつ》して、安心して生きられるようにするのが、政治や経済の役目でしょう。昔の洗濯《せんたく》は中腰《ちゅうごし》のまま洗濯板《せんたくいた》に衣類《いるい》を押《お》しつけ、固《かた》くしぼりあげる重労働《じゅうろうどう》だった。「洗多苦《せんたく》」とよばれるほどでしたが、今はボタン一つ押《お》すだけ。科

学技術の進歩《しんぽ》で、生活が楽になったことは否《いな》めません。人間関係《にんげんかんけい》のトラブルを解消《かいしょう》し、気持ちよく生きられるようにするのが倫理《りんり》や法律《ほうりつ》です。毎日、仕事仕事では大変なので、明日《あす》への活力剤《かつりょくざい》として、芸術《げいじゅつ》やスポーツがあります。

これらはみんな、「どうやって苦しい人生、楽しく生きるか」の努力です。「人類《じんるい》への貢献《こうけん》」といわれるものも、この「生き方」の範疇《はんちゅう》以外のものではありません。

◉つらい思いをして病魔《びょうま》と闘《たたか》うのは、幸福になるため

医療《いりょう》の現場《げんば》では、命を延《の》ばそうと懸命《けんめい》な努力がつづけられています。日本初《はつ》の脳死《のうし》移植《いしょく》は三大学から医師《いし》が集まり、氷詰《こおりづ》めにした臓器《ぞうき》をヘリコプターや飛行機《ひこうき》で空輸《くうゆ》。とくに心臓《しんぞう》は、四時間以内に体内に戻《もど》さなければならないので、一分一秒を争《あらそ》う戦いです。脳死判定《のうしはんてい》から術後《じゅつご》の管理《かんり》まで、費用《ひよう》はしめて一千万円を超《こ》えるといわれます。

やがて必ず消えゆく命、そうまで延《の》ばして、何をするのでしょうか？　心臓移植《しんぞういしょく》を受けた男性が、何をしたいかと記者に聞かれて、「ビールを飲んで、ナイターを観《み》た

い」と答えています。多くの人の善意《ぜんい》で渡米《とべい》し、移植手術《いしょくしゅじゅつ》に成功した人が、仕事もせずギャンブルに明《あ》け暮《く》れ、周囲を落胆《らくたん》させました。「寄付金《きふきん》を出したのはバカみたい！」支援者《しえんしゃ》が憤慨《ふんがい》したのもわかります。

命が延《の》びたことは良いことなのに、なぜか釈然《しゃくぜん》としないのは、延《の》びた命の目的が、曖昧模糊《あいまいもこ》になっているからではないでしょうか。臓器提供者《ぞうきていきょうしゃ》の意思《いし》の確認《かくにん》や、プライバシーの保護《ほご》、脳死《のうし》の判定基準《はんていきじゅん》など、二次的問題ばかりが取り上げられて、それらの根底《こんてい》にある「臓器移植《ぞうきいしょく》してまでなぜ生きるのか」という確認《かくにん》が、少しもなされてはいないようです。

つらい思いをして病魔《びょうま》と闘《たたか》う目的は、ただ生きることではなく、幸福になることでしょう。

「もしあの医療《いりょう》で命長《なが》らえることがなかったら、この幸せにはなれなかった」と、生《せい》命《めい》の歓喜《かんき》を得《え》てこそ、真《しん》に医学が生かされるのではないでしょうか。

世の中ただ「生きよ、生きよ」「がんばって生きよ」の合唱《がっしょう》で、「苦しくとも生きねばならぬ理由は何か」誰《だれ》も考えず、知ろうともせず、問題にされることもありません。
こんな不可解事《ふかかいじ》があるでしょうか。

(2) 人命は地球より重い。なぜそういわれる？

◉「どうせワタシなんか」自分に価値《かち》がないと感じている女子高生が、大勢《おおぜい》いる

「生きるってスバラシイ！」いつも充実感《じゅうじつかん》にあふれ、未来《みらい》に自信を持って生きている人は、どれだけあるでしょう。ハイテク進んで豊かさ遅《おく》れた二十世紀は、「不安の世紀」とよばれ、物質的には最高に恵《めぐ》まれた私たちに、これといった不足はありませんが、奥底《おくそこ》からの満足《まんぞく》もなく、ぼんやりした不安とむなしさが蔓延《まんえん》しています。

「ああ、なんだかつまらない」こんなつぶやきがもれることはないでしょうか。


それなりには楽しいし、充実《じゅうじつ》もしている。

けれど、やはりそれなりにはつまらない。

そんな人生が、ただどこまでもくり返されていく。（中略）

あなたがサラリーマンやＯＬであれば、仕事が終わり、疲《つか》れた体を通勤電《つうきんでん》車《しゃ》に揺《ゆ》られながら、ふとため息《いき》をつくその時《とき》。

あなたが主婦であれば、家事《かじ》や育児《いくじ》に追われた後《あと》で、束《つか》の間《ま》の休息《きゅうそく》をとっているその時《とき》。

そんな時《とき》、忙《いそが》しく充実《じゅうじつ》した毎日を送っているはずのあなたの心に、なぜか時折《ときおり》ぽっかりと空白《くうはく》が訪《おとず》れる。そして次のようなつぶやきがもらされる。

「私の（僕《ぼく》の）人生ってこんなものなのかな」

「このままずっと続《つづ》いていって、それで終わってしまうのだろうか」

「こんな毎日のくり返しに、いったいどんな意味があるというんだろう」

（諸富祥彦『〈むなしさ〉の心理学』）

自分の人生に、意味や価値《かち》を感じられない人が増《ふ》え、それが種々《しゅじゅ》の事件や問題の起《き》因《いん》だと、強く指摘《してき》する人もあります。

平成八年の東京都の調べでは、女子高生の四パーセント、中学女子の三・八パーセントが「援助交際《えんじょこうさい》」の経験《けいけん》があったといわれます。十七歳の援助交際《えんじょこうさい》を描《えが》いたベストセラー『ラブ&ポップ』で、作家の村上龍《むらかみりゅう》氏が訴《うった》えたかったのは、「自分に価値《かち》があると感じられない女子高生が、大勢《おおぜい》いる」という事実です。「どうせワタシなんか」が、彼女たちの口癖《くちぐせ》だといいます。自分の存在《そんざい》に値《あたい》があると思ったら、一、三万円で買いたたかれたりはしないでしょう。

◉どうして人を殺してはいけないのか

人命軽視《じんめいけいし》を象徴《しょうちょう》する事件がつづいています。愛知県の高校三年生が六十五歳の主婦を四十数カ所も刺《さ》して惨殺《ざんさつ》し、翌日《よくじつ》、自首《じしゅ》しました。「人を殺す経験《けいけん》をしたかった」と、反省《はんせい》のそぶりは、まったくなかったといいます。アメリカの学校では、銃《じゅう》の乱射《らんしゃ》が絶《た》えません。凶弾《きょうだん》の犠牲《ぎせい》になる未成年者《みせいねんしゃ》は、平成十二年の数字では、一日十四人にも及《およ》んでいます。

小学生を殺害《さつがい》し頭部《とうぶ》を切断《せつだん》した十四歳の少年は、世間《せけん》を震撼《しんかん》させました。しかしこの少年の「ボクの存在《そんざい》は透明《とうめい》だ」という言葉に、共感《きょうかん》を覚《おぼ》える若者は少なくありません。

「誰《だれ》からも必要《ひつよう》とされていない私。ガラクタだもの。生まれてこなければよかった」「なんで生きなきゃいけないのかな。サッサと生きて、サッサと死にたい」

私の存在《そんざい》は無意味、そんなむなしさを深《ふか》めている子供たちは、「忘れ物をしたから」「運動会があるから」「先生に叱《しか》られたから」と、信じられない理由で命を捨てていきます。

自分の命の大切さを知らねば、他人の命も尊重《そんちょう》できないでしょう。「死んでもいいじゃん」の無知《むち》が、「殺してもいいじゃん」の暴論《ぼうろん》に、すり替《か》わってゆくのではないでしょうか。

「どうして人を殺したらいけないんですか?」

高校生がボソッと漏《も》らしたテレビ番組で、シーンと静《しず》まり返《かえ》った出演者《しゅつえんしゃ》たち。パタッと番組が終了《しゅうりょう》し、さまざまな議論《ぎろん》をよびました。

「人命《じんめい》は地球よりも重いからだ」といくら言っても、無駄《むだ》でしょう。

「どうして地球より重いの?」と突《つ》っ込《こ》まれたら、終わりだからです。

どんな人でも、答えに窮《きゅう》するのではないでしょうか。哲学者《てつがくしゃ》も、お手上げです。なぜ命が尊《とうと》いか、説明《せつめい》できた哲学者《てつがくしゃ》を知らないと、P・フット(カリフォルニア大教授)は、論文《ろんぶん》「道徳的相対主義《どうとくてきそうたいしゅぎ》」に書いています。哲学書《てつがくしょ》を何百冊読んでもわからないのです。

◉自殺が増えるのは、命の重さがわからないから

日本の自殺者《じさつしゃ》は、年間三万人を超《こ》えました。交通事故で亡《な》くなる人の、三倍強です。平成十年の急増《きゅうぞう》は、男性の平均寿命《へいきんじゅみょう》を下げるほどの、異常事態《いじょうじたい》となりました。長引《ながび》く平成不況《へいせいふきょう》が原因と、早計《そうけい》にはいえないでしょう。フランスの社会学者デュルケムは、富豪《ふごう》ほど自殺率《じさつりつ》が高いことなどから、経済的に豊かな人ほど深刻《しんこく》な苦悩《くのう》にさいなまれていることを、各種の統計《とうけい》で裏付《うらづ》けています。

米国の著名《ちょめい》な心理学者チクセントミハイは、「生きる目的」がわからないから、どれだけ利便《りべん》と娯楽《ごらく》に囲《かこ》まれても、心からの充実《じゅうじつ》が得《え》られないのだと説明《せつめい》しました。自殺《じさつ》の根本原因《こんぽんげんいん》も、「人生の目的の重さ」「生命《せいめい》の尊厳《そんげん》さ」を、知らないからではないでしょうか。「そんなにまでして、なぜ生きるのか」人生の根底《こんてい》に無知《むち》であれば、ひとは死を選んでも決《けっ》しておかしくないでしょう。

一億円の宝くじの当選券《とうせんけん》を大事にするのは、一生働《はたら》いても得《え》られぬ価値《かち》があると思うからです。ハズレくじなら、ゴミ箱へ直行《ちょっこう》でしょう。割《わ》れたコップや修理《しゅうり》のきかないパソコンなどと同様《どうよう》に、価値《かち》のない物は捨てられます。

自分の生命《いのち》が地球よりも重いと知れば、「ハズレくじ」を捨てるように、ビルからの投身《とうしん》も、他人の命を虫けらのように奪《うば》うことも、できるはずがありません。

「人生には、なさねばならない目的がある。どんなに苦しくても、生き抜《いぬ》かなくては」と、生きる目的が鮮明《せんめい》になってこそ、生命《せいめい》の尊厳《そんげん》が知らされるのです。

子供の相次《あいつ》ぐ自殺《じさつ》やエスカレートする殺人に、世の中は騒然《そうぜん》としています。家庭の問題だ、教育の欠陥《けっかん》だ、少年法が悪い、病《や》んでいる社会……解説《かいせつ》は十人十色《じゅうにんといろ》です。しかし「苦しくとも、生きねばならぬ理由は何か」、肝心《かんじん》の「人生の目的」が抜《ぬ》け落《お》ちた議論《ぎろん》がつづくだけでは、対策《たいさく》も立てようがないでしょう。

◉人生の目的に渇《かわ》き切《き》った心は、泥水《どろみず》でもすする

平成七年の地下鉄サリン事件は、五千人以上の被害者《ひがいしゃ》を出しています。オウム信者《しんじゃ》の中には、「自分の存在意義《そんざいいぎ》に、正面から答えてくれたのは教祖《きょうそ》麻原だけだった」と漏《も》らした青年もいました。人生の目的に渇《かわ》き切《き》った心は、泥水《どろみず》でもすすらずにいられなかったのでしょう。

卒業生が未曽有《みぞう》の無差別殺人《むさべつさつじん》をはかったことに、最高学府《さいこうがくふ》に籍《せき》をおく教授《きょうじゅ》がどう責任を感じているのか、講義《こうぎ》に筆者は耳をそばだてていました。ところがどの教官も、いつもと変わらぬ授業をつづけていたのです。一人だけ、「どうしてあんな教祖《きょうそ》についていったのかな。見るからに汚《きたな》らしいのに」と最高に低レベルなコメントをしましたが、これが知識人《ちしきじん》の実態《じったい》か、とガッカリさせられました。こんな現状《げんじょう》に、科学がどれだけ進歩《しんぽ》しても、占《うらな》いはなくならず、迷信邪教《めいしんじゃきょう》がはびこる理由の一端《いったん》を見る思いがします。

本当に尊《とうと》い命と知らされるのは、いつのことなのでしょうか。

(3)「辛《しん》抱《ぼう》して生きつづけること」それが人生の目的なのか？

◉「なぜ生きるか」の問いに、「生きるために生きる」は意味不明

〝人生の目的は生きること〟という主張《しゅちょう》を検証《けんしょう》してみましょう。これを「忍耐《にんたい》して、生きつづけることが大切だ」と解釈《かいしゃく》すれば、

「そう、何ごとも辛抱《しんぼう》が肝心《かんじん》。大事なのは生きること」

「一度きりの人生だから、生きることにこそ価値《かち》がある」

と共感《きょうかん》する人も、少なくないでしょう。「人生に意味なんてあるのだろうか」と元気のない人でも、「生きている、それだけで人生には意味があるのだよ」と聞けば、慰《なぐさ》められるのかもしれません。

しかし、「苦しいのに、なぜ生きねばならぬのか」と悩《なや》んでいる人は、「生きることが人生の目的」と言われても、失望《しつぼう》するだけではないでしょうか。答えになっていないからです。なぜ答えにならないのか。

たとえば「なぜジョギングするの?」とたずねて、「体力をつけるため」と言われれば、誰《だれ》でもわかりますが、「ジョギングするためにジョギングしている」と答えられたら意味不明です。「なぜ塾通《じゅくがよ》いをするか」に「大学に合格《ごうかく》するため」なら納得《なっとく》できても、「塾《じゅく》に通《かよ》うために塾《じゅく》に通《かよ》う」では、ナンセンスというほかないでしょう。「なぜ生きるか」の問題に、「生きるために生きる」の解答《かいとう》は、言葉の意味からいってもおかしいのです。

◉「生きてよかった」と大満足する「人生の目的」を

私たちは、昨日《きのう》から今日《きょう》、今日《きょう》から明日《あす》へと進みます。〝光陰矢《こういんや》の如《ごと》し〟といわれるように、本当は猛《もう》スピードで走っているのかもしれません。小学、中学、高校と進《しん》学《がく》し、受験《じゅけん》時代は死ぬほど勉強、大学に入《はい》れば死ぬほど遊ぶ、就職《しゅうしょく》したら死ぬほど働《はたら》く。人生の荒海《あらうみ》に投《な》げ込《こ》まれた瞬間《しゅんかん》から、絶《た》えず泳《およ》ぐことが強《し》いられます。生きるとは泳《およ》ぐことだといえましょう。

「生きるために生きる」と言《い》い張《は》る人は、「泳《およ》ぐために泳《およ》ぐ」と言《い》い張《は》る人です。流れにただよう浮《う》き草《くさ》は、あてどもなく往《ゆ》きつ戻《もど》りつ、やがてみずから腐《くさ》ってゆきます。泳《およ》ぐために泳《およ》ぐ人の悲運《ひうん》は、明《あき》らかでしょう。

「飛《と》ぶために飛《と》ぶ」飛行機《ひこうき》の末路《まつろ》と変わりません。「生きるために生きる」人生を、空の旅にたとえたなら、どうなるでしょう。

速度《そくど》や高度《こうど》はどれくらいにするか、風向《かざむ》きの変化や気圧配置《きあつはいち》によるルート変更《へんこう》、エンジントラブルの対処《たいしょ》などは、「飛《と》び方《かた》」の選択《せんたく》であり、「どう飛《と》ぶか」の工夫《くふう》です。それらの前に知らねばならないのは目的地であり、「どこへ向かって飛《と》ぶか」の方向です。行《ゆ》く先《さき》知らずに飛《と》び立《た》つパイロットは、いないでしょう。飛《と》ぶために飛《と》ぶ飛行《ひこう》機《き》は、墜落《ついらく》の悲劇《ひげき》あるのみだからです。

同様《どうよう》に、「生きてよかった」と大満足《だいまんぞく》する「人生の目的」がなければ、生きれば生きるほど苦しむだけの一生に終わってしまうのではないでしょうか。

(4)「なんと生きるとは素晴らしいことか！」

人生の目的を達成すれば、現在の一瞬《いっしゅん》一瞬が、かの星々よりも光彩《こうさい》を放つ

◉苦しみの新しい間を楽しみといい、楽しみの古くなったのを苦しみという

現今《げんこん》は、〝本当になすべきこと〟を探求《たんきゅう》する、人間《にんげん》らしい精神《せいしん》が危機《きき》に瀕《ひん》しています。科学文明が破壊《はかい》しているのは、自然環境《かんきょう》だけではないようです。

刹那的快感《せつなてきかいかん》に救《すく》いを求める人が増《ふ》え、「依存症《いぞんしょう》」の言葉が、ちまたにあふれるよう

になりました。〝わかっちゃいるけどやめられない〟、何かにのめり込《こ》んでいなければ、じっとしておれないのです。一日一回はパチンコせずにいられない「パチンコ依存《いぞん》症《しょう》」や、デパート狭《せま》しと買いつづける「買い物依存症《いぞんしょう》」など、何か気晴《きば》らしがなければやっていられない、生きづらさの反映《はんえい》といえましょう。

薬物依存《やくぶついぞん》も減《へ》ってはいません。経口《けいこう》の覚醒剤《かくせいざい》も登場し、小学生すら手を出す始末《しまつ》です。中毒者《ちゅうどくしゃ》の幻覚《げんかく》による凶悪犯罪《きょうあくはんざい》も増《ふ》え、第三次乱用期《らんようき》といわれるようになりました。一人になるとさびしくて、不特定多数《ふとくていたすう》と性的関係に走る人が増《ふ》えています。それらの人にとって性交渉《せいこうしょう》は、漠然《ばくぜん》とした不満を埋《う》める手段《しゅだん》になっているのです。

「今、楽しいことをやればいいんだ。それが、その時《とき》その時《とき》の、生きる目的。そうやって生きてゆくのはなんのため？　そんな面倒《めんどう》な問題は、忘れたほうが面白《おもしろ》く生きられるよ」

そんな人もあるでしょう。本当にそんな主張《しゅちょう》を貫《つらぬ》くことができるのでしょうか、いろいろな「楽しみ」の実態《じったい》を考えてみたいと思います。

まず「欲望《よくぼう》を満《み》たす喜び」から、見てみましょう。私たちの欲求《よっきゅう》はさまざまで、おいしい物が食べたい、流行《りゅうこう》の服が着たい、車が欲《ほ》しい、恋人がいたら……そのほか、あげればキリがありません。欲望《よくぼう》を満《み》たすと、不満や苦痛《くつう》は解消《かいしょう》します。その過程《かてい》で感じる「気持ちよさ」が、欲望《よくぼう》を満《み》たす幸福感です。

たとえば喉《のど》が渇《かわ》いたときにコーラを飲めば、〝スカッとさわやか〟な快感《かいかん》を覚《おぼ》えます。しかしその気持ちよさも束《つか》の間《ま》で、もう一口、また一口、と次第《しだい》に渇《かわ》きが癒《いや》されるにつれ、爽快感《そうかいかん》は減退《げんたい》します。渇《かわ》きが減《へ》ってゆく過程《かてい》だけがおいしいと感じられるのです。百パーセント〝渇《かわ》き〟がなくなってからのコーラは、逆《ぎゃく》に苦しいものとなるでしょう。痒《かゆ》いところを掻《か》いている快感《かいかん》が、やがて痛《いた》くなるのと同じです。

不満がなくなると苦痛《くつう》に変わる。これは「限界効用逓減《げんかいこうようていげん》の法則《ほうそく》」と名づけられている、いろいろな場面で見られる現象《げんしょう》です。デートの喜びも、新しく始めた趣味《しゅみ》の楽しみも、回数を重ねるにつれ、かつての興奮《こうふん》が味わえなくなってくるのではないでしょうか。欲望《よくぼう》を満《み》たす〝気持ちよさ〟は強烈《きょうれつ》な幸福感ですが、すぐ消え去る宿命《しゅくめい》は、まぬがれようがありません。

苦しみの新しい間《あいだ》を楽しみといい、楽しみの古くなったのを苦しみといわれる、ゆえんです。

◉絵を楽しんで描いていたピカソは、筆を置くと不機嫌《ふきげん》になった

「どんなときが一番楽しいか」と聞かれたら、趣味《しゅみ》に熱中《ねっちゅう》しているときをあげる人が多いでしょう。たとえば水泳で記録《きろく》に挑戦《ちょうせん》する、チェス大会で相手の動きを読む、足を踏《ふ》みはずさぬよう気をつけてロッククライミング、などです。こういった状況《じょうきょう》では神経《しんけい》が一点に集中し、この危機《きき》をどう乗り切るか、どうやって勝つか、〝目の前のこと〟しか考えていません。「あんなひどいことを言われた」「上司《じょうし》から叱《しか》られた」「嫌《きら》いな人と今日《きょう》も会わねばならない」などの、もやもやした感情に煩《わずら》わされないのです。あれこれ考えず流されるのが、最高の幸せと感じる人が多いから、「無知《むち》は至福《しふく》なり」の諺《ことわざ》まであるのでしょう。

趣味《しゅみ》や生きがいの喜びは、欲望《よくぼう》を満《み》たす快感《かいかん》と同質《どうしつ》で一時的《いちじてき》なものですから、楽し

いひとときが終わってしまえば、嫌《いや》な宿題、やり残した仕事、たまった家事《かじ》と、つまらない現実《げんじつ》に逆戻《ぎゃくもど》りです。有名なテニス選手が、コートの外では気難《きむずか》しく、つきあいにくいといわれたことも、絵を楽しんで描《か》いていたピカソが、筆を置《お》いたとたんに不《ふ》機嫌《きげん》になったといわれるのも、そのためでしょう。

ラッセルが『幸福論《こうふくろん》』で「道楽《どうらく》や趣味《しゅみ》は、多くの場合、もしかしたら大半《たいはん》の場合、根本的《こんぽんてき》な幸福の源《みなもと》ではなくて、現実《げんじつ》からの逃避《とうひ》になっている」と言っているように、「趣味《しゅみ》に熱中《ねっちゅう》する楽しみ」とは、苦痛《くつう》を一時的《いちじてき》に忘れる時間つぶしといえるかもしれません。飲んだ酒に酔《よ》っ払《ぱら》っている間《あいだ》だけ、借金《しゃっきん》を忘れて気持ちよくなっているのと、似《に》たようなものでしょう。

それでも、「生きる意味なんか考えたって、暗くなるだけ。好きなことに没頭《ぼっとう》して、しばらくの間《あいだ》でも楽しめれば、十分《じゅうぶん》だ」どこからかこんな放言《ほうげん》が聞こえてきます。「趣味《しゅみ》や生きがい」を「酒」にたとえるならば、「酒ほどおいしいものはない。酒がなくて、なんの人生か。酒飲まぬ馬鹿《ばか》」と言うのと同じです。

ところが逆《ぎゃく》に、「こんな面白《おもしろ》い人生に、なんで酒やタバコが必要《ひつよう》なんだ」と笑う人もいるのです。今の人生を満喫《まんきつ》できれば、苦しみやさびしさをごまかす努力は、いりません。「なんと生きるとは素晴《すば》らしいことか！」人生の目的を達成《たっせい》すれば、現在《げんざい》の一瞬《いっしゅん》一瞬が、かの星々よりも光彩《こうさい》を放《はな》つでしょう。

◉「好きな道を歩いていれば目的地はいらない。歩《あゆ》みそのものが楽しいのだから」と言う人の、見落としているもの

学問《がくもん》やスポーツに打《う》ち込《こ》んでいるときは、研究することや体を動かすこと自体《じたい》が楽しいものです。評価《ひょうか》されなかったり、試合に勝てなかったにしても、結果《けっか》は二の次、三の次。真理《しんり》の探究《たんきゅう》、記録《きろく》への挑戦《ちょうせん》、「求める過程《かてい》」が喜びだ、人生だ、と言う人がいても決《けっ》しておかしくはないのです。

「死ぬまで求道《きゅうどう》」の人生に、限《かぎ》りなき向上心《こうじょうしん》を見て、あこがれるのかもしれません。

「はぁー、何をやってもつまらないや」「ホント、がんばっても疲《つか》れるだけだよね」

嘆息《たんそく》の多い「さめた時代」は、なおさらでしょう。たとえ「これが私の生きがいだ」と熱中《ねっちゅう》できるものがあったとしても、いつまでもつづくと、言い切れるでしょうか。

平成四年バルセロナオリンピックで、一躍《いちやく》有名になったのが、中学二年生だった岩《いわ》崎恭子《さききょうこ》選手です。金メダルの平泳ぎは、日本中の喝采《かっさい》をあびました。「今まで生きてきた中でいちばん幸せ」と、素直《すなお》に喜びを語《かた》っています。十四歳で突然《とつぜん》、人生最大《さいだい》の喜びが訪《おとず》れたのです。

周囲《しゅうい》は当然《とうぜん》、「もう一度、金メダルを」と期待《きたい》するでしょう。大きなプレッシャーがのしかかってきましたが、本人は高校受験《じゅけん》のため練習《れんしゅう》ができず、不振《ふしん》な記録《きろく》がつづきました。何度も水泳をやめようとしたときの心中《しんちゅう》を、こう告白《こくはく》しています。

アトランタの五輪《ごりん》に行けるか行けないかで悩《なや》んでいたころ、ああバルセロナで〝いちばん幸せ〟なんていわなきゃよかった。金メダルなんていらない、と思ったくらいです。

（『女性セブン』平成十一年六月）

「いちばん幸せ」が、「金メダルなんていらない」に、変わってしまったのです。なんとか出場したアトランタ五輪《ごりん》の結果《けっか》は第十位。「何かふっきれた」彼女に、水泳への未練《みれん》はありませんでした。

学問《がくもん》の世界では、研究に埋没《まいぼつ》した人の、ほんの一握《ひとにぎ》りだけが歴史に名を残します。ところが、あれほど進化論《しんかろん》の発見に没頭《ぼっとう》したダーウィンも、幸福感は得《え》られませんでした。「自分が事実の山をすりつぶして、一般法則《いっぱんほうそく》をしぼりだす機械《きかい》か何かになったような気がする」と、こぼしています。

生きがいによる満足感《まんぞくかん》も、色あせる運命からは逃《のが》れられないのでしょう。

「好きな道を歩いていれば、歩《あゆ》みそのものが楽しいのだ。だから、目的地はいらない」と言う人の、見落《みお》としているものは何でしょう。

デュルケムも『自殺論《じさつろん》』に論《ろん》じているように、「歩く行為《こうい》そのものが楽しいのは、目的なき歩《あゆ》みにむなしさを感じないほど、盲目的《もうもくてき》な間《あいだ》だけ」です。

明日《あす》、また明日、そしてまた明日が、時《とき》の階《きざはし》を滑《すべ》り落《お》ち、「最後の幕《まく》は血で汚《けが》され」

ています。どんなに美《うつく》しい生涯《しょうがい》も例外《れいがい》でないと、パスカルは言いました。来《こ》し方《かた》、行《ゆ》く末《すえ》を冷静《れいせい》に見つめても、なおかつ「死ぬまで求めつづける、歩《あゆ》み自体《じたい》が心地《ここち》よい」といえる人はいるのでしょうか。

(5) 生きる意味を知って働《はたら》く。さすれば、苦労も悲しみも報《むく》われる

◉「仕事」が「人生の目的」なの？侘《わび》しくありませんか？

喜びを与える「仕事」が、「人生の目的」だと、しばしばいわれます。しかし自分の仕事に満足《まんぞく》している人は、どれだけいるのでしょうか。才能《さいのう》を発揮《はっき》して成功している人も、思うままにならない現実《げんじつ》にぶつかっているようです。

宇多田《うただ》ヒカルは、デビュー以来、つぎつぎとミリオンヒットをとばしました。初め

てのアルバムは、世界記録《せかいきろく》の八百万枚です。学業優秀《がくぎょうゆうしゅう》で、自《みずか》らの作詞作曲《さくしさっきょく》が最高に評《ひょう》価《か》されているのですから、まさに順風満帆《じゅんぷうまんぱん》といえましょう。ところがスターになって、散歩《さんぽ》や友達づきあいの自由がなくなり、音楽をやめたくなるほどだと言っています。

私は音楽を作りたい。それを表現《ひょうげん》したい。音楽を作ることによって、私は自由になった。でも、ちょっと外を歩いたり、友達と食事に行く自由は取り上げられた。すべてが思い通りにはならないのね。（中略）また、自由に出歩《であるき》たいな。それができないなら、音楽なんて嫌《いや》と言いそうなほどに。

（『文藝春秋』平成十二年一月）

「すべてが思い通りにはならないのね」と、ため息《いき》をついています。好きな道で華々《はなばな》しい成功をおさめても、苦は色《いろ》を変えるだけで、左肩《ひだりかた》の荷物を右肩《みぎかた》に移すようなものなのでしょう。宇多田《うただ》ヒカルはまだ、音楽によって自由になった面《めん》もあると言っていますが、作家の村上春樹《むらかみはるき》氏などは、本を書いても楽にはなれなかったし、救《すく》いもなかったと言い切っています。

僕《ぼく》は僕自身《ぼくじしん》が楽《らく》になるためにこのようなスケッチを書き、世間《せけん》に対して公《こう》表《ひょう》しているわけではない。（中略）少《すく》なくとも今のところこのような文章を書くことによって僕《ぼく》の精神《せいしん》が解放《かいほう》されたという徴候《ちょうこう》はまったく見えない。（中略）人は書かずにいられないから書くのだ。書くこと自体《じたい》には効用《こうよう》もないし、それに付随《ふずい》する救《すく》いもない。

（村上春樹『回転木馬のデッド・ヒート』）

どんなに好きで得意なことでも、仕事にしたら苦しくなるといわれます。「いい仕事をしているな」と、羨望《せんぼう》の眼《め》で見られている人でも、外からはわからない憂苦《ゆうく》を抱《かか》えているのでしょう。

◉「考えてみるとだね、一生働《はたら》きつづけてこの家の支払いをすませ、やっと自分のものになると、誰も住む者はいないんだな」

五十年前に書かれたとは思えぬほど、現代を鋭《するど》くついているのが、マリリン・モンロー最後の夫、Ａ・ミラーの『セールスマンの死』です。セールスマンの主人公ウイリーは、住宅ローンを返したり、日用品《にちようひん》の修理《しゅうり》や買《か》い直《なお》しで生活は手一杯《ていっぱい》。寄《よ》る年波《としなみ》には勝てず、業績《ぎょうせき》が落ちるにつれて給料《きゅうりょう》も下がってゆきます。あるとき、妻にこんなことをもらしました。

「考えてみるとだね、一生働《はたら》きつづけてこの家の支払《しはら》いをすませ、やっと自分のものになると、誰《だれ》も住む者はいないんだな」

ボロボロになるまで働《はたら》いたあげく、ウイリーは苦難《くなん》に満《み》ちた生涯《しょうがい》を閉《と》じます。保険《ほけん》金《きん》で借金《しゃっきん》はなんとか返済《へんさい》されましたが、本人はこの世にいませんでした。ウイリーが

這えば立て
立てば歩めの
親心
わが身につもる
老いを忘れて

何を販売《はんばい》していたか、作品では明《あ》かされていません。売っていたのは「命」だからです。

私の「命」とは、私に与えられた「時間」でしょう。大ざっぱにいえば、今の日本人は「八十年」の命を、生まれたときに受け取ります。この財産を何に使うか。旅行をするためにアルバイトをした学生は、働《はたら》いた時間だけ、〝命をすり減《へ》らした〟のです。私たちは命を切り売りして、欲《ほ》しいものを手に入れるのだといえましょう。

ウイリーは働《はたら》きに働《はたら》きましたが、最後はクビになって保険料《ほけんりょう》も払《はら》えなくなり、会社からも息子《むすこ》からも妻からも見はなされ、孤独《こどく》な死を迎《むか》えました。裸《はだか》で地上にやってきて、裸《はだか》で地下に去ってゆく。「生まれてきてよかった！」という生命《せいめい》の歓喜《かんき》のないままでした。

働《はたら》かなかったら食べてはゆけません。食べなければ、死んでしまいます。しかし、食べていても死ぬのです。「生きて、何をするか」が明確《めいかく》でなければ、働《はたら》く意味もなくなってしまいます。

出世街道《しゅっせかいどう》を歩《あゆ》んでいても、働《はたら》くことの意味がわからず、「できれば会社をやめたい」

人が増《ふ》えているようです。

私が印象《いんしょう》に残っているのは、次の話だ。彼は日本でも有数《ゆうすう》の一流大学の出身なのだが、三〇代前半の同級生《どうきゅうせい》が集まると、ひとが羨《うらや》むほどの大企業《だいきぎょう》に勤《つと》めている彼らが全員、口を揃《そろ》えて「できれば会社をやめたい」と言うというのだ。（中略）

私は、最近マイホームを買ったという友人の言葉を思い出した。「でもね、契約書《けいやくしょ》にサインをした時《とき》、途端《とたん》にむなしくなったんだ。ローンの返済《へんさい》にあと三〇年はかかる。その間《あいだ》今の会社に通《かよ》い続《つづ》けて、たいしてやりがいがあるわけでもない今の仕事を続《つづ》けなくてはならない。そうすると、俺《おれ》の残りの人生、ローン返済《へんさい》のための人生かって思ったよ」。

そもそも、日本のビジネスマンの生活は過酷《かこく》である。ストレスで健康を損《そこ》ない、残業《ざんぎょう》残業で家族の顔もまともに見れない。それに加えて、昨今《さっこん》の景気《けいき》の低迷《ていめい》である。

多くの会社員が、ますます自分の仕事に意味や希望《きぼう》を見出《みいだ》せなくなっている。

（諸富祥彦『〈むなしさ〉の心理学』）

「残りの人生、ローン返済《へんさい》のための人生か」と肩《かた》を落とすのは、生きる意味がぼんやりしているからにちがいありません。人生の目的が鮮明《せんめい》であれば、「そうだ、このために働《はたら》くのだ！」と意欲《いよく》がわいて、ニーチェが言うように辛苦《しんく》を求めさえするでしょう。労働意欲《ろうどういよく》の一番の栄養剤《えいようざい》は、「人生の目的」です。

◉働《はたら》けど働《はたら》けど、決して報《むく》われない……

かつて「企業戦士《きぎょうせんし》」とよばれた人たちが、「仕事が命」と燃えられたのは、会社に尽《つ》くしていれば役職《やくしょく》や給料《きゅうりょう》が上がったからでしょう。今がんばればいいことがあるだろう、家族から大事にされるだろう、と感じられれば、少々つらくても耐《た》えられます。苦労する意味があるからです。

ところが終身雇用《しゅうしんこよう》や年功序列《ねんこうじょれつ》が崩《くず》れ、勤勉《きんべん》が報《むく》われる保証《ほしょう》はなくなりました。時《とき》あたかも能力主義《のうりょくしゅぎ》、成果主義《せいかしゅぎ》の激戦《げきせん》の火蓋《ひぶた》が切られたのです。会社には四通りの「ジンザイ」がいる、と言った人がいます。宝といわれる「人財《じんざい》」はごくわずか。まずは社の目的を理解《りかい》し、歯車《はぐるま》（材料）として役立《やくだ》つ「人材《じんざい》」になるよう、カツを入れられます。さもなくば猫《ねこ》がいるよりはまし、いちおう人間《にんげん》がいるかな、という程度《ていど》の「人在《じんざい》」どまりです。

リストラすべき「人罪《じんざい》」は誰《だれ》かとなったとき、にわかに「管理職《かんりしょく》フヨウ論《ろん》」が浮上《ふじょう》します。仕事には役立たない（不用《ふよう》）のだから、会社が養《やしな》う（扶養《ふよう》）ことは「不要《ふよう》」だ、と標的《ひょうてき》にされるのです。二十年、三十年と会社に身をささげたのに、これから子供の教育費《きょういくひ》もかかる、ローンの返済《へんさい》もある、医療費《いりょうひ》もかさむという大事なときに、突《とつ》然解雇《ぜんかいこ》になる悲劇《ひげき》があとを絶《た》ちません。

◉〝男なんていなくてもいい！〟そんな世の中になるかも

せめて家庭に戻《もど》ったら一息《ひといき》つきたい男性に、現実《げんじつ》は苛酷《かこく》なようです。母と子は仲がよいのに、ポツンととり残される父親が多く、「孤人《こじん》」とよばれています。夫は妻から癒《いや》されるどころか、「寝耳《ねみみ》に水《みず》」で捨てられる時世《じせい》になりました。「楽しい会話で心をかよわせて」という妻の希望《きぼう》は、仕事で過労《かろう》な男性には、背負《せお》いきれない重荷《おもに》でしょう。

「向上心《こうじょうしん》も野心《やしん》もなく、つまらない」「女は我慢《がまん》して当然《とうぜん》なんて、無神経《むしんけい》にもほどがある」、夫には夫の苦労があるのでしょうが、女性から大量《たいりょう》に三行半《みくだりはん》が突《つ》きつけられています。

子供を育《そだ》てている「未婚《みこん》の母」は、日本では一パーセントほどですが、フランスでは四十パーセント、デンマークでは五十パーセント、スウェーデンは六十パーセントに上《のぼ》ります（平成十二年現在）。男性と同じに働《はたら》き、上手《じょうず》に家事《かじ》をこなす、「男なんていなくてもいい！」世の中になりつつあるようです。

夫や恋人が女性にふるう暴力《ぼうりょく》をあらわすＤＶ（ドメスティック・バイオレンス）は、世界共通《きょうつう》の言葉になりました。洋《よう》を問わず男性の暴力《ぼうりょく》が増加《ぞうか》しているのは、「必要《ひつよう》とされていない」負《お》い目《め》や不安からだ、とも指摘《してき》されています。男の存在意義《そんざいいぎ》は、急速《きゅうそく》に透明化《とうめいか》しているのかもしれません。

◉最後の救いを　少女に求める中年男性もいる

会社からも家族からも見捨《みす》てられ、心の支《ささ》えがことごとく崩壊《ほうかい》し、最後の救《すく》いを少女に求める男性もいます。ジャーナリストの速水由紀子《はやみゆきこ》氏が取材《しゅざい》した、五十三歳の会社員Aもその一人です。A氏の会社の経営《けいえい》は悪化《あっか》し、退職金《たいしょくきん》も出そうにありません。今さら転職《てんしょく》する能力《のうりょく》も自信もなく、すっかり落《お》ち込《こ》んでいます。誰《だれ》も自分に関心《かんしん》を持ってくれないし、話も聞いてくれない。愛は金で買うしかないのか……。

「もし自分を好きだと思ってくれるなら、ホテルに来てほしい。五万円までなら出すから」と女子高生を誘《さそ》いました。「こんな自分にも、好意《こうい》を持ってくれる子がいる。私の存在《そんざい》は無意味ではなかった」という夢《ゆめ》が見たくて、大金《たいきん》をはたいているのでしょう。

「自分には今更《いまさら》、転職《てんしょく》できるような能力《のうりょく》はない」「会社が持ち直《もな》す可能性《かのうせい》もない」「家に帰れば、一人でビールを飲みながらテレビを見るだけ」「せめて可愛《かわい》い女の子と一緒《いっしょ》に過《す》ごしたい」

つまり彼は、典型的《てんけいてき》な「幻想《げんそう》の少女に救済《きゅうさい》を求める男」、なのである。老《お》いの入り口に立ち、能力《のうりょく》も自信もエネルギーもなく、居場所《いばしょ》もない。そんな自分でも、数万円の金で可愛《かわい》く優《やさ》しい少女に癒《いや》されるなら……。

気《き》の毒《どく》だとは思う。が、内心は責《せ》めたい気持ちが沸騰《ふっとう》していた。（中略）

そんなあなたの人生って何なんですか？

五十三年も生きてきて、自分の精神《せいしん》に、何の支柱《しちゅう》も築《きず》いてこなかったんですか？

今、日本の男性の何割かが、似《に》たような精神状況《せいしんじょうきょう》に追《お》い込《こ》まれているのだろう。

（速水由紀子『あなたはもう幻想の女しか抱けない』）

働《はたら》くことが幸せと思えるのは、順調《じゅんちょう》な間《あいだ》だけでしょう。仕事がすべてだった人は、仕事が行き詰《づ》まったとき、生きがいを喪失《そうしつ》します。「肩書《かたが》きを取ったら何が残るのか」「何を目的に生きればよいのか」、途方《とほう》に暮《く》れるのです。「何の支柱《しちゅう》もなかった」と、黄昏《たそがれ》の人生に気づいたのでは、遅《おそ》きに失《しっ》するのではないでしょうか。

◉無益《むえき》な生涯だったと気づいたり、罪の山積《さんせき》に驚《おどろ》くのは、人生でもっとも悲惨《ひさん》な瞬間《しゅんかん》だ

退職《たいしょく》して悠々自適《ゆうゆうじてき》、好きなことができると思っていたのに、何をしたらよいか分《わ》からず、家でごろごろと無気力《むきりょく》な人が、多く見られるようになりました。地面にビタッと貼《は》りついて動かない「濡《ぬ》れ落《お》ち葉《ば》」にたとえられますが、ひどい人は「粗大《そだい》ゴミ」と表現《ひょうげん》します。居場所《いばしょ》を失《うしな》って、焦《あせ》る人も少なくありません。

「先生、私には居場所《いばしょ》がないのです。どうしたらいいでしょう」と、研修《けんしゅう》の場で相談《そうだん》を持ちかけられることが多くなっています。定年《ていねん》になって、会社を辞《や》めてから一カ月もすると、家にいても身の置《お》き場《ば》がない、誠《まこと》に哀《あわ》れな状況《じょうきょう》になっているというのです。

なかには、定年退職《ていねんたいしょく》した後《あと》も、以前と同じように、毎朝会社に出勤《しゅっきん》する時《じ》間《かん》になると身支度《みじたく》を整《ととの》えて出かけ、公園かどこかで時間を潰《つぶ》し、夕方帰宅《きたく》するという、笑うに笑えない例もあるのです。これこそ、仕事が人生そのものと思っていた人が、会社以外に自分という存在《そんざい》を認識《にんしき》できなかった結果《けっか》を物《もの》語《がた》っています。

（佐藤英郎『気づく人、気づかぬ人』）


「仕事は、人生の目的を達成《たっせい》する手段《しゅだん》」と気づく人が、若者を中心に増《ふ》えていると、社員研修《けんしゅう》十五年の佐藤英郎《さとうえいろう》氏は言います。しかし実際《じっさい》は、「生きるための苦闘《くとう》」は激《はげ》しさを増《ま》すばかり。どう生きるかに追われ、「そんなにまでして生きるのはなぜか」を考える時間は、奪《うば》われているようです。

「人生の旅のなかば、正しい道を見失《みうしな》い、私は暗い森をさまよった」と書き出し、ダンテは『神曲《しんきょく》』をつづっています。この世のウソに飽《あ》き飽《あ》きし、一切《いっさい》にむなしさを覚《おぼ》えるときが、どんな人にも訪《おとず》れるのではないでしょうか。無益《むえき》な生涯《しょうがい》だったと気づいたり、ゆるされぬ罪《つみ》の山積《さんせき》に驚《おどろ》くのは、人生でもっとも悲惨《ひさん》な瞬間《しゅんかん》でしょう。

多くの場合それは、体力が目に見えて衰《おとろ》えてきたときに下《くだ》される残酷《ざんこく》な審判《しんぱん》です。

(6) 幸福の歓喜《かんき》のただ中に、思わぬ落とし穴が

◉最愛の妻の命が終われば、すべてが終わってしまう……

必要《ひつよう》とし必要《ひつよう》とされる人との出会いの喜びは、肉体的、刹那的快楽《せつなてきかいらく》とは、比《くら》ぶべくもありません。宇多田《うただ》ヒカルのデビュー曲「Automatic」は、そんな心と心のふれあいを、みずから詞《し》にしたものです。

「It's automatic　側《そば》にいるだけで　その目《め》に見《み》つめられるだけで　ドキドキ止《と》まらない　Noとは言《い》えない」（「Automatic」）

相性《あいしょう》がピッタリなら、食事、ささいな会話、何をしていても、そばにいるだけで自《じ》動的《どうてき》（オートマチック）に幸せになれます。ひたすら恋い焦《こ》がれる人は、溶《と》けるような感激《かんげき》に人一倍、胸《むね》を躍《おど》らせることでしょう。

しかし、とかく激《はげ》しい歓喜《かんき》は無事《ぶじ》には終わりません。勝利のさなかに命を落とすものです。信じすぎた純情《じゅんじょう》さゆえに、つらく悲しい体験《たいけん》をした人は、恋人の現《あらわ》れるのが怖《こわ》くなるのではないでしょうか。今の幸せが燃えれば燃えるほど、裏切《うらぎ》られた痛嘆《つうたん》は深《ふか》さを増《ま》すからです。

平成十一年、日本最高の知性ともいわれた江藤淳《えとうじゅん》氏が、六十六年の生涯《しょうがい》にみずから終止符《しゅうしふ》を打ちました。慶子《けいこ》夫人が病《やまい》に倒《たお》れた三カ月後、「家内《かない》の死と自分の危機《きき》とを描《えが》ききりたい」と筆をとった『妻と私』が、事実上の遺書《いしょ》といわれます。

病床《びょうしょう》に伏《ふ》す妻を最後まで支《ささ》えたい。決《けっ》して家内《かない》を一人にはしない――それが江藤氏の「生きる目標」でした。「一卵性夫妻《いちらんせいふさい》」とよばれるほど、それは良い仲だったのです。

最愛《さいあい》の妻の命が終われば、すべては終わってしまう。やるせない哀感《あいかん》が描《えが》かれます。

誰《だれ》にいうともなく、家内《かない》は、

「もうなにもかも、みんな終《おわ》ってしまった」

と、呟《つぶや》いた。

その寂寥《せきりょう》に充《み》ちた深《ふか》い響《ひび》きに対して、私は返す言葉がなかった。実は私もまた、どうすることもできぬまま「みんな終《おわ》ってしまった」ことを、そのとき心の底《そこ》から思い知らされていたからである。（中略）

薬のせいで気分がよいのか、家内《かない》が穏《おだ》やかな微笑を浮《うか》べて、私を見詰《みつ》め、

「ずい分《ぶん》いろいろな所へ行ったわね」

といった。（中略）

「本当にそうだね、みんなそれぞれに面白《おもしろ》かったね」

と、私は答えたが、「また行こうね」とはどうしてもいえなかった。そのかわりに涙《なみだ》が迸《ほとばし》り出《で》て来《き》たので、私はキチネットに姿を隠《かく》した。

（江藤淳『妻と私』）

夫人が亡《な》くなり、生きる目標がなくなって残ったのは、死を待つだけの無意味な時間でした。

家内《かない》の生命が尽《つ》きていない限《かぎ》りは、生命の尽《つ》きるそのときまで一緒にいる、決して家内を一人ぼっちにはしない、という明瞭《めいりょう》な目標があったのに、家内《かない》が逝《い》ってしまったいまとなっては、そんな目標などどこにもありはしない。ただ私だけの死の時間が、私の心身《しんしん》を捕《とら》え、意味のない死に向《むか》って刻一刻《こくいっこく》と私を追《お》い込《こ》んで行《ゆ》くのである。（同）

どうして人は、別れねばならぬのか。どうして人は消えてゆくのでしょう。ヒルティ（スイスの哲学者）は、なるほど愛は「心の底《そこ》にしみとおる幸福ではあるが、あらゆるものを破壊《はかい》する不幸ともなりかねない」と忠告《ちゅうこく》し、つぎのように書いています。

愛情の幸福にすっかり身をゆだねる人の心情《しんじょう》が深《ふか》く、かつ純粋《じゅんすい》であればあ

るほど、その人は確実《かくじつ》に、そして完全に、不幸になるであろう、死によって
この苦《にが》い経験《けいけん》からのがれるのでないかぎり。
（ヒルティ著、草間平作・大和邦太郎訳『幸福論』）

「信じがたい至福《しふく》」「無量《むりょう》の悲嘆《ひたん》」、この二つを引《ひ》き離《はな》すことはできません。

◉「どうしてボクは苦しむのか」「お前が幸福だったからさ……」

「幸福というものが、同時に不幸の源《みなもと》になっている。これもさだめなのであろうか」、とゲーテは嘆《なげ》きました（『若きウェルテルの悩み』）。

恋人や健康、財産、名誉《めいよ》など、私たちに喜びを与え、幸福を支《ささ》えるものは、不幸や涙《なみだ》の原因でもあります。これらの支《ささ》えが倒《たお》れたとき幸福もまた崩壊《ほうかい》し、悲しみに沈《しず》まねばならないからです。

印象派《いんしょうは》の巨匠《きょしょう》ルノワールは、晩年《ばんねん》にひどいリウマチにかかり、指が変形《へんけい》してしまいました。それでも、筆をにぎったまま両手を包帯《ほうたい》でグルグル巻《ま》きにして、執念《しゅうねん》で絵を描《か》きつづけています。才能《さいのう》を発揮《はっき》できない無念《むねん》さを、つぎのように語《かた》りました。

手足がきかなくなった今になって、大作を描《か》きたいと思うようになった。ヴェロネーゼや、彼の『カナの婚礼《こんれい》』のことばかり夢《ゆめ》みている！　なんて惨《みじ》めなんだ！

（A・ディステル著、高階秀爾監修、柴田都志子・田辺希久子訳『ルノワール』）

病苦《びょうく》にあえぐ人は、健康の支《ささ》えが傾《かたむ》いたといえましょう。失恋《しつれん》に泣くのは、恋人に裏切《うらぎ》られたから。夫や妻を失《うしな》い、子供に先立《さきだ》たれて悲嘆《ひたん》している人も、生きる明《あ》かりが消えて、涙《なみだ》の谷に突《つ》き落《お》とされているのです。

やっとの思いで幸福を手にした瞬間《しゅんかん》から、苦しみの魔《ま》の手《て》が足下《そっか》から背後《はいご》から近づいていています。どんな幸せも、やがて私を見捨《みす》て、傷《きず》つけずにはおきません。

この惨事《さんじ》を終わらせるものが、墓場《はかば》以外にあるのでしょうか。

⦿もう二度と来ない幸せを経験すると、その後の人生がずーっとつらい

「崩《くず》れたら崩《くず》れたときさ。思い出が残ればいいんだ」と言うむきも、あるでしょう。

たしかに、去ってしまった幸福をいくら嘆《なげ》いても詮《せん》ないこと。つらい現実《げんじつ》を忘れて、楽しい思い出にひたりたくなる気持ちは、誰《だれ》にでもあります。

しかし病気になって、昨日《きのう》までの健康を喜ぶことができるでしょうか。

「もう戻《もど》れないよ　どんなに懐《なつ》かしく想《おも》っても　あの頃確《ころたし》かに　楽《たの》しかったけど　それは今《いま》じゃない」（「End roll」）と浜崎《はまさき》あゆみの詞《し》にもあるように、あの頃《ころ》がどんなに楽しかったとしても、それは戻《もど》れぬ昔であり、「今」は楽しくないのです。思い出には〝甘さ〟こそあれ、今を楽しくする〝力〟はありません。

また、二度と来ない幸せを経験《けいけん》すると、その後《あと》の人生がずっとつらくなることもあ

ります。誰《だれ》よりも理解《りかい》してくれた人と引《ひ》き離《はな》されたら、どんな気持ちになるでしょう。

「一番の幸せと信じていたのは、一番の不幸だったのではなかろうか。いっそ知らずにいたほうが良かった」と後悔《こうかい》するかもしれません。なまじ輝《かがや》きを与えられると、ちっぽけな平凡《へいぼん》は選べなくなってしまいます。どんなに素晴《すば》らしい人とのめぐり会いも、無条件《むじょうけん》で幸福とはいえないでしょう。

「不幸な境遇《きょうぐう》にあって、かつての幸せをおもうほど悲惨《ひさん》なことはない」――ダンテの『神曲《しんきょく》』地獄篇《じごくへん》の言葉です。あまりに貴重《きちょう》な過去《かこ》は、現在《げんざい》の地獄《じごく》をよけい惨《みじ》めにさせます。

◉もう、残酷《ざんこく》な裏切りに傷つけられたくはない

大好きな犬が死んでからノイローゼになった少年は、リスの縫《ぬ》いぐるみを肌身離《はだみはな》さず持ち歩くようになりました。

「縫《ぬ》いぐるみって、生きてるペットよりいいですよね。やさしいし、裏切《うらぎ》らないから」

「だって、死んじゃうってこと自体《じたい》が……やっぱり裏切《うらぎ》りですよ」

と少年は語《かた》っています（大平健『やさしさの精神病理』）。

子供が結婚《けっこん》して自分から去ったあと、うつ病になる婦人が多く、「空《から》の巣症候群《すしょうこうぐん》」

と名づけられます。別離《べつり》がそれだけつらいのは、お腹《なか》を痛《いた》めた子は命だからでしょう。

その「命」に母親が、金属《きんぞく》バットで殴《なぐ》り殺《ころ》されたり、絞殺《こうさつ》されたりする事件がつづい
ています。

「どうしてあの子が……」

「苦労して育《そだ》てたのに……」

絶望《ぜつぼう》の闇《やみ》に呑《の》まれた無念《むねん》さはいかほどか、「深海《しんかい》の化《ば》け物《もの》よりおぞましき」と思う
のは、わが子の逆恩《ぎゃくおん》でしょう。


もう、残酷《ざんこく》な裏切《うらぎ》りに傷《きず》つけられたくはない。

裏切《うらぎ》らぬ幸せのほかに、全生命《ぜんせいいめい》を投入《とうにゅう》して悔《く》いなしといえるものが、あるでしょう

か。一切《いっさい》の滅《ほろ》びる中に、滅《ほろ》びざる幸福こそ、私たちすべての願いであり人生の目的なのです。

(7) 幸せなのは夢を追う過程《かてい》
達成すると色あせる「目標」

◉「来《き》てみれば　さほどでもなし　富士《ふじ》の山《やま》」
目標とはそんなもの——

プラトンは『饗宴《きょうえん》』で、永遠《えいえん》の幸福は万人《ばんにん》に共通《きょうつう》した目的と論《ろん》じています。しかし、永遠《えいえん》の幸福が「万人共通《ばんにんきょうつう》の人生の目的」といえば、「人生の目的は人それぞれだ」と、反論《はんろん》する人もいるでしょう。「ひとりひとり違《ちが》うから、各人《かくじん》が光っている」と、個性《こせい》や多様性《たようせい》を重《おも》んじるのが現今《げんこん》の風潮《ふうちょう》だからです。

「人生の目的は人それぞれ」と言う人が思《おも》い浮《う》かべている目的とは、大学合格《ごうかく》、英会話をマスターする、スポーツ大会優勝《ゆうしょう》、恋人を得《う》る、安定した職《しょく》に就《つ》く、マイホーム、大金持《おおがねも》ちになる、ノーベル賞……などではないでしょうか。しかしそれらは、〝とりあえず今はこれを目指《めざ》す〟という、人生の通過駅《つうかえき》であり、「目標」と呼《よ》ばれるものであって、「人生の目的」といわるべきものではありません。

「まずは受験突破《じゅけんとっぱ》」「つぎは就職《しゅうしょく》」「そろそろ家を」と、変化する「生きる目標」と、「生まれてきたのは、これ一つ」という「人生の目的」との〝違《ちが》い〟を、本章《ほんしょう》でも確認《かくにん》したいと思います。

「来《き》てみれば　さほどでもなし　富士《ふじ》の山《やま》」と詠《よ》まれるように、遠方《えんぽう》から眺《なが》めれば秀麗《しゅうれい》な山も、登ってみると空《あ》き缶《かん》や散乱《さんらん》するゴミで、失望《しつぼう》させられます。私たちの描《えが》く「目標」も、遠くにあるときは素晴《すば》らしく見えますが、「やった！」とたどり着いた瞬間《しゅんかん》、何かが心に忍《しの》びよります。

ようやくかなった夢《ゆめ》なのに、「得《え》られたものはこれだけか」、ガッカリした体験《たいけん》はないでしょうか。皮肉《ひにく》なことに、苦労を重《かさ》ね、大きな目標を達成《たっせい》したときほど、

「私は何をやっていたのだろう」

「こんなことに苦しんでいたのか。もっと何かがあるのでは……」

拍子抜《ひょうしぬ》けしたような、奈落《ならく》の感覚に一転《いってん》しやすいのです。

「人間《にんげん》は、努力するかぎり迷《まよ》うものだ」という、ゲーテ『ファウスト』の言葉にうなずく実例《じつれい》に事欠《ことか》きません。

◉勝ちつづけたが求まらない。求めることの「くり返し」だった——チャンピオンの幻滅《げんめつ》の深い傷

ボクシングの鬼塚勝也《おにづかかつや》選手は、平成四年、ジュニアバンタム級世界チャンピオンになりました。頂点《ちょうてん》に立ち防衛《ぼうえい》もしましたが、充足感《じゅうそくかん》は得《え》られず、ずっと最後まで、求めているものが求まらない「くり返し」だったと、告白《こくはく》しています。

少年の頃《ころ》、世界チャンピオンはスーパーマンみたいな存在《そんざい》やと思ってきた。俺《おれ》にとっては神様に近い存在《そんざい》ですよね。凡人《ぼんじん》の俺《おれ》が、そんな凄《すご》い場所に辿《たど》りつくことができたら、いったいどんな凄《すご》い人間《にんげん》になれるんだろう。そのことだけを励《はげ》みにここまで頑張《がんば》ってきました。

しかし、試合に勝ってはみたものの、あるはずのものが何もないんです。「エッ、何なのこれ？　なんで、何もないんや？」「いや、次勝《つぎか》てばきっと何かが得《え》られる」そう信じて、次から次へと試合を積《つ》み重《かさ》ねていきました。だけど何も残らない。

試合が終わった夜は、生き残れた実感《じっかん》と自分が探《さが》し求《もと》めたものが何もなかったという寂《さび》しさで発狂《はっきょう》しそうになりました。俺《おれ》は常《つね》に素直《すなお》に飛《と》び跳《は》ねる自分でおりたいのに、充足感《じゅうそくかん》がないから、「何でや？」という思いばかりが虚《むな》しく深《ふか》まっていく。最後の試合までずっとその繰《く》り返《かえ》しでした。

（『週刊文春』平成六年十一月）

多くのスポーツ選手が、大きな目標を達成《たっせい》したのに、何も得《え》られず幻滅《げんめつ》の深《ふか》い傷《きず》を残していると、競争《きょうそう》の研究《けんきゅう》で知られるA・コーンは発見しています。夢《ゆめ》みられた夢《ゆめ》と、実現《じつげん》された夢《ゆめ》とのあいだには、無限《むげん》の距離《きょり》があるようです。

◉もっと金を稼《かせ》げばよかったと、死の床で後悔した者がいるだろうか

ビジネスの世界に目を転《てん》じても見られます。何もかも順調《じゅんちょう》に、一生懸命《いっしょうけんめい》やってきた仕事が、突然《とつぜん》ばかばかしく、無意味に思えてくる人が多いと、I・シンガー（MIT哲学教授）は指摘《してき》しています（『人生の意味』）。

金儲《かねもう》けに熱を上げた一九八〇年代のアメリカ。大金持《おおがねも》ちは雑誌《ざっし》に英雄《えいゆう》として書き立てられ、注目のまととなりました。しかし「人は山の頂上《ちょうじょう》に登ることはできても、長くとどまることはできない」ように多くの富豪《ふごう》が、

「一体《いったい》、巨万《きょまん》の富《とみ》が何になるのか」

「もっと金を稼《かせ》げばよかったと、死の床《とこ》で後悔《こうかい》した者がいるだろうか」と疑問《ぎもん》を抱《いだ》き、幸福の座《ざ》から降《お》ろされました。大事業家《だいじぎょうか》D・トランプは、自分も同じだとつぎのように告白《こくはく》しています。

人生最大《さいだい》の目標をなしとげた人で、その目標達成《たっせい》とほぼ同時に、寂《さび》しく虚《むな》しく、放心《ほうしん》に近い感情を抱《いだ》き始《はじ》めることのない人はめったにいない。（中略）他人の人生を見るまでもなくそれが本当だということは私［D・トランプ］にはわかる。私も他の誰《だれ》にも劣《おと》らず、その落とし穴に陥《おちい》りやすいのだ……。

（“Surviving at the Top” 奥野満里子訳〈P・シンガー著『私たちはどう生きるべきか』〉）

「人生の目的」を正しく把握《はあく》していなければ、百千の敵と死闘《しとう》し、険《けわ》しい道をよじ登って集めた金も財も名声《めいせい》も、無意味に感じられてしまうのです。

⦿「人生の目的」は「色あせること」も「薄《うす》れること」もないもの

目標に到達《とうたつ》した満足感《まんぞくかん》は一時的《いちじてき》で、やがて単なる記憶《きおく》に変色《へんしょく》します。

それに対して「人生の目的」成就《じょうじゅ》の満足《まんぞく》は、「色あせること」も、「薄《うす》れること」もないところが、全《まった》く違《ちが》うところです。前章で述《の》べたように、私たちの究極《きゅうきょく》の願いは、永続《えいぞく》する幸福です。達成《たっせい》したのに、むなしくなったり、思《おも》い出《で》しか残さぬものは、「人生の目的」とは呼《よ》べないでしょう。

「永続《えいぞく》する幸福？　人生の目的？　そんなもの、最後まで見つからないよ」と、あきらめる人も、少なくないかもしれません。

しかし、達成《たっせい》すれば終わってしまう、そんな「目標」だけを追いつづける一生は、どんな人生になるでしょう。目標にたどり着けば「自分は達成《たっせい》した」という一時的《いちじてき》満《まん》足《ぞく》はあっても、時間とともに薄《うす》れ、またスタート地点に逆戻《ぎゃくもど》り。「今度こそ……」と、さらなる労苦《ろうく》がはじまります。一点の周《まわ》りをグルグル回るのみで、「人間《にんげん》に生まれてよかった」という、生命《せいめい》の歓喜《かんき》は永久《えいきゅう》にありません。こんな悲劇《ひげき》があるでしょうか。

報《むく》われない人生をショーペンハウエルは、「苦痛《くつう》と退屈《たいくつ》のあいだを、振《ふ》り子《こ》のように揺《ゆ》れ動《うご》く」と形容《けいよう》しました。

「卵《たまご》の殻《から》ほどのもの」を駆《か》け抜《ぬ》け争《あらそ》い、〝山のむこうに幸せが住む〟希《き》望《ぼう》にあざむかれ、安心も満足《まんぞく》もないまま、死の腕《かいな》に飛《と》び込《こ》んでゆく。それが人生ならば、なぜ「地球より重い命」といわれるのでしょうか。

(8) 人類の、びくともしない巨大な壁《かべ》

◉死は、突然やって来る。なのに、なぜあくせく生きるのだろうか

「祇園精舎《ぎおんしょうじゃ》の鐘《かね》の声《こえ》、諸行無常《しょぎょうむじょう》の響《ひびき》あり」（『平家物語《へいけものがたり》』）

「諸行《しょぎょう》」は〝すべてのもの〟、「無常《むじょう》」は〝常《つね》が無《な》くつづかないこと〟です。健康だ、財産がある、名声《めいせい》が高い、家が豪勢《ごうせい》だ、という現実《げんじつ》は、絶《た》えず変転《へんてん》します。大きく変化するか、少しずつ変わるかだけの違《ちが》いで、つぎの瞬間《しゅんかん》から崩壊《ほうかい》につながっているの

です。

中でもショックなのは、自分の死でしょう。東大で哲学《てつがく》を教えていた廣松渉《ひろまつわたる》氏は、定年退官《ていねんたいかん》した直後《ちょくご》、ガンに倒《たお》れました。哲学《てつがく》、科学、心理学、経済学、社会学、歴史、あらゆる分野《ぶんや》に精通《せいつう》した、日本哲学界《てつがくかい》の第一人者《だいいちにんしゃ》でした。ライフワークだった『存在《そんざい》と意味』全三巻のうち、出版《しゅっぱん》にこぎつけたのは二巻前半まで。最後の著作《ちょさく》には、「望《のぞ》むらくは寧日《ねいじつ》よあれ！」の痛恨《つうこん》の辞《じ》があります。

まだ死ねない！　しかし死は、私たちの都合《つごう》など、おかまいなしです。

同じく、ガンを宣告《せんこく》された岸本英夫《きしもとひでお》氏（東大・宗教学教授）は、死はまさに、突然襲《とつぜんおそ》ってくる暴力《ぼうりょく》だと闘病記《とうびょうき》に残しています。

死は、突然《とつぜん》にしかやって来ないといってもよい。いつ来ても、その当事者《とうじしゃ》は、突然《とつぜん》に来たとしか感じないのである。生きることに安心しきっている心には、死に対する用意《ようい》が、なにもできていないからである。（中略）死は、来るべからざる時《とき》でも、やってくる。来るべからざる場所にも、平気でやって

くる。ちょうど、きれいにそうじをした座敷《ざしき》に、土足《どそく》のままで、ズカズカと乗《の》り込《こ》んでくる無法者《むほうもの》のようなものである。それでは、あまりムチャである。しばらく待てといっても、決《けっ》して、待とうとはしない。人間《にんげん》の力では、どう止《と》めることも、動かすこともできない怪物《かいぶつ》である。（岸本英夫『死を見つめる心』）

営々《えいえい》と築《きず》きあげたどんな成果《せいか》も、人生の幕切《まくぎ》れでグシャリとにぎりつぶされる。長く大きくしようと努《つと》めてきたシャボン玉《だま》と同じです。

「人間《にんげん》は無益《むえき》な受難《じゅなん》である」と、サルトルは主著《しゅちょ》『存在《そんざい》と無』の末尾《まつび》に言っています。最後、壊《こわ》れるものばかりを求めるほど、悲惨《ひさん》な一生はないでしょう。それなのに、なぜ人々は、あくせく生きるのでしょうか。

◉「生きることに意味（何のため）もクソもないし、生きなきゃいけない理由なんてない」それを聞いた青年や女子大生は自殺した

ニーチェは『ツァラトゥストラ』で、「人間《にんげん》は、生を見ることが深《ふか》ければ深《ふか》いほど、苦悩《くのう》を見ることが深《ふか》くなる」と言いました。人生に、本当に求めるに値《あたい》するものがあるのか、考えれば考えるほど、一切《いっさい》は無意味に思えてくるからでしょう。

「無意味な生をそのまま愛し、受け入れよ」と説《と》く人も、皆無《かいむ》ではありません。

たとえば宮台真司《みやだいしんじ》氏（都立大助教授）は、「なんのために生きるのか」という人生相《じんせいそう》談《だん》で、「生きることに意味（何のため）もクソもないし、まして、生きなきゃいけない理由なんてない」と断言《だんげん》しています（『自由な新世紀・不自由なあなた』）。

その宮台氏の本を愛読《あいどく》した青年や、受講《じゅこう》した女子大生が自殺《じさつ》しました。宮台氏は「誤解《ごかい》を恐《おそ》れずに言えば、S君は僕《ぼく》の鈍感《どんかん》さによって『殺されて』しまったと言える

かもしれません」と自著《じちょ》でふり返り、自分の話が「結果的《けっかてき》に、彼女の無意味感を高める方向に機能《きのう》してしまった」ようだとも書いています（『美しき少年の理由なき自殺』）。生きる気力を喪失《そうしつ》させる不真実《ふしんじつ》な言説《げんせつ》に、猛然《もうぜん》と怒《いか》りを覚《おぼ》えた人たちが『〈宮台真司〉をぶっとばせ！』と批判書《ひはんしょ》を編集《へんしゅう》したのも、もっともでしょう。

宮台氏の言うように、「なぜ生きるか」「何をなすべきか」などに悩《なや》まず、ただフワフワと外界《がいかい》の事象《じしょう》に流されるだけなら、八十年生きるのも今死ぬのも、変わらないのではないでしょうか。当の本人もそれに気づいてか、そこまで流される生き方はとてもできないとも、告白《こくはく》しています。

僕《ぼく》は「まったりと生きよう」っていったり書いたりしてるけど、でも僕自《ぼくじ》身《しん》は女子高生たちみたいに〝まったり〟できない。ああは刹那的《せつなてき》に生きれないよ。

（宮台真司他『新世紀のリアル』）

人間《にんげん》の奥底《おくそこ》には、生きる意味を「死《し》に物狂《ものぐる》い」で知りたがる願望《がんぼう》が、激《はげ》しく鳴《な》り響《ひび》いている、とカミュは言いました。どうしても生きる目的を知りたい、いや知らなかったら生きてゆけないのが人間《にんげん》です。

「目的なんて、考えなくても生きられるよ」と強弁《きょうべん》する人は、幸福なのでも不幸なのでもありません。おそらく多忙《たぼう》なのでしょう。

◉「でもね、あなたはやがて死ぬんだよ……」と魂《たましい》がささやく

阪神大震災《はんしんだいしんさい》で瓦礫《がれき》の山となった街《まち》に、多くの救助隊《きゅうじょたい》やボランティアが、必死《ひっし》の救援《きゅうえん》活動《かつどう》に挺身《ていしん》しました。壊《こわ》れた家の軒下《のきした》から、九死《きゅうし》に一生《いっしょう》助け出されたときは、「良かった良かった」と泣いて喜び祝福《しゅくふく》されたのに、「あのとき、死んでいればよかった」と、プレハブ生活の六十七歳の男性が、みずから命を絶《た》っています。同じ道を選んだ人は、一人や二人ではありません。

「なぜ、ここにいるのだろう」「こんな生活、つづけないといけないのかな」と、よく漏《も》らしていたそうです。不幸や悲しみの壁《かべ》にぶつかったとき、強烈《きょうれつ》に「なぜ生きる」

と、問わずにはいられなくなります。
「人生の目的は何ですか」というエッセイが、法人資料《ほうじんしりょう》に掲載《けいさい》されました。「資格《しかく》を取った」「習《なら》い事《ごと》を始めた」という年賀状《ねんがじょう》をもらうと、わりきれない思いがすると言っています。

資格《しかく》を取ったり習《なら》い事《ごと》をしたり、健康であることは確《たし》かに人生を豊かにする大きな要素《ようそ》の一つではあるでしょう。しかし、それはわかるんだが、でもね、あなたは死ぬんだよ、やがて死ぬんだよ、という魂《たましい》の奥底《おくそこ》からのささやきはないのでしょうか。（中略）子供に学費《がくひ》がまだかかるから、人並《ひとな》みな生活を送りたいから、たまにはゴルフを楽しみたいから、プライドを保《たも》つためには、飲みにも行きたいし、旅行もたまには、……。そういう理由をつけて、本当に死ぬまで、人生の目的を考えることを先へ先へと押《お》しやりながら結局《けっきょく》は死んで行く、という人生を歩《あゆ》んでいるのではないか、という恐《おそ》れがあります。（田中鶴昭「人生の目的は何ですか」平成十一年三月・建設物価調査会会計検査資料）

「子供の学費《がくひ》がいるから」「ゴルフもしたいし、旅行もたまには」と、言《い》い訳《わけ》やごまかしをくり返しても、

「死がそこまで迫《せま》っているのに、趣味《しゅみ》にうつつをぬかしていてよいのか」

「人生の目的を考えずに死んで悔《く》いなしか」

という不安は、だんだん大きくなります。虫歯《むしば》の初期《しょき》はたまにシミる程度《ていど》ですが、症状《じょう》が進行して、あるとき痛《いた》くて眠《ねむ》れなくなるようなものです。

幸せ求めて生きているのに、もっとも忌《い》み嫌《きら》う墓場《はかば》に突進《とっしん》している以上の矛盾《むじゅん》はありません。生きるために生きる人は、〝死〟を目的に生きているようなものでしょう。

「臨終《りんじゅう》に、すべては台無《だいな》しになる。報《むく》われる苦労はないのか」

「死の滝壺《たきつぼ》に、なんの準備《じゅんび》もせずに飛《と》び込《こ》んだら一大事」

「いま、なすべきことは何か」

百パーセント確実《かくじつ》な未来《みらい》を直視《ちょくし》したとき、人生最大《さいだい》の問題と対峙《たいじ》させられるのです。

◉闇《やみ》の中を走っているから、何を手に入れても、安心も満足もない

過剰《かじょう》なまでの「健康ブーム」です。どんな食生活が病気にならないか、遺伝子組《いでんしく》み換《か》え食品《しょくひん》は安全か、環境《かんきょう》ホルモンの汚染《おせん》は大丈夫《だいじょうぶ》か、テレビでも雑誌《ざっし》でもさかんに取り上げられています。

風邪《かぜ》だと言われても驚《おどろ》きませんが、「ガンだ」「エイズだ」となると大騒《おおさわ》ぎです。それらは死に至《いた》るからでしょう。

ティリッヒ（ドイツの哲学者）は『生きる勇気』で、人間《にんげん》は一瞬《いっしゅん》たりとも、死そのものの「はだかの不安」には耐《た》えられないと言いました。死と真《ま》っ正面《しょうめん》に向きあうのは、あまりにも恐《おそ》ろしいので、病気や環境問題《かんきょうもんだい》と対決しているのでしょう。核戦争《かくせんそう》が怖《こわ》い、地震《じしん》が恐《おそ》ろしい、不況《ふきょう》が心配《しんぱい》……というのも、その根底《こんてい》に「死」があるからではないでしょうか。

私たちは、「死神《しにがみ》の掌中《しょうちゅう》で弄《もてあそ》ばれる道化《どうけ》」ともいわれます。どれだけ逃《のが》れようとも
がいても、死に向かってひた走っているのです。しかもその壁《かべ》の向《む》こうはどうなって
いるのか、まるで知りません。
未来《みらい》がハッキリしないほどの、不安なことがあるでしょうか。先の見えない闇《やみ》の中
を走っているから、何を手に入れても、心から明《あか》るくなれないのでしょう。「この苦
しみは、どこからくるのか」――人生を苦に染《そ》める真因《しんいん》がわからなければ、真《しん》の安心
も満足《まんぞく》も得《え》られません。苦しみの元《もと》を断《た》ち切《き》って、「人間《にんげん》に生まれて良かった！」と
いう生命《せいめい》の歓喜《かんき》を得《う》ることこそが、人生究極《きゅうきょく》の目的なのです。
死をありのまま見つめることは、いたずらに暗く沈《しず》むことではなく、生の瞬間《しゅんかん》を、
日輪《にちりん》よりも明《あか》るくする第一歩といえましょう。

◉死を正視《せいし》して苦悩《くのう》の根元《こんげん》を知り、断《た》ち切《き》り、人生の目的が鮮明《せんめい》になる

「生きる意味は、自分で見つけよ」というアドバイスは、なぜ生きるかを真剣《しんけん》に考えている人には、無力《むりょく》です。

たしかにスポーツや事業《じぎょう》などに熱中《ねっちゅう》できれば、「これが私の生きる意味だ」と充実《じゅうじつ》感《かん》は味わえます。それはただし、死の影《かげ》を忘れていられる間《あいだ》だけのことです。「あなたはやがて死ぬんだよ」というささやきが聞こえてくると、好きなことをして、望《のぞ》んだものを手中《しゅちゅう》に収《おさ》めても、根深《ねぶか》い悩《なや》みが頭をもたげます。

「夢《ゆめ》を実現《じつげん》しても、むなしかった」

「なぜ幸福に、悲しみが混《ま》じるのか」

「短《みじか》い燃焼《ねんしょう》と、あわただしい消滅《しょうめつ》が、全体験《ぜんたいけん》ではなかったか？」

「心から満足《まんぞく》できる目的はないのか」

こんな疑問《ぎもん》を抱《いだ》く人が、人生の目的は「自分で見つけよ」といわれても、突《つ》き放《はな》されるだけでしょう。「生きる目的は人それぞれ」という主張《しゅちょう》は、死の問題を無視《むし》しているので、人生の悩《なや》みを根本的《こんぽんてき》に解決《かいけつ》する力はありません。

死を正視《せいし》して苦悩《くのう》の根元《こんげん》を知り、それを断《た》ち切《き》ってはじめて、

「なんと生きるとは素晴《すば》らしいことなのか……」
「生きるとは、無上《むじょう》の幸せになるためであった……」と、人生の目的が鮮明《せんめい》に知らされるのです。

◉人生の目的を達成したとき、一切の苦労は報《むく》われ、流した涙の一滴一滴が、真珠《しんじゅ》の玉となって戻ってくる

前掲《ぜんけい》のプラトンの『饗宴《きょうえん》』でも言われているように、万人共通《ばんにんきょうつう》の人生の目的は、永《えい》遠《えん》の幸福です。

「人生の目的が分《わ》かる」とは「分《わ》ける」ことですから、「永遠《えいえん》の幸福」と「色あせる幸福」との違《ちが》いが分《わ》かることであり、「生きる目的」と「生きがい、目標」を区別できることだといえましょう。

「人生の目的」と「人生の目標」は、ほとんどの人生論《じんせいろん》で同じ意味に使われています

から、違《ちが》いを知るのは大変です。

「人生の目的」と「生きがい、目標」とを峻別《しゅんべつ》され、人生の目的を鮮明《せんめい》にされたのが親鸞聖人《しんらんしょうにん》であり、主著《しゅちょ》の『教行信証《きょうぎょうしんしょう》』には次のように道破《どうは》されています。

> 真仮《しんけ》を知《し》らざるによりて、如来広大《にょらいこうだい》の恩徳《おんどく》を迷失《めいしつ》す
> （『教行信証《きょうぎょうしんしょう》』）

「真仮《しんけ》を知《し》らざる」とは、真《しん》（＝生きる目的）と仮《け》（＝趣味《しゅみ》や生きがい、目標）との違《ちが》いを知らない、ということです。

人生の目的を知らないから、〝人間《にんげん》に生まれてよかった〟という生命《せいめい》の歓喜《かんぎ》がないことを、「如来広大《にょらいこうだい》の恩徳《おんどく》を迷失《めいしつ》す」と言われています。

本当の人生の目的を達成《たっせい》したとき、一切《いっさい》の苦労は報《むく》われ、流した涙《なみだ》の一滴《いってき》一滴が、真珠《しんじゅ》の玉《たま》となってその手に戻《もど》るのです。

人生の目的が成就《じょうじゅ》した、永遠《えいえん》の幸福とは、どんな世界か。つづけて詳述《しょうじゅつ》したいと思います。

二部　親鸞聖人の言葉

親鸞聖人の生涯

約830年前 （1173） ――――	京都に誕生《たんじょう》。（平安時代末期）
9 歳	出家《しゅっけ》し、仏門《ぶつもん》に入る。
29 歳	弥陀《みだ》の誓願《せいがん》によって 人生の目的達成さる。
31 歳	それまでの仏教の形式を破《やぶ》り、 肉食《にくじき》し、妻帯《さいたい》する。
35 歳	越後《えちご》（新潟）へ流刑《るけい》にあう。
60歳すぎ	関東から京都へ帰られる。
約740年前 （1262） ――――	90歳で入滅《にゅうめつ》。

※詳しくは、28章で述べたい。

(1)「人類永遠のテーマ」と親鸞聖人《しんらんしょうにん》

人は、なぜ生きるか。

古くて新しいこの問いは、二千四百年前、ギリシアの哲人《てつじん》プラトンの対話篇《たいわへん》『ゴルギアス』でも論《ろん》じられている。そこに登場するカリクレスの答えは、欲望《よくぼう》のひろがるままに、できるだけ多く、欲《よく》を満《み》たす工夫《くふう》と努力をするのが、人間《にんげん》のあるべき姿だ、というものである。

先進国民といわれる私たちは、カリクレスの追随者《ついずいしゃ》であり信奉者《しんぽうしゃ》ではなかろうか。十八世紀の産業革命《さんぎょうかくめい》により製品《せいひん》は機械《きかい》でつくられ、このころから、人間《にんげん》の知恵《ちえ》と努力は、いかに欲《ほ》しいものを手に入れるか、効率《こうりつ》よく欲望《よくぼう》を満《み》たすか、この一点に向けられてきたといってもよかろう。

とくに二十世紀の人類《じんるい》は、物質《ぶっしつ》さえ豊かになれば幸福になれると信じ、物質文明《ぶっしつぶんめい》の繁栄《はんえい》を謳歌《おうか》してきた。同時に人間《にんげん》の欲望《よくぼう》も肥大化《ひだいか》してゆく。商品が多く生産《せいさん》される「豊かな社会」ほど、消費者《しょうひしゃ》はパソコンがほしい、壁掛《かべか》けテレビがほしい、新車もほしい、とより多くを欲《ほ》しがるようになる。これをアメリカの経済学者ガルブレイスは依存効果《いぞんこうか》とよんだ。

科学の進歩《しんぽ》はめざましく、歩きながら誰《だれ》とでも会話ができる。「ケータイ」は小学生ですら耳にあてている。腕時計《うでどけい》も持てなかった時代が信じられない。電子レンジで、どれだけ料理の手間《てま》がはぶけるようになったことか。コンビニＡＴＭの登場で、二十四時間いつでも預金《よきん》や払《はら》い戻《もど》しが可能《かのう》になった。自宅の「インターネットバンキング」で、銀行に行かなくても残高照会《ざんだかしょうかい》や振《ふ》り込《こ》みができる。口から飲《の》み込《こ》んで肛門《こうもん》まで、内臓《ないぞう》の状態《じょうたい》をリアルタイムで送信《そうしん》する、超小型《ちょうこがた》コンピューターが開発《かいはつ》されたというからありがたい。

たしかに世の中、便利になったが、「ああ、幸せだ」という実感《じっかん》がわかないのは、なぜだろうか。欲《ほ》しいものを次から次へと獲得《かくとく》しているが、際限《さいげん》なくひろがる欲望《よくぼう》に、どこまで走っても満《み》たされず、渇《かっ》しているといえよう。

日本をはじめ先進国で自殺者《じさつしゃ》が増加《ぞうか》し、異常《いじょう》な犯罪《はんざい》や悲惨《ひさん》な事故が多発《たはつ》している。新潟での九年間の少女監禁《かんきん》などは、犯罪史上《はんざいしじょう》、例を見ない凶悪事件《きょうあくじけん》だ。二十八歳男の、殴打《おうだ》やスタンガンによる暴力《ぼうりょく》にも、悲鳴《ひめい》さえゆるされなかった九歳の少女は、自分の腕《うで》や毛布《もうふ》にかみついて耐《た》えたという。

平成十二年は、少年の暴走《ぼうそう》も加速《かそく》した。主婦を殺害《さつがい》した少年は、「人を殺す経験《けいけん》がしたかった」とうそぶいた。それを聞いて、「先を越《こ》された」とくやしがった十七歳の少年は、バスを乗っ取り一人を惨殺《ざんさつ》、五人に重軽傷《じゅうけいしょう》を負《お》わせ、長時間乗客を恐怖《きょうふ》にたたき込《こ》みながら、「何か悪いことでもやったというのか」と供述《きょうじゅつ》したという。十五歳の男子生徒が、友人一家の皆殺《みなごろ》しを計画し、サバイバルナイフで三人を刺殺《しさつ》、残り三人にも重傷《じゅうしょう》を負《お》わせた、と聞くにいたっては言葉をのむよりほかはない。

◉真の宗教の使命――訴《うった》えるアインシュタイン

物が豊かになり、暮《く》らしはずいぶん変わったが、それで幸福になれるのではない。二十世紀は、それを証明《しょうめい》した時代といわれる。長足《ちょうそく》の進歩《しんぽ》をとげた科学は、史上《しじょう》、もっとも強い力を持った手段《しゅだん》であるが、かつてない大量殺戮《たいりょうさつりく》にも使われ、人間自体《にんげんじたい》を滅《ほろ》ぼそうとするまでに至《いた》った。

科学を何に使うか、その目的を教えるのが宗教《しゅうきょう》の役目だ、とアインシュタインは訴《うった》えた。『私の世界観』という本には、「人生の意義《いぎ》に答えるのが宗教《しゅうきょう》だ」とも書いている。二十一世紀が「宗教《しゅうきょう》の時代」といわれるのは、もっとも大事な人生の目的を、はっきり指《さ》し示《しめ》す「真《しん》の宗教《しゅうきょう》」が、希求《ききゅう》されているからであろう。

人生の目的はあるのか。

〝あるから早く達成《たっせい》せよ〟

これ以外、親鸞聖人のメッセージはなかった。

人類《じんるい》のもっとも大切なもの、人生の目的を明示《めいじ》されたのが聖人である。

聖人が徹底《てってい》された人生の目的を知れば、なぜ、その生き方に共鳴《きょうめい》し、感動し、共感《きょうかん》する人が多いのか、うなずけるであろう。

二部では、聖人の言葉で「なぜ生きるか」が、どのように示されているか、明《あき》らかにしたいと思う。

(2) 人生の目的は、「苦しみの波の絶えない人生の海を、明るくわたす大船《たいせん》に乗り、未来永遠の幸福に生きることである」

人はなんのために生まれ、生きているのだろうか。なぜ苦しくても自殺《じさつ》してはならぬのか。「人生の目的」は何か。

親鸞聖人の答えは、ゆるぎなき確信《かくしん》と勇気《ゆうき》を持って、簡潔《かんけつ》であざやかである。

「苦しみの波の絶《た》えない人生の海を、明《あか》るくわたす大船《たいせん》がある。その船に乗り、未来《みらい》永遠《えいえん》の幸福に生きるためである」

主著《しゅちょ》『教行信証《きょうぎょうしんしょう》』の冒頭《ぼうとう》に、つぎのように記《しる》されている。

難思《なんし》の弘誓《ぐぜい》は、難度海《なんどかい》を度《ど》する大船《たいせん》、無碍《むげ》の光明《こうみょう》は、無明《むみょう》の闇《やみ》を破《は》する慧《え》日《にち》なり
（『教行信証《きょうぎょうしんしょう》』）

「弥陀《みだ》の誓願《せいがん》は、私たちの苦悩《くのう》の根元《こんげん》である無明《むみょう》の闇《やみ》を破《やぶ》り、苦しみの波の絶《た》えない人生の海を、明《あか》るく楽しくわたす大船《たいせん》である。この船に乗ることこそが人生の目的だ」全人類《ぜんじんるい》への一大宣言《いちだいせんげん》といえよう。

人生の目的は「苦海《くかい》をわたす大船《たいせん》に乗ること」とはどんなことか、本書のテーマであるが、一言《ひとこと》でいえば、「苦悩《くのう》の根元《こんげん》である無明《むみょう》の闇《やみ》が破《やぶ》られ、〝よくぞ人間《にんげん》に生まれたものぞ〟と生命《せいめい》の大《だい》歓喜《かんぎ》を得《う》ること」である。聖人の著書《ちょしょ》は決《けっ》して少なくないが、これ以外、訴《うった》えられていることはない、といっても過言《かごん》ではなかろう。

◉人間は、苦しむために生まれてきたのではない

先に述《の》べたように、聖人は、人生を海にたとえて、苦しみの波の絶《た》えない「難度海《なんどかい》」とか「苦海《くかい》」と言われている。

天下を取り、征夷大将軍《せいいたいしょうぐん》にのぼりつめた家康《いえやす》でも、「重荷《おもに》を負《お》うて、遠き道を行くがごとし」とみずからの一生を述懐《じゅっかい》する。死ぬまで、苦悩《くのう》という重荷《おもに》はおろせなかったというのである。無類《むるい》の楽天家《らくてんか》ゲーテでさえ、「結局《けっきょく》、私の生活は苦痛《くつう》と重荷《おもに》にすぎなかったし、七十五年の全生涯《ぜんしょうがい》において、真《しん》に幸福であったのは四週間とはなかった」と嘆《なげ》く。

自由奔放《じゆうほんぽう》に生きたといわれる女流作家の林芙美子《はやしふみこ》も、「花《はな》のいのちはみじかくて、苦《くる》しきことのみ多《おお》かりき」と言いのこし、夏目漱石《なつめそうせき》は、「人間《にんげん》は生きて苦しむ為《た》めの動物かも知れない」と妻への手紙に書いている。「人生は地獄《じごく》よりも地獄的《じごくてき》である」と言ったのは芥川龍之介《あくたがわりゅうのすけ》である（『侏儒《しゅじゅ》の言葉』）。

これらの愁嘆《しゅうたん》を聞くまでもなく、「人生は苦なり」の、二千六百年前の釈迦《しゃか》の金言《きんげん》に、みなうなずいているのではなかろうか。

だが私たちは決《けっ》して、苦しむために生まれてきたのではない。生きているわけでもない。すべての人間《にんげん》の究極《きゅうきょく》の願いは、苦悩《くのう》をなくして、いかに明《あか》るく楽しく難度海《なんどかい》の人生をわたるか、に尽《つ》きる。

これこそが人類最大《じんるいさいだい》の課題《かだい》であり、その解答《かいとう》が『教行信証《きょうぎょうしんしょう》』なのである。

(3) 人生を暗くする元凶《げんきょう》は何か——正しい診断《しんだん》が急務《きゅうむ》

◉この坂を越えたなら、幸せが待っているのか？

人はなぜ苦しむのだろう。

動物は、ポンとたたかれればキャンと鳴《な》いて逃《に》げるだけだが、人間《にんげん》は、なぜたたかれたのか、たたかれずにすむにはどうすればよいか、を考える。

何ごとも原因を知らなかったり、間違《まちが》えたりすると大変なことになる。なおる病気も助からない。腹痛《ふくつう》でも、胃潰瘍《いかいよう》の痛《いた》みか、ガンからきているのか、神経性《しんけいせい》のものなのか、正しい診断《しんだん》がなければ、的確《てっかく》な治療《ちりょう》は望《のぞ》めない。当然《とうぜん》、患者《かんじゃ》の苦しみは除《のぞ》かれないだろう。「肛門《こうもん》に目薬《めぐすり》」のたとえなら笑ってすまされようが、胃ガンを潰瘍《かいよう》と誤《ご》診《しん》していたらどうなるか。とり返しのつかない後悔《こうかい》が残るだけ。病因《びょういん》を突《つ》きとめることが、治療《ちりょう》の先決問題《せんけつもんだい》であろう。

「人生は苦なり」の実相《じっそう》を見つめ、苦に染《そ》める元凶《げんきょう》は何か、正しく見きわめてこそ、安楽無上《あんらくむじょう》の人生が開かれるのである。苦悩《くのう》の根元《こんげん》の究明《きゅうめい》が、人類最大《じんるいさいだい》の急務《きゅうむ》といえよう。

親鸞聖人は苦悩《くのう》の真因《しんいん》を、つぎのように説破《せっぱ》される。

生死輪転《しょうじりんてん》の家《いえ》に還来《げんらい》することは
決《けっ》するに、疑情《ぎじょう》をもって所止《しょし》となす
（『教行信証《きょうぎょうしんしょう》』）

まず「生死輪転《しょうじりんてん》の家《いえ》に還来《げんらい》する」から解説《かいせつ》しよう。

安心、満足《まんぞく》というゴールのない円周《えんしゅう》を、限《かぎ》りなくまわって苦しんでいるさまを、

「生死輪転《しょうじりんてん》」とも、「流転輪廻《るてんりんね》」ともいわれる。家を離《はな》れて生きられないように、離《はな》れ切《き》れない苦しみを「家」にたとえられている。「人生の終わりなき苦しみ」のことである。

ドストエフスキーはシベリアで強制労働《きょうせいろうどう》をさせられた体験《たいけん》から、もっとも残酷《ざんこく》な刑《けい》罰《ばつ》は、「徹底的《てっていてき》に無益《むえき》で無意味《むいみ》」な労働《ろうどう》をさせることだ、と『死の家の記録《きろく》』に書いている。監獄《かんごく》では、受刑者《じゅけいしゃ》にレンガを焼かせたり、壁《かべ》を塗《ぬ》らせたり、畑をたがやさせたりしていたという。強制《きょうせい》された苦役《くえき》であっても、その仕事には目的があった。働《はたら》けば食糧《しょくりょう》が生産《せいさん》され、家が建ってゆく。自分の働《はたら》く意味を見いだせるから、苦しくとも耐《た》えてゆける。

しかし、こんな刑《けい》を科《か》せられたらどうだろう。

大きな土の山を、A地点からB地点へとうつす。汗《あせ》だくになってやりとげると、せっかく移動《いどう》した山を、もとの所へもどせと命《めい》じられる。それが終わると、またB地点へ……。意味も目的もない労働《ろうどう》を、くり返し強《し》いられたらどうなるか。受刑者《じゅけいしゃ》は、ドストエフスキーが言うように「四、五日もしたら首をくくってしまう」か、気が狂《くる》って頭を石に打ちつけて死ぬだろう。「終わりなき苦しみ」の刑罰《けいばつ》である。

だが、人間《にんげん》の一生も、同じようなものだとはいえないだろうか。

「越《こ》えなばと　思《おも》いし峰《みね》に　きてみれば　なお行《ゆ》く先《さき》は　山路《やまじ》なりけり」

病苦《びょうく》、肉親《にくしん》との死別《しべつ》、不慮《ふりょ》の事故、家庭や職場《しょくば》での人間関係《にんげんかんけい》、隣近所《となりきんじょ》とのいざこざ、受験地獄《じゅけんじごく》、出世競争《しゅっせきょうそう》、突然《とつぜん》の解雇《かいこ》、借金《しゃっきん》の重荷《おもに》、老後の不安……。

ひとつの苦しみを乗りこえて、ヤレヤレと思う間《ま》もなく、別の苦しみがあらわれる。賽《さい》の河原《かわら》の石積《いしづ》みで、汗《あせ》と涙《なみだ》で築《きず》いたものがアッという間《ま》に崩《くず》されてゆく。

「こんなことになるとは」予期《よき》せぬ天災人災《てんさいじんさい》に、何度おどろき、悲しみ、嘆《なげ》いたことだろう。

「この坂《さか》を越《こ》えたなら　しあわせが待《ま》っている　そんなことばを信《しん》じて　越《こ》えた七坂《ななさか》四十路坂《よそじざか》」の歌（歌・都はるみ　作詞・星野哲郎）が流行《はや》ったのも、共感《きょうかん》をよんだからかもしれない。

「この坂さえ越《こ》えたなら、幸せがつかめるのだ」と、必死《ひっし》に目の前の坂をのぼってみると、そこにはさらなる急坂《きゅうはん》がそびえている。そこでまた、よろめきながら立ち上がり、「この坂さえ越《こ》えたなら」とあえぎながらのぼってゆく。こんなことのくり返しではなかろうか。そんな人生を聖人は「生死輪転《しょうじりんてん》の家《いえ》に、還来《げんらい》する」と言われているのである。

⦿オレは前から、ヤシの下で昼寝をしているさ

人生苦海《くかい》の波間《なみま》から、しきりに、こんな嘆《なげ》きが聞こえてくる。

「金さえあれば」「物さえあれば」「有名になれたら」「地位が得《え》られれば」「家を持てたら」「恋人が欲《ほ》しい」などなど。

どうやら苦しみの原因をそこらに見定《みさだ》めて、近くに浮遊《ふゆう》する、それらの丸太《まるた》や板切《いたき》れに向かって、懸命《けんめい》に泳《およ》いでいるようだが、はたして苦海《くかい》がわたれるのだろうか。

考えさせる小話をひとつ、紹介《しょうかい》しておこう。

所はある南の国。登場人物《とうじょうじんぶつ》はアメリカ人と現地人《げんちじん》。

ヤシの木の下で、いつも昼寝《ひるね》をしている男をつかまえてアメリカ人が説教《せっきょう》している。

「怠《なま》けていずに、働《はたら》いて金を儲《もう》けたらどうだ」

ジロリと見あげて、男が言う。

「金を儲《もう》けて、どうするのだ」

「銀行にあずけておけば、大きな金になる」

「大きな金ができたら、どうする」

「りっぱな家を建て、もっと金ができれば、暖《あたた》かい所に別荘《べっそう》でも持つか」

「別荘《べっそう》を持って、どうするのだ」

「別荘《べっそう》の庭のヤシの下で、昼寝《ひるね》でもするよ」

「オレはもう前から、ヤシの下で昼寝《ひるね》をしているさ」

こんな幸福論《こうふくろん》の破綻《はたん》は、周囲《しゅうい》に満《み》ちている。

◉人生がよろこびに輝《かがや》いていたのなら、ダイアナ妃の、自殺未遂《みすい》五回はなぜだった？

大方《おおかた》がそう思うように、金や物、名誉《めいよ》や地位のないのが苦しみの根元《こんげん》ならば、それらに恵《めぐ》まれた人生は、よろこびに輝《かがや》いていたにちがいない。だが実際《じっさい》はどうだろう。歴史の証言《しょうげん》も豊富《ほうふ》だが、現実《げんじつ》も目にあまる悲惨《ひさん》さなのだ。

イギリス王室の華《はな》・ダイアナ妃《ひ》の、自殺未遂《じさつみすい》は五回にも及《およ》んだという。美貌《びぼう》といい、シンデレラストーリーといい、〝世紀《せいき》の結婚《けっこん》〟とまでうらやまれた彼女も、人知れず苦しむ、一個の人間《にんげん》でしかなかった。日本初《はつ》のノーベル文学賞に輝《かがや》いた川端康成《かわばたやすなり》が、ガス自殺《じさつ》をとげている。氏もまた苦悩《くのう》の人であったのだろう。

女と靴下《くつした》は、戦後強くなったものの代表とされた。靴下《くつした》をかくまで強いものにした革命的繊維《かくめいてきせんい》ナイロンを発明したのは、アメリカのカロザースである。勤《つと》め先《さき》のデュポン社は、この天才化学者に破格《はかく》の待遇《たいぐう》をしていたそうだ。

「生涯《しょうがい》、どこへ旅行をし、どんな高級レストランやバーで飲食《いんしょく》しようが、費用《ひよう》の一切《いっさい》は会社が持つ」というのである。カロザースのご機嫌《きげん》を損《そん》じては一大事。彼の一生の遊び代ぐらいを保証《ほしょう》しても、安いものだとデュポン社が考えてもおかしくはなかろう。

そのカロザースが、四十一歳の若さで自殺《じさつ》したのだ。

金や財、名誉《めいよ》や地位のないのが苦悩《くのう》の元凶《げんきょう》ならば、あり得《え》ない結末《けつまつ》ではなかろうか。

田《た》なければ、また憂《うれ》いて、田《た》あらんことを欲《ほっ》し、宅《たく》なければ、また憂《うれ》いて、宅《たく》あらんことを欲《ほっ》す。田《た》あれば田《た》を憂《うれ》え、宅《たく》あれば宅《たく》を憂《うれ》う。牛馬《ごめ》・六畜《ろくちく》・奴婢《ぬび》・銭財《せんざい》・衣食《えじき》・什物《じゅうもつ》、また共《とも》にこれを憂《うれ》う。有無《うむ》同《おな》じく然《しか》り

（『大無量寿経《だいむりょうじゅきょう》』）

「田畑や家が無ければ、それらを求めて苦しみ、有れば、管理《かんり》や維持《いじ》のためにまた苦しむ。その他《た》のものにしても、みな同じである」

金、財産、名誉《めいよ》、地位、家族、これらが無ければないことを苦しみ、有ればあることで苦しむ。有る者は〝金《きん》の鎖《くさり》〟、無い者は〝鉄《てつ》の鎖《くさり》〟につながれているといってもよかろう。材質《ざいしつ》が金《きん》であろうと鉄《てつ》であろうと、苦しんでいることに変わりはない。

これを釈尊《しゃくそん》は「有無同然《うむどうぜん》」と説《と》かれる。

どれほどの財宝《ざいほう》や権力《けんりょく》を手にしても、たとえ宇宙に飛《と》び出《だ》しても、本当の苦悩《くのう》の根《こん》元《げん》を知り、取《と》り除《のぞ》かないかぎり、人生の重荷《おもに》はおろせないであろう。

(4) 診断《しんだん》——苦悩《くのう》の根元《こんげん》は「無明《むみょう》の闇《やみ》」

人生を苦《く》に染《そ》める元凶《げんきょう》は何か。親鸞聖人の解答《かいとう》は、簡明《かんめい》だ。

> 決《けっ》するに、疑情《ぎじょう》をもって所止《しょし》となす
> (『教行信証《きょうぎょうしんしょう》』)

「疑情《ぎじょう》ひとつ」と決断《けつだん》される。「決《けっ》するに」「所止《しょし》となす」の断言《だんげん》には迷《まよ》いがない。苦《く》悩《のう》の解決《かいけつ》ひとつを説《と》く聖人だから、こんな明言《めいげん》が極《きわ》めて多い。

「苦悩《くのう》の根元《こんげん》は、これひとつ」と断定《だんてい》される「疑情《ぎじょう》」とは、次章から詳《くわ》しく述《の》べる、死後どうなるか分《わ》からない「無明《むみょう》の闇《やみ》」のことである。

苦悩《くのう》の根元《こんげん》を「無明《むみょう》の闇《やみ》」といわれて、「なるほど」とうなずく人は、いないといってもよかろう。

「えっ⁉　それ、なに⁉」と驚《おどろ》く人、「聞いたことも、読んだこともないよ」と、みんなソッポを向くにちがいない。

自己《じこ》と向き合い、厳《きび》しく見つめている人でも、自分を悩《なや》ますものは、欲望《よくぼう》や腹立《はらだ》ち、ねたみそねみの「煩悩《ぼんのう》」だと思っているのではなかろうか。文字通り「煩《わずら》わせ悩《なや》ませるもの」と書いて、「煩悩《ぼんのう》」というからである。

◉煩悩《ぼんのう》と格闘《かくとう》された、若き日の親鸞聖人

「明日《あす》ありと　思《おも》う心《こころ》の　仇桜《あだざくら》　夜半《よわ》に嵐《あらし》の　吹《ふ》かぬものかは」

四歳で父君《ちちぎみ》に、八歳で母君《ははぎみ》に死別《しべつ》されたといわれる聖人が、つぎはオレの番だと死の影《かげ》に驚《おどろ》き、出家《しゅっけ》のときに詠《よ》まれたもの、といわれれば納得《なっとく》できる。

九歳で仏門《ぶつもん》に入《はい》って二十年、仏教の中心地・比叡山《ひえいざん》での日々《にちにち》は、まさに煩悩《ぼんのう》との格《かく》

闘《とう》だった。『歎徳文《たんどくもん》』という古書《こしょ》に、生々《なまなま》しい苦闘《くとう》が記《しる》されている。

定水《じょうすい》を凝《こ》らすといえども、識浪《しきろう》しきりに動《うご》き、心月《しんげつ》を観《かん》ずといえども、妄《もう》雲《うん》なお覆《おお》う。しかるに、一息《ひといき》つがざれば、千載《せんさい》に長《なご》うゆく。なんぞ、浮生《ふしょう》の交衆《こうしゅう》をむさぼって、いたずらに仮名《けみょう》の修学《しゅうがく》に疲《つか》れん。すべからく勢利《せいり》をなげうって、ただちに出離《しゅつり》をねがうべし

（『歎徳文《たんどくもん》』）

静寂《せいじゃく》な夜の山上で、修行《しゅぎょう》に励《はげ》まれる聖人が、ふと見おろす琵琶《びわ》の湖水《こすい》は、月光《げっこう》に映《は》えて鏡《かがみ》のようだ。

「あの湖水《こすい》のように、なぜ、心が静まらぬのか。思ってはならぬことが思えてくる。考えてはならぬことが浮かんでくる。恐《おそ》ろしい心が噴《ふ》き上《あ》がる。どうしてこんなに、欲《よく》や怒《いか》りが逆巻《さかま》くのか。この心、なんとかせねば……」

平静《へいせい》な湖水《こすい》にくらべて渦巻《うずま》く煩悩《ぼんのう》に泣く聖人が、涙《なみだ》にくもる眼《まなこ》を天上にうつすと、月はこうこうと冴《さ》えている。

明日ありと
思う心の仇桜
夜半に
あらしの
吹かぬものかは

「あの月を見るように、なぜ、さとりの月が見れぬのか。みだらな雲がわき上がり、心の天をおおい隠《かく》す。こんな暗い心のままで、死んでいかねばならぬのか」

吸《す》う息吐《いきは》く息《いき》に、永遠《えいえん》の苦患《くげん》に沈《しず》む自己《じこ》を知られて、居《い》ても立《た》ってもおれぬ不安に襲《おそ》われる。こんな一大事を持ちながら、どうして無駄《むだ》な時《とき》を流せよう。はやく俗念《ぞくねん》を投げ捨てて、この大事を解決《かいけつ》せねば。

一刻《いっこく》の猶予《ゆうよ》も、聖人にはなかった。この一大事、どこかに導《みちび》きくださる大徳《たいとく》はないのか、高僧《こうそう》ましまさぬかと、思い出深《ふか》き比叡《ひえい》をあとに、泣き泣き下山《げざん》された聖人の、苦衷《くちゅう》を書かれたものである。

まもなく、そんな聖人が、

「苦悩《くのう》の根元《こんげん》〝無明《むみょう》の闇《やみ》〟を断《た》ち切《き》って、歓喜無量《かんぎむりょう》のいのちを与える弥陀《みだ》の誓願《せいがん》」を説《と》く、法然上人《ほうねんしょうにん》にめぐり会われるのだ。その驚《おどろ》きとよろこびは、余人《よじん》の想像《そうぞう》を絶《ぜっ》するものであったにちがいない。

◉法然上人との出会い

真《しん》の知識《ちしき》にあうことは
難《かた》きが中《なか》になおかたし
流転輪廻《るてんりんね》のきわなきは
疑情《ぎじょう》のさわりにしくぞなき

（『高僧和讃《こうそうわさん》』）

「苦しみの根元《こんげん》は〝無明《むみょう》の闇《やみ》〟である、と説《と》く本当の仏教を教える人には、めったに会うことはできないものである」

法然上人《ほうねんしょうにん》にめぐり会えた感激《かんげき》と、苦悩《くのう》の真因《しんいん》を知った感動を、みずみずしく詠《うた》いあげられた親鸞聖人の『和讃《わさん》』である。

ここでいわれる「知識《ちしき》」とは、〝科学的知識《かがくてきちしき》がある人だ〟などといわれる知識《ちしき》のことではない。「仏教を伝える人」を知識《ちしき》という。「真《しん》の知識《ちしき》」とは、真実《しんじつ》の仏教を教える師《し》のことである。

今日《こんにち》、仏教と聞くと、何が思《おも》い浮《う》かぶであろうか。

葬式《そうしき》や法事《ほうじ》・読経《どきょう》で生きのびている葬式仏教《そうしきぶっきょう》、おみくじやゴマを焚《た》いてゴ利益《りやく》をふりまく祈祷仏教《きとうぶっきょう》、伽藍《がらん》や大仏《だいぶつ》を売り物にする観光仏教《かんこうぶっきょう》、信仰《しんこう》より社会事業《しゃかいじぎょう》を重視《じゅうし》して、学校や幼稚園経営《ようちえんけいえい》に奔走《ほんそう》する事業仏教《じぎょうぶっきょう》、境内《けいだい》を駐車場《ちゅうしゃじょう》に貸《か》し、学校教師《きょうし》などになって衣食《いしょく》する二股仏教《ふたまたぶっきょう》、祖師《そし》や中興《ちゅうこう》の法要《ほうよう》にかこつけて、金集めする遠忌仏教《おんきぶっきょう》などだろう。

もちろん、それらは論外《ろんがい》だが、欲《よく》や怒《いか》り、ねたみそねみの煩悩《ぼんのう》を苦しみの元《もと》と教え、それらにどう向きあえばよいかを説《と》く僧《そう》は、今でも少しはあるだろう。

だが、苦悩《くのう》の根元《こんげん》は「無明《むみょう》の闇《やみ》」と教える「真《しん》の知識《ちしき》」は、雨夜《あまよ》の星《ほし》といってもいいのではなかろうか。聖人は、その会いがたい、

「流転輪廻《るてんりんね》のきわなきは　疑情《ぎじょう》のさわりにしくぞなき」（苦悩《くのう》の根元《こんげん》は無明《むみょう》の闇《やみ》である）

と教える、法然上人《ほうねんしょうにん》にめぐり会えたことの有《あ》り難《がた》さを、

「真《しん》の知識《ちしき》にあうことは　難《かた》きが中《なか》になおかたし」（本当の仏教を教える先生に会えた親鸞は、なんと幸せであったのか）

と、よろこばずにおれなかったのも、深《ふか》くうなずけるのである。

明師《めいし》・法然上人《ほうねんしょうにん》との邂逅《かいこう》を、いかによろこばれたか。「無明《むみょう》の闇《やみ》」が晴れて、どんなにうれしかったのか。真情《しんじょう》あふれる、こんな言葉があるほどだ。

曠劫多生《こうごうたしょう》のあいだにも
出離《しゅつり》の強縁《ごうえん》知らざりき
本師源空《ほんしげんくう》いまさずは
このたび空《むな》しく過《す》ぎなまし

（『高僧和讃《こうそうわさん》』）

「苦しみの根元《こんげん》も、それを破《やぶ》る弥陀《みだ》の誓願《せいがん》のあることも、果《は》てしない遠い過去《かこ》から知らなんだ。もし真《しん》の仏教の師《し》に会えなかったら、人生の目的も、果《は》たす道も知らぬま

ま、二度とないチャンスを失《うしな》い、永遠《えいえん》に苦しんでいたにちがいない。親鸞、危《あぶ》ないところを法然《ほうねん》（源空《げんくう》）上人《しょうにん》に救《すく》われた」とまで言われている。

では、苦しみの根元《こんげん》と断定《だんてい》される「無明《むみょう》の闇《やみ》」とは、どんなものなのであろうか。

(5) 無明《むみょう》の闇《やみ》とは「死後どうなるか分からない心」

◉百パーセント墜《お》ちる飛行機に乗るものはいないが、私たちはそんな飛行機に乗っている

無明《むみょう》の闇《やみ》とは、「死んだらどうなるか分《わ》からない、死後に暗い心」をいう。

とかく、死を口にすると「エンギが悪い」といわれる。「死ぬ話をするとお前もすぐ死ぬぞ、やめておけ」と、たしなめているのだろう。それなら、金の話をするとた

ちまち金が儲《もう》かり、ノーベル賞の話をすると受賞《じゅしょう》し、マイホームの話をすると家が建つことになる。おかしなタブーがまかり通っている。

「四《し》」と聞くと「死《し》」を連想《れんそう》するからか、病院には四号室《しごうしつ》がなかったり、エレベーターに四階《しかい》が抜《ぬ》けていたりするが、それだけ避《さ》けられぬ人生の終着駅《しゅうちゃくえき》を、気にしているともいえよう。

「門松《かどまつ》は　冥土《めいど》の旅《たび》の　一里塚《いちりづか》　めでたくもあり　めでたくもなし」

一休《いっきゅう》は人間《にんげん》を「冥土《めいど》への旅人」と言っている。「冥土《めいど》」とは「死後の世界」である。人生は冥土《めいど》の旅にちがいない。一日生きれば一日死に近づいている。世界の時計《とけい》を止めても、それは止まらない。万人共通《ばんにんきょうつう》の厳粛《げんしゅく》な事実である。百パーセント墜《お》ちるとハッキリしている飛行機《ひこうき》に乗る者はいないだろうが、生まれたときから私たちはそんな飛行機《ひこうき》に乗っているのだ。

◉「末期ガンです。長くて一カ月」その人は、「死後どうなるか」だけが大問題となった

死は万人《ばんにん》の確実《かくじつ》な未来《みらい》なのだが、誰《だれ》もまじめに考えようとはしない。考えたくないことだからであろう。知人、友人、肉親《にくしん》などの突然《とつぜん》の死にあって、否応《いやおう》なしに考えさせられるときは、身の震《ふる》えるような不安と恐怖《きょうふ》を覚《おぼ》えるが、それはあくまでも一過性《いっかせい》で、あとはケロッとして、「どう生きるか」で心は埋《う》めつくされる。たとえ、自分の死を百パーセント確実《かくじつ》な未来《みらい》と容認《ようにん》しても、まだまだ後《あと》と先送りする。

「今《いま》までは　他人《ひと》のことぞと　思《おも》うたに　オレが死《し》ぬとは　こいつぁたまらぬ」と死んだ医者があったそうだが、ながめている他人の死と、眼前《がんぜん》に迫《せま》った自己《じこ》の死は、動物園《どうぶつえん》で見ている虎《とら》と、山中《さんちゅう》で出くわした虎《とら》ほどの違《ちが》いがあるといわれる。

〝体がふるえるような、不安や恐怖《きょうふ》〟といっても、所詮《しょせん》は、想像《そうぞう》している死であり、襲《おそ》われる恐《おそ》れのないオリの中の虎《とら》を見ているにすぎない。山中《さんちゅう》で突然《とつぜん》出会った猛虎《もうこ》で

はない。

ところが、「末期《まっき》ガンです。長くて一カ月」と宣告《せんこく》されたらどうだろう。

大問題になるのは「死後どうなるか」だけだと、ガンと十年闘《たたか》って世を去った岸本《きしもと》英夫《ひでお》氏（東大・宗教学教授）は言っている。死と真正面《ましょうめん》から向き合った記録《きろく》は壮絶《そうぜつ》だ。

生命《せいめい》を断《た》ち切《き》られるということは、もっとくわしく考えると、どういうことであるか。それが、人間《にんげん》の肉体的生命《にくたいてきせいめい》の終《お》わりであることは、たしかである。呼吸《こきゅう》はとまり、心臓《しんぞう》は停止《ていし》する。（中略）しかし、生命体《せいめいたい》としての人間《にんげん》を構成《こうせい》しているものは、単《たん》に、生理的《せいりてき》な肉体だけではない。すくなくとも、生きている間《あいだ》は、人間《にんげん》は、精神的《せいしんてき》な個《こ》と考えるのが常識《じょうしき》である。生きている現在《げんざい》においては、自分というものの意識《いしき》がある。「この自分」というものがあるのである。そこで問題は、「この自分」は、死後どうなるかという点に集中《しゅうちゅう》してくる。これが人間《にんげん》にとっての大問題となる。

（『死を見つめる心』）

⦿「老後のことは老後になってみにゃわからん。つまらんこと」とは、誰も言わない

「死んだ後《あと》なんかないよ」と言いつづけている人でも、知人や友人が死ぬと、「ご霊《れい》前《ぜん》で」とか、「ご冥福《めいふく》をいのります」と言う。「霊前《れいぜん》」は故人《こじん》の霊《れい》の前であり、「冥福《めいふく》」は冥土《めいど》の幸福のことだから、いずれも死後を想定《そうてい》してのことである。果《は》ては「安《やす》らかにお眠《ねむ》りください」「迷《まよ》わずに成仏《じょうぶつ》してください」などと、涙《なみだ》ながらに語《かた》りかけられる。遭難《そうなん》のときなどは、空や船から花束《はなたば》や飲食物《いんしょくぶつ》が投げられるのも、しばしばである。単《たん》なる儀礼《ぎれい》とは、とても思えない。その表情《ひょうじょう》は深刻《しんこく》で、しぐさも神妙《しんみょう》なのだ。

毎年八月に戦没者《せんぼつしゃ》の慰霊祭《いれいさい》が執行《しっこう》される。通常《つうじょう》なら、幸福な相手を慰《なぐさ》めるということは、ありえない。その必要《ひつよう》がないからである。死者の霊《れい》が存在《そんざい》し、慰《なぐさ》めを必要《ひつよう》としている、という心情《しんじょう》がなければ、これらの行事は成《な》り立《た》たないはずだ。死後を否定《ひてい》しながら冥土《めいど》の幸福をいのる。何か否定《ひてい》しきれないものがあるのだろう。

「社交辞令《しゃこうじれい》だよ」と笑ってすませられるのは、肉親《にくしん》などの死別《しべつ》にあわない、幸せなときだけにちがいない。

「死んでからのことは、死んでみにゃわからん。つまらんこと問題にするな」と言いながら、有るやら無いやらわからない、火災《かさい》や老後のことは心配《しんぱい》する。火事《かじ》にあわない人がほとんどだし、若死《わかじ》にすれば老後はないのに、火災保険《かさいほけん》に入《はい》ったり、老後の蓄《たくわ》えには余念《よねん》がない。

「老後のことは老後になってみにゃわからん。つまらんこと」とは、誰《だれ》も言わないようだ。火災《かさい》や老後のことは真剣《しんけん》なのに、確実《かくじつ》な未来《みらい》を問題にもしない自己矛盾《じこむじゅん》には、まだ気がつかないでいる。

「考えたって、どうなるもんじゃないよ」「その時《とき》はその時《とき》さ」「そんなこと考えていたら、生きていけないよ」。頑固《がんこ》に目を背《そむ》けさせる死には、無条件降伏《むじょうけんこうふく》か玉砕《ぎょくさい》か、大《だい》なるアキラメしかないのであろうか。

元気なときは、「死は休息《きゅうそく》だ」「永眠《えいみん》だ」「恐《おそ》ろしくない」と気楽《きらく》に考えているが、〝いざ鎌倉《かまくら》〟となると、先はどうなっているかだけが大問題となる。死後は有るのか、無いのか、どうなっているのやら、さっぱりわかっていない、お先真《ま》っ暗《くら》な状態《じょうたい》なのだ。この「死んだらどうなるか分《わ》からない心」を、「無明《むみょう》の闇《やみ》」といい、また、「後生暗《ごしょうくら》い心《こころ》」ともいわれる。

「後生《ごしょう》」とは死後のこと。「暗《くら》い」とはわからないこと。死後ハッキリしない心を「後生暗《ごしょうくら》い心《こころ》」とか「無明《むみょう》の闇《やみ》」といわれるのである。

(6)なぜ無明《むみょう》の闇《やみ》が　苦悩《くのう》の根元《こんげん》なのか

◉「死んだらどうなるか」
何かでごまかさなくては生きていけない不安だ。
しかし、ごまかしはつづかない

どうして「後生暗い心《ごしょうくらいこころ》」が苦悩《くのう》の根元《こんげん》なのか、疑問《ぎもん》に思う人が多いだろう。だが、未来《みらい》暗いと、どうなるか。例《たと》えれば、こうもいえよう。

三日後の大事な試験が、学生の今の心を暗くする。五日後に大手術《だいしゅじゅつ》をひかえた患者《かんじゃ》に、「今日《きょう》だけでも、楽しくやろうじゃないか」といってもムリだろう。

未来《みらい》が暗いと現在《げんざい》が暗くなる。墜落《ついらく》を知った飛行機《ひこうき》の乗客《じょうきゃく》を考えれば、よくわかろう。どんな食事もおいしくないし、コメディ映画《えいが》もおもしろくなくなる。快適《かいてき》な旅どころではない。不安におびえ、狼狽《ろうばい》し、泣《な》き叫《さけ》ぶ者もでてくるだろう。乗客《じょうきゃく》の苦悩《くのう》の元《もと》はこの場合、やがておきる墜落《ついらく》なのだが、墜死《ついし》だけが恐怖《きょうふ》なのではない。悲劇《ひげき》に近づくフライトそのものが、地獄《じごく》なのである。

未来《みらい》が暗いと、現在《げんざい》が暗くなる。現在《げんざい》が暗いのは、未来《みらい》が暗いからである。死後の不安と現在《げんざい》の不安は、切《き》り離《はな》せないものであることがわかる。後生《ごしょう》暗いままで明《あか》るい現在《げんざい》を築《きず》こうとしても、できる道理がないのである。

五十歳近くになったトルストイが、気づいたのもこのことだった。今日《きょう》や明日《あす》にも死がやって来るかもしれないのに、どうして安楽《あんらく》に生きられるのか。それに驚《おどろ》いた彼は、仕事も手につかなくなっている。

こんなことがよくも当初《とうしょ》において理解《りかい》できずにいられたものだ、とただそれに呆《あき》れるばかりだった。こんなことはいずれもとうの昔から誰《だれ》にでも分《わ》かりきった話ではないか。きょうあすにも病気か死が愛する人たちや私の上に訪《おとず》れれば（すでにいままでもあったことだが）死臭《ししゅう》と蛆虫《うじむし》のほか何ひとつ残らなくなってしまうのだ。私の仕事などは、たとえどんなものであろうとすべては早晩忘《そうばんわす》れ去《さ》られてしまうだろうし、私もなくなってしまうのだ。とすれば、なにをあくせくすることがあろう？　よくも人間《にんげん》はこれが眼《め》に入《はい》らずに生きられるものだ――これこそまさに驚《おどろ》くべきことではないか！　生《せい》に酔《よ》いしれている間《あいだ》だけは生きても行けよう、が、さめてみれば、これらの一切《いっさい》が――ごまかしであり、それも愚《おろ》かしいごまかしであることに気づかぬわけにはいかないはずだ！

（トルストイ著、中村白葉・中村融訳『懺悔《ざんげ》』）

愛する家族もいつか、この暗い死にぶつかるのだ。そう思うと、生《い》き甲斐《がい》であった家族や芸術《げいじゅつ》の蜜《みつ》も、もう甘くはなかった。作家活動《さっかかつどう》は順調《じゅんちょう》だったが、確実《かくじつ》な未来《みらい》を凝《ぎょう》視《し》した彼の世界は、無数《むすう》の破片《はへん》にひびわれ一切《いっさい》が光を失《うしな》った。

「われわれは断崖《だんがい》（危険《きけん》）が見えないように、何か目かくしをして平気でそのなかへ飛《と》びこむ」とパスカルはあやぶむ。

思えば私たちは、真《ま》っ暗《くら》がりの中を、突《つ》っ走《ぱし》っているようなもの。「死んだらどうなるか」未知《みち》の世界に入《はい》ってゆく底知《そこし》れぬ不安を、何かでごまかさなくては生きてはゆけない。文明文化の進歩《しんぽ》といっても、後生暗《ごしょうくら》い心《こころ》が晴れない限《かぎ》り、このごまかし方の変化に過《す》ぎないといえよう。しかし、ごまかしは続《つづ》かないし、なんら問題の解決《かいけつ》にはならない。何を手に入れても束《つか》の間《ま》で、心からの安心も満足《まんぞく》もない、火宅《かたく》のような人生にならざるをえないのである。

◉眼前に、人生の目的が、突きつけられる

人は、生まれたときが母艦《ぼかん》を飛《と》び立《た》った飛行機《ひこうき》とすれば、悪戦苦闘《あくせんくとう》の生きざまは、乱気流《らんきりゅう》や暴風雨《ぼうふうう》との闘《たたか》いであり、敵機《てっき》との交戦《こうせん》である。激闘《げきとう》のすえ帰還《きかん》すると、母艦《ぼかん》の影《かげ》も形も見当《みあ》たらぬ。見わたすかぎりの大海原《おおうなばら》。燃料計《ねんりょうけい》はゼロ、としたらどうだろ

う。長い死闘《しとう》はなんだったのか。バカだった、バカだった、バカだった……。

大命《だいみょう》、将《まさ》に終《おわ》らんとして悔懼《けく》こもごも至《いた》る
（『大無量寿経《だいむりょうじゅきょう》』）

「臨終《りんじゅう》に、後悔《こうかい》と恐《おそ》れが、代《か》わる代《が》わるおこってくる」と説《と》かれるのは、海面《かいめん》に激突《げきとつ》する心境《しんきょう》にちがいない。

飛行機《ひこうき》に墜落《ついらく》以上の大事はないように、人生に死ぬ以上の大事はない。生死《しょうじ》の一大《いちだい》事《じ》とも、後生《ごしょう》の一大事《いちだいじ》ともいわれるゆえんである。

ムダな日々をすごしてきた。求めるものが間違《まちが》っていた。才能《さいのう》、財産、権力《けんりょく》があれば他人《ひと》はうらやむが、わが身にはよろこびも満足《まんぞく》もない。なぜ心の底《そこ》から満足《まんぞく》できる幸せを求めなかったのか。後悔《こうかい》のため息《いき》ばかりであるとセネカ（二千年前のローマの思想家）は言っている。「こんなはずではなかった」と、真《ま》っ暗《くら》な後生《ごしょう》（無明《むみょう》の闇《やみ》）に驚《おどろ》く、後悔《こうかい》にちがいなかろう。

終幕《しゅうまく》の人生にならないと誰《だれ》も気づかない落とし穴だから、チェーホフ（ロシアの小説家）は、代表作『六号病室《ろくごうびょうしつ》』で「人生は、いまいましい罠《わな》」と表現《ひょうげん》したのかもしれない。

世人薄俗《せにんはくぞく》にして、共《とも》に不急《ふきゅう》の事《こと》を諍《あらそ》う
（『大無量寿経《だいむりょうじゅきょう》』）

「世の中の人は、目先のことばかりに心をうばわれて、無明《むみょう》の闇《やみ》を破《やぶ》る人生の大事を知らない」

釈尊《しゃくそん》の警鐘乱打《けいしょうらんだ》である。

親鸞聖人が、無明《むみょう》の闇《やみ》を苦悩《くのう》の根元《こんげん》と断言《だんげん》し、これを破《やぶ》って無尽《むじん》の法悦《ほうえつ》を得《う》ることこそが、人生の目的であると明示《めいじ》された純正《じゅんせい》さが、いよいよ鮮明《せんめい》に知られよう。

この生死《しょうじ》の一大事《いちだいじ》を知れば、人生の目的の有無《うむ》などの議論《ぎろん》は、吹《ふ》き飛《と》んでしまうにちがいない。

眼前《がんぜん》に、人生の目的が、突《つ》きつけられるからである。

(7) 「王舎城《おうしゃじょう》の悲劇《ひげき》」と人生の目的

1

難思《なんし》の弘誓《ぐぜい》は、難度海《なんどかい》を度《ど》する大船《たいせん》
(『教行信証《きょうぎょうしんしょう》』)

「弥陀《みだ》の誓願《せいがん》は、無明《むみょう》の闇《やみ》を破《やぶ》り、苦しみの波の絶《た》えない人生の海を、明《あか》るく楽しくわたす船である。この大船《たいせん》に乗ることこそが人生の目的だ」

こう説《と》きおこされる『教行信証《きょうぎょうしんしょう》』は、つづいて釈尊在世中《しゃくそんざいせちゅう》、王舎城《おうしゃじょう》におきた悲劇《ひげき》のヒロイン・イダイケ夫人《ぶにん》が、この大船《たいせん》に乗せられ、みごと人生の目的を果《は》たした史実《しじつ》が述《の》べられている。

王舎城《おうしゃじょう》の悲劇《ひげき》と結末《けつまつ》は、どんなものであったのか。

大体《だいたい》のストーリーは、こうである。

2

約二千六百年前、印度《いんど》で最強《さいきょう》を誇《ほこ》っていたのは、ビンバシャラ王の支配《しはい》するマガダ国であった。彼は大王として覇《は》を四隣《しりん》にふるっていた。その妃《きさき》はイダイケといい、艶《えん》麗花《れいはな》のような女性であったという。夫妻は王舎城《おうしゃじょう》に住み、何不自由のない暮《く》らしは、幸福そのものと思われていたが、他人には言えない悩《なや》みがあった。

ながらく、実子《じっし》がなかったからである。世の中には子供のないことを悩《なや》んでいる夫婦があるが、とくに権力者《けんりょくしゃ》にとっては深刻《しんこく》な問題であるらしい。亡《な》きあと権力《けんりょく》をうばわれる無念《むねん》さと、その報復《ほうふく》を恐《おそ》れるからであろう。威勢《いせい》を誇《ほこ》るビンバシャラ王夫妻も、寄《よ》る年波《としなみ》に前途《ぜんと》を思いめぐらせると、心中の不安はひとときおりではなかった。悩《なや》んだ結果《けっか》、最高権力者《さいこうけんりょくしゃ》も、占《うらな》い師《し》にすがるしかなかった。不安はつねに、人を迷《まよ》わせる元《もと》である。

切実《せつじつ》な王夫妻の訴《うった》えに、占《うらな》い師《し》は思案《しあん》のあと、神妙《しんみょう》にこう言った。

「ご心配《しんぱい》あそばされますな。やがて御子《みこ》がお生まれになります」

「おお、それは本当か」

身を乗り出す王夫妻に、

「私の見るところ、山奥《やまおく》で長年修行《ながねんしゅぎょう》している老人の寿命《じゅみょう》がつきると、御子《みこ》が生まれられることになっております」

大変よろこんだ二人は、

「して、その修行者《しゅぎょうじゃ》の寿命《じゅみょう》は、どれほどか」

「あと五年でございます」

五年と聞いたとたんに、二人から笑顔が消えた。

とくに、イダイケ夫人《ぶにん》の落胆《らくたん》は激《はげ》しかった。子供の産《う》めない年齢《ねんれい》に迫《せま》っていたからだ。もう、待てない。はやく子供が欲《ほ》しい、イダイケ夫人《ぶにん》の忍耐《にんたい》も限界《げんかい》にきていた。

「それでは私こまるわ。なんとか早くならないの」

詰《つ》めよるイダイケ夫人《ぶにん》に圧倒《あっとう》されて、

「それは、まったくないこともありませんが……」

ついつい口をすべらせる占《うらな》い師《し》。

「ど、どうすればよいのじゃ」

今度はかわって、ビンバシャラ王が乗り出す。

「それは、修行者《しゅぎょうじゃ》さえ死ねば、それだけ早く……。いえいえ、決《けっ》して私が、お勧《すす》めするのではありません。よくお聞きくだされ」

必死《ひっし》に占《うらな》い師《し》は、自分が言い出したことではないことを訴《うった》える。

「修行者《しゅぎょうじゃ》さえ、死ねば」

独《ひと》り言《ごと》のように王は、くり返しつぶやく。

迷《まよ》ったすえ翌日《よくじつ》、重臣《じゅうしん》たちを集めて意見《いけん》を聞く。

「私たちも早くお世継《よつ》ぎをと、お待ちしてはおりますが、修行《しゅぎょう》している者を殺してまでは……。いましばらく、お待ちになられては……」

暴走《ぼうそう》をたしなめる意見《いけん》が大勢《たいせい》をしめた。〝やはりそうか〟ようやくビンバシャラ王が彼らに同調《どうちょう》しようとしたとき、そばにいたイダイケが強く夫の袖《そで》を引く。隣室《りんしつ》に誘《さそ》い入《い》れ、いらだち顔でこうなじる。

「あなた！　しっかりしてよ」

「何をそんなに怒《おこ》っているのだ」

ビンバシャラ王は、怪訝《けげん》そうに聞く。

「あなた！　あの者たちの魂胆《こんたん》がわからないの！」

イダイケは、ひとり息《いき》まく。

「あの者らの魂胆《こんたん》？」

首をかしげる夫に、

「まだ、だまされていることが、わからないのね！」

「だまされているとは、どういうことだ」

「五年もたてば、子供の産《う》めない体に、私なるのよ」

うかつであったとビンバシャラ王は、そこまで考えていなかった自分を恥《は》じずにおれなかった。

イダイケは、勝《か》ち誇《ほこ》ったように追《お》い討《う》ちをかける。

「だからあの者らは、後釜《あとがま》をねらっているのよ。まだ気がつかないの」

ようやく事態《じたい》を察《さっ》したビンバシャラ王は、それでも妻をこうなだめる。

「そうかもしれぬがなぁ、イダイケ、他人《ひと》を殺してまでは……。しかも相手は修行者《しゅぎょうじゃ》じゃ」

しかしイダイケの、わが子欲《ほ》しやと燃えたぎる欲望《よくぼう》の炎《ほのお》には、油の役目《やくめ》にしかならなかった。

「何言ってるのよ、あなた。わずかな土地のために戦争までして、どれだけの人を殺してきたの。それとくらべたら私たちの世継《よつ》ぎのためじゃない。みんなもよろこぶことなのよ」

妻に過去《かこ》を持ち出されると、なんとも都合《つごう》がわるい。それもそうだが、とたじろぐビンバシャラ王に、イダイケの本音《ほんね》が飛《と》び出《だ》してきた。

「修行者《しゅぎょうじゃ》にはかわいそうなようですが、老人に今から、どんな楽しみがあるでしょう。それよりも私たちの子供に生まれたほうが、どんなに幸せか。死なすのも彼のためじゃないの」

なんと身勝手《みがって》な言《い》い分《ぶん》だろう。だが、歴史が証言《しょうげん》するように、古今東西《ここんとうざい》、権力者《けんりょくしゃ》はこんなものなのだ。己《おのれ》の思うままにならぬ者、したがわない者は問答無用《もんどうむよう》で処刑《しょけい》する。いかに傲慢《ごうまん》で残虐《ざんぎゃく》で、無慈悲《むじひ》か、権力者《けんりょくしゃ》の実態《じったい》を、まざまざとイダイケ夫人《ぶにん》は見せつけているといえよう。

「あの声《こえ》で　トカゲくらうか　時鳥《ほととぎす》」

外面菩薩《がいめんぼさつ》・内面夜叉《ないめんやしゃ》そのもので、虫も殺さぬ貴婦人《きふじん》の胸中《きょうちゅう》に、難《なん》なく浮かんでくる恐《おそ》るべき計画《けいかく》も、権力《けんりょく》のもつ残忍性《ざんにんせい》からでもあろうか。

妻に強く説得《せっとく》されたビンバシャラ王は、ついに修行者殺害《しゅぎょうじゃさつがい》を決意《けつい》し、みずから兵をひきいて奥山《おくやま》へと向かう。やがて石上で瞑想《めいそう》する老人に近づき、横柄《おうへい》に声をかける。

「修行者《しゅぎょうじゃ》、よくやるのォ」

その声に顔をあげた修行者《しゅぎょうじゃ》は、白象《びゃくぞう》に乗る王夫妻の来訪《らいほう》に驚《おどろ》く。

「これは、ビンバシャラ王さまとイダイケ夫人《ぶにん》さま。どうして、こんな山奥《やまおく》へ」

首を垂《た》れて恐懼《きょうく》する修行者《しゅぎょうじゃ》に、ビンバシャラ王は、傲然《ごうぜん》とかまえてこう応《こた》える。

「じつは、はるばるやって来たのは、お前のためじゃ。知らぬだろうが来世《らいせ》はワシの子に生まれることになっている。それで早くワシの子供に生まれたほうが、お前のためによかろうと思うてな」

当然《とうぜん》ながら修行者《しゅぎょうじゃ》は、即座《そくざ》に断《ことわ》った。

「せっかくのお言葉ではございますが、次生《つぎのしょう》どこへ生まれましょうとも、修行《しゅぎょう》が成就《じょうじゅ》するまでは死にたくはございません」

いくら身分が低くても、こんなムチャな命令にしたがう者がいるはずがない。だが、自分の命《めい》にしたがわぬ存在《そんざい》を、ゆるせる権力者《けんりょくしゃ》もまたいない。

「ワシの命《めい》にしたがわぬ者は、この国に生かしてはおけんのだ！」

激怒《げきど》したビンバシャラ王は、ただちに部下に殺害《さつがい》を命《めい》じる。命が惜《お》しいのは、修行者《しゅぎょうじゃ》とて変わりはない。全身から血を噴《ふ》きながら、恐怖《きょうふ》の形相《ぎょうそう》で王夫妻をにらみつけ、悲痛《ひつう》な呪《のろ》いの言葉を残して、やがて息絶《いきた》えた。

「おのれこの恨《うら》み、必ず報《むく》いるであろうぞ！」

3

どうしたことか、しばらくしてイダイケ夫人《ぶにん》は懐妊《かいにん》した。王舎城《おうしゃじょう》の内外では、やがて生まれる世継《よつ》ぎの誕生《たんじょう》に明《あか》るい気分が満《み》ちていた。だが、イダイケ夫人《ぶにん》だけはよろこべなかった。あれほど望《のぞ》んでいたわが子が生まれるというのにだ。彼女は高齢出産《こうれいしゅっさん》の不安と心配《しんぱい》に加えて、夫にやらせた修行者殺《しゅぎょうじゃ》しの報《むく》いを予感《よかん》して、恐《おそ》れおののいていたのである。

夜となく昼となく聞こえてくる呪《のろ》いの言葉に、イダイケの心は日々深《ふか》く沈《しず》んでゆくばかり。食事も進まず不眠《ふみん》の夜がつづく。たまりかねて寝《ね》ている夫を揺《ゆ》り動《うご》かし、苦《く》衷《ちゅう》を訴《うった》えることもしばしばだった。

「恐《おそ》ろしくて少しも眠《ねむ》れないの、食欲《しょくよく》もほとんどないわ。修行者《しゅぎょうじゃ》のタタリじゃないかしら、ああ怖《こわ》い」

ガタガタふるえながら、しがみついてくる妻の不安を、なんとかしてやりたいと、ビンバシャラ王は必死《ひっし》に慰《なぐさ》める。

「つまらんことで悩《なや》んでいては、体をこわすだけだぞ。殺される者はみんなあんなものさ。誰《だれ》が礼を言って死ぬものか。はじめて見たのだから無理《むり》もないとは思うが……」

そしてさらに月日は流れた。臨月《りんげつ》近くになっても、イダイケ夫人《ぶにん》の心身はますます憔悴《しょうすい》するばかり。やはり占《うらな》い師《し》にすがるしかない、と夫に泣きついた。

「もう一度でいいから、どんな子供が宿《やど》っているか。安心できるかもしれないわ」

ビンバシャラ王は、万策《ばんさく》尽《つ》きて、もうイダイケの言いなりになるしかなかった。

さっそくよばれた占《うらな》い師《し》は、顔をしかめてこう予言《よげん》してみせる。

「太子さまに相違《そうい》ございませんが、大変、恨《うら》みをもって宿《やど》っておられる。成人《せいじん》なさると、きっと、あなた方を害《がい》されるお方になられましょう」

「やっぱり、案じていたとおりだったわ」

的中《てきちゅう》した予感《よかん》に戦慄《せんりつ》する。

　あれほどムリを重ねてもうけたわが子が、仇敵《かたき》であろうとは。これみな自業自得《じごうじとく》、自分が招《まね》いたことなのだが、イダイケ夫人《ぶにん》はそんなこととは一向《いっこう》に気がつかない。なんとかこの苦悩《くのう》から逃《のが》れようと、追いつめられたイダイケは、こんな非常手段《ひじょうしゅだん》を考え出した。そして夫に賛同《さんどう》させる。

「親を殺す子供なんて、絶対産《う》めないわ。そんなもの、どうして育《そだ》てられるというの。なまじっか情《じょう》の増《ま》さぬ先に死なせましょう。二階を産室《さんしつ》にして、下の部屋に剣《つるぎ》の林をつくってよ。ひと思いに、そこへ産《う》み落《お》とすから。それしかないわ」

　ビンバシャラ王も迷《まよ》い果《は》てていた矢先だったので、不憫《ふびん》とは思いながらも妻に同意《どうい》せざるをえなかった。

　かくて月満《つきみ》ちイダイケ夫人《ぶにん》は、予定通りの産所《さんじょ》で出産《しゅっさん》する。追いつめられた人間《にんげん》は、何をしでかすか分《わ》からない。

> さるべき業縁《ごうえん》の催《もよお》せば、如何《いか》なる振舞《ふるまい》もすべし
> （『歎異抄《たんにしょう》』）

「縁《えん》さえくれば、どんな恐《おそ》ろしいことでもする親鸞だ」

との告白《こくはく》は、万人共通《ばんにんきょうつう》の実相《じっそう》にちがいない。

よくよくこの世に縁《えん》のあった子供だったのか、右手の小指を切り落としただけで、奇跡的《きせきてき》に命は助かった。

元気なわが子の産声《うぶごえ》を聞いた二人には、殺意《さつい》はもはや、どこにもなかった。

さすが親子の間柄《あいだがら》というべきか、さっそくアジャセと命名《めいめい》し、蝶《ちょう》よ花《はな》よと愛育《あいいく》するようになったのである。アジャセ太子の出生《しゅっせい》にまつわる経緯《いきさつ》が、万が一にも漏《も》れないようにと、厳《きび》しい箝口令《かんこうれい》がしかれたのはもちろんである。

4

アジャセは生まれつき凶暴性《きょうぼうせい》が強かった。親や周囲への暴力《ぼうりょく》は茶飯事《さはんじ》で、家臣《かしん》などは虫けらのように殺害《さつがい》する。悪口雑言《あっこうぞうごん》、うそ、いつわりは平然と言い、日々、欲楽《よくらく》にふけり非道《ひどう》のかぎりをつくす。家臣《かしん》たちは恐《おそ》れ、国の実権《じっけん》は次第《しだい》にアジャセに移行《いこう》していった。

凶暴《きょうぼう》で不孝《ふこう》な息子《むすこ》に戦々恐々《せんせんきょうきょう》とし、暗澹《あんたん》たる未来《みらい》を考え、ビンバシャラ王とイダイケ夫人《ぶにん》は、心の安《やす》らぎを強く探《さが》し求《もと》めるようになっていた。暗い心に、灯火《ともしび》が欲《ほ》しい。ひそかに二人は真《しん》の幸福を求めていたのである。求める者には与えられる。やがて王夫妻は、巡教中《じゅんきょうちゅう》の釈尊《しゃくそん》に出会うのである。

釈尊《しゃくそん》の説法《せっぽう》は、干天《かんてん》の慈雨《じう》のように、ビンバシャラ王とイダイケ夫人《ぶにん》の心に、しみ込《こ》んでいった。

「心《こころ》の灯炬《とうこ》を与えてくださるのは、この方しかない」

深広《じんこう》な教えに感動した二人は、やがて釈尊《しゃくそん》の深《ふか》い帰依者《きえしゃ》となり、仏法《ぶっぽう》を守護《しゅご》するようになった。王夫妻の帰依《きえ》により釈尊《しゃくそん》の教えを聞く人は、飛躍的《ひやくてき》に増加《ぞうか》した。

「高木《こうぼく》は風《かぜ》にねたまる」で、同時に種々《しゅじゅ》の仏敵《ぶってき》もあらわれた。

中でも知られるのは提婆達多《だいばだった》である。浄飯王《じょうぼんおう》（釈尊《しゃくそん》の父）の弟・白飯王《はくぼんおう》の長男で、釈尊《しゃくそん》のいとこにあたる人物である。提婆《だいば》はもともと目立ちたがり屋であったので、釈《しゃく》尊《そん》の名声《めいせい》を快《こころよ》く思えず、釈迦《しゃか》を殺してみずから新仏《しんぶつ》となり、教団《きょうだん》を乗《の》っ取《と》ろうとひそかにたくらんでいた。誰《だれ》にもひそむ、優《まさ》るをねたむ毒炎《どくえん》である。それが八方《はっぽう》にひろがり猛火《もうか》となって一切《いっさい》を焼き、傷《きず》つけずにはおかなかった。

あるときは山上から石を落とし、通りがかりの釈尊《しゃくそん》を暗殺《あんさつ》しようとしたが、足の小指を傷《きず》つけただけだった。つぎに、酒をのませた野象《やぞう》をけしかけて、踏《ふ》み殺《ころ》させようとしたが、これも失敗。鼻をふり上げ、大地をとどろかせて突進《とっしん》した狂象《きょうぞう》たちも、釈《しゃく》尊《そん》の温容《おんよう》に接《せっ》するや、鼻を垂《た》らして膝《ひざ》を折《お》り、なんの危害《きがい》も加《くわ》え得《え》なかった。

一度ならず二度までも、釈迦殺《しゃかごろ》しは失敗に終わったのである。

しかし提婆《だいば》は、あきらめようとはしなかった。

「釈迦《しゃか》のあの力は、どこから来るのか。王夫妻の帰依《きえ》があるからにちがいない。ならば釈迦《しゃか》を葬《ほうむ》るには、まず奴《やつ》らを倒《たお》さねばならぬ。だが相手は最高権力者《さいこうけんりょくしゃ》。何か妙案《みょうあん》はないものか」

ここまで考えつめて提婆《だいば》は、はたと膝《ひざ》をたたく。アジャセの存在《そんざい》に気がついたからである。

「ちょうど、都合《つごう》のいい奴《やつ》がいる」

彼は、アジャセ出生の経緯《いきさつ》を知っている。たくみに太子に近づく提婆《だいば》は、千両役者《せんりょうやくしゃ》のように自信に満《み》ちていた。若くて単純《たんじゅん》なアジャセは、まんまと術中《じゅっちゅう》に陥《おちい》り、提婆《だいば》の意のままに動かされるようになってゆく。

二人きりになったある日、提婆《だいば》が切り出した。

「太子さま。右手の小指のないワケをご存《ぞん》じですか」

物心《ものごころ》ついてから、誰《だれ》に聞いても教えてくれなかった、小指のことに触《ふ》れられたアジャセは、異常《いじょう》な関心《かんしん》をよせて真剣《しんけん》に聞き入ってくる。ねらった獲物《えもの》がワナに近づいてきたようなものだ。ここぞとばかりに雄弁《ゆうべん》になり、大げさに脚色《きゃくしょく》して語《かた》る提婆《だいば》は、アジャセを恐《おそ》ろしい悪の道へとあおりたてた。

「前生《ぜんしょう》のあなたを殺し、この世でも殺そうとしたのがあなたの両親。動かぬ証拠《しょうこ》がその小指です」

数々の思いあたる提婆《だいば》の話に、アジャセの怒《いか》りは沸騰《ふっとう》した。すぐさま父王《ふおう》を牢獄《ろうごく》にとじ込《こ》め、一切《いっさい》の食料を断《た》って餓死《がし》させよ、と家臣《かしん》に厳命《げんめい》する。

つい今まで、一国の統領《とうりょう》だったビンバシャラ王が、あわれ今は獄中《ごくちゅう》の人となる。

かねて釈尊《しゃくそん》から、世の無常《むじょう》は教えられてはいたが、わが身にふりかかる非情《ひじょう》さは聞きしにまさるものだった。昨日《きのう》にかわる今日《きょう》の姿に、ビンバシャラ王は仏説《ぶっせつ》まことをわが身に聞いてもだえ苦しむ。牢《ろう》の窓《まど》から釈尊《しゃくそん》のまします霊鷲山《りょうじゅせん》に合掌《がっしょう》し、心の安《やす》んずる説法《せっぽう》をただひたすら請い求《もと》めた。

それに応《こた》えて釈尊《しゃくそん》は、神通力第一《じんずうりきだいいち》の目連《もくれん》と、説法第一《せっぽうだいいち》のフルナを遣《つか》わされる。

牢獄《ろうごく》で二人の弟子《でし》は、

〝まかぬタネは生《は》えぬ、刈《か》り取《と》らねばならぬ一切《いっさい》のものは自分のまいたものばかり〟と因果《いんが》の道理《どうり》を諄々《じゅんじゅん》と説《と》き示《しめ》す。ビンバシャラ王は、いまさらながらに、犯《おか》した悪業《あくごう》の恐《おそ》ろしさを知らされて、さめざめと懺悔《ざんげ》の涙《なみだ》を流すのであった。

一方、夫を案ずるイダイケ夫人《ぶにん》は、清《きよ》めた体にそば粉《こ》を塗《ぬ》り、装飾品《そうしょくひん》にブドウ酒をしのばせて、警戒《けいかい》の厳《きび》しい牢獄《ろうごく》を妃《きさき》の身分でくぐり抜《ぬ》け、毎日ひそかに夫に与えた。こんな陰《かげ》でのはからいで、ビンバシャラ王はなんとか心身の健康を保《たも》っていた。

それとは知らぬアジャセは、三週間もたったのだから餓死《がし》しただろう、と確認《かくにん》すると、牢番《ろうばん》が思いもよらぬ事実を打《う》ち明《あ》ける。とたんに、アジャセの怒号《どごう》が飛《と》んだ。

「オレの賊《ぞく》をかばう奴《やつ》は、母といえども、同じく賊《ぞく》だ」

剣《つるぎ》を抜《ぬ》いて母に迫《せま》った。

いよいよ提婆《だいば》の思うつぼに、はまってきた。

側近《そっきん》が、驚《おどろ》いた。

大臣《だいじん》の月光《げっこう》と名医《めいい》のギバが、アジャセの前に体を張《は》っていさめる。

「父を殺して王位《おうい》についた者は聞きますが、実の母を害《がい》した話は聞きませぬ。かかる大罪《だいざい》を犯《おか》されるなら、われらも覚悟《かくご》せねばなりませぬ」

必死《ひっし》の説得《せっとく》にさすがのアジャセも、しぶしぶ剣《つるぎ》を鞘《さや》におさめたが、声をふるわせて厳命《げんめい》する。

「殺すのだけはひかえるが、七重《しちじゅう》の牢《ろう》にぶち込《こ》むのだ」

激怒《げきど》するアジャセは立ち去った。

5

産《う》んで育《そだ》てたわが子によって、牢《ろう》にとじ込《こ》められた母親は、ズタズタに身がさいなまれるような苦悶《くもん》におちた。わが子への怒《いか》り、提婆《だいば》に対する憎《にく》しみ、夫の心配《しんぱい》やらで、ウス暗い牢壁《ろうへき》をこぶしでたたきながら、狂《くる》わんばかりに泣《な》き叫《さけ》ぶ。だがその慟哭《どうこく》は、無気味《ぶきみ》にこだまするだけだった。

醜《みにく》く顔をゆがめたイダイケの、最後のたのみは、釈尊《しゃくそん》しかなかった。必死《ひっし》に救《すく》いを求めるイダイケだったが、内実《ないじつ》は醜《みにく》い愚痴《ぐち》の爆発《ばくはつ》でしかなかった。

「お釈迦《しゃか》さま、私がこんなに苦しんでいるのに、どうしてまだ来てくださらないの」

いままで〝どれだけ仏法《ぶっぽう》のためにつくしてきたか〟の自負心《じふしん》が、イダイケ夫人《ぶにん》には強烈《きょうれつ》にあったにちがいない。

「今日《きょう》は、大事を説《と》いて聞かせよう」

と前置《まえお》きして『法華経《ほけきょう》』を説《と》かれている時《とき》だった。大衆《たいしゅう》はかたずをのんで聞き入っていた。その真《ま》っ最中《さいちゅう》にイダイケの悲痛《ひつう》な叫《さけ》びが釈尊《しゃくそん》の心中に届《とど》いたのだ。イダイケの心のすべてを見抜《みぬ》かれた釈尊《しゃくそん》は、ただちに説法《せっぽう》を中断《ちゅうだん》し、王舎城《おうしゃじょう》へと降臨《こうりん》されたのである。よほどのことといわねばならぬ。

岸上《がんじょう》にたわむれる子供よりも、濁流《だくりゅう》におぼれる者の救済《きゅうさい》が急務《きゅうむ》。仏の慈悲《じひ》のあらわれであろう。同時に、イダイケ夫人《ぶにん》に説《と》かれた弥陀《みだ》の誓願《せいがん》こそ、釈尊出世《しゃくそんしゅっせ》の本懐《ほんがい》の中の本懐《ほんがい》であることを、姿にかけて示されたといえるであろう。

『法華経《ほけきょう》』を中断《ちゅうだん》してまで、来てくださったのか、と、イダイケは感激《かんげき》の涙《なみだ》を流して当然《とうぜん》なのに、出るのはやはりグチしかなかった。

「私ほど不運《ふうん》な者はありません。あんなに苦労して育《そだ》てたのに、こんな虐待《ぎゃくたい》を受けるなんて。一体《いったい》、私が何をしたというのでしょう。悪いのは、みんなあのアジャセじゃないの。あんな親不孝者をなぜ、私が持たねばならなかったの」

えんえんとつづくイダイケ夫人《ぶにん》の恨《うら》みつらみの泣きごとを、釈尊《しゃくそん》はジッと聞かれるのみだった。

「本当は、アジャセは素直《すなお》ないい子だったんです。それをあの提婆《だいば》の悪党《あくとう》が、そそのかしたのよ。一番悪いのはあの提婆《だいば》。あいつさえいなければ、こんなことにはならなかったのに」

さらに、とんでもないところへウラミをとばす。

「それにしてもお釈迦《しゃか》さま。どうしてあんな提婆《だいば》といとこなの。貴方《あなた》があまりにも偉《い》大《だい》だから、ねたんだ提婆《だいば》がしくんだこと。そのために私たちまでが……」

女性にありがちな超論理《ちょうろんり》というべきか、愚痴《ぐち》を言うだけ言ってイダイケは、よよと泣《な》き崩《くず》れるのである。

「私がこんな目にあったのは、あの子がいたから。あの子がひどい仕打《しう》ちをしたのは、提婆《だいば》のせいよ。提婆《だいば》がとんでもないことを考えたのも、貴方《あなた》がおられたからです。私がこんなに苦しまなければならないのは、本《もと》をただせば貴方《あなた》のせいよ」

イダイケ夫人《ぶにん》の本音《ほんね》をいえば、こうなろう。

「どうか助けてください」と言いながら、ウラミのつぶてを投げつけているのだが、本人はまったくそのことには気がつかない。愚《おろ》かで悲しいグチ話《ばなし》を聞きながら、慈愛《じあい》あふれる半眼《はんがん》のまなこで釈尊《しゃくそん》は、なおも静かに見つめられているだけだった。これが

「無言《むごん》の説法《せっぽう》」といわれるものである。相手によっては雄弁《ゆうべん》に語《かた》るよりも、無言《むごん》のほうがよい場合があると、誰《だれ》よりも熟知《じゅくち》しておられたからにちがいない。

人間《にんげん》は、現実《げんじつ》の結果《けっか》には驚《おどろ》くが、過去《かこ》のタネまきは、全《まった》くというほど気づかない。王舎城《おうしゃじょう》の悲劇《ひげき》ほど、人間《にんげん》の愚《おろ》かさ、弱さ、身勝手《みがって》さをあらわにした話は少なかろう。

慰《なぐさ》めでなくても一言《ひとこと》なりと、釈尊《しゃくそん》の言葉が聞きたい。どんなに心が安《やす》らぐことかと、イダイケは必死《ひっし》に訴《うった》えるが、釈尊《しゃくそん》の無言《むごん》はつづく。聞かれているのか、いないのか。投げても投げてもはね返ってくるボールのように、ウンともスンとも応《こた》えてもらえぬもどかしさに、イダイケは一層深《いっそうふか》い悲しみの淵《ふち》へと落ちてゆく。

やがて、精《せい》も根《こん》も尽《つ》き果《は》てて、なりふりかまわず身を投げて懇願《こんがん》する。

「私はなんのために生まれてきたのでしょうか。こんな苦しい、おぞましい人生、この世ながら地獄《じごく》です。来世《らいせ》は二度とこんな地獄《じごく》は見たくない。どうか私を、苦しみのない世界へ行かせてください」

イダイケ夫人《ぶにん》の切《せつ》なる希願《きがん》に、ようやく口を開かれた釈尊《しゃくそん》は、眉間《みけん》の白毫相《びゃくごうそう》より光明《こうみょう》を放《はな》って、十方諸仏《じっぽうしょぶつ》の国土《こくど》を展望《てんぼう》させられる。

「まあ、なんというすばらしい世界……」

つくづくと、それらの国々を拝見《はいけん》したイダイケが、

「十方諸仏《じっぽうしょぶつ》の国土《こくど》は、いずれも結構《けっこう》なところではございますが、私は、諸仏《しょぶつ》の王である阿弥陀仏《あみだぶつ》の浄土《じょうど》へ生まれとうございます。それには、どうすればよろしいのか。仰《おお》せのとおりにいたします」

イダイケは、目を輝《かがや》かせて教えを請《こ》うた。〝弥陀《みだ》の浄土《じょうど》へ生まれたい〟これ一つを願わせたいのが目的だった釈尊《しゃくそん》は、待望《たいぼう》していたイダイケ夫人《ぶにん》の言葉に、はじめて会《かい》心《しん》の笑《え》みをもらされる。

かくして説《と》かれたのが『観無量寿経《かんむりょうじゅきょう》』の説法《せっぽう》である。

6

「イダイケよ、そなたがお慕《した》いしている阿弥陀仏《あみだぶつ》は、ここを去ること遠からぬ処《ところ》におわします。そなたの信眼《しんがん》が開けたならば、つねに寄《よ》り添《そ》いたもうことに気づくであろ

う。一心《いっしん》に弥陀《みだ》と、その浄土《じょうど》を思《おも》い浮《う》かべるがよい。そなたや未来《みらい》の人々のために、いろいろのたとえを説《と》いて、弥陀《みだ》の浄土《じょうど》に生まれる方途《ほうと》を示してあげよう」

『観無量寿経《かんむりょうじゅきょう》』の説法《せっぽう》で、まずイダイケに善を勧《すす》められる。

「定善《じょうぜん》」と「散善《さんぜん》」である。

定善《じょうぜん》とは、妄念《もうねん》をしずめて弥陀《みだ》とその浄土《じょうど》を念《ねん》ずる座禅《ざぜん》や観法《かんぽう》であり、これに十三通りあるから「定善十三観《じょうぜんじゅうさんかん》」といわれる。それに対して、散《ち》り乱《みだ》れている心のままでも、悪をつつしみ善に励《はげ》むのが散善《さんぜん》である。たとえば肉や魚を食べないとか、ウソを言わないとか、形の上での努力精進《どりょくしょうじん》だ。これに三通りあるから「散善三観《さんぜんさんかん》」という。心をしずめておこなう善を定善《じょうぜん》といい、散乱《さんらん》の心のままおこなう善を散善《さんぜん》というのである。

阿弥陀仏《あみだぶつ》の浄土《じょうど》を拝見《はいけん》したイダイケ夫人《ぶにん》が、

〝弥陀《みだ》の浄土《じょうど》へ往《ゆ》くには、どうすればよいか教えてほしい〟

と言えたのは、

〝教えられさえすれば、なんでもできる〟

という自信というか、自惚《うぬぼ》れ心《ごころ》が言わせたものだろう。

悪しか造《つく》れぬ者、地獄《じごく》より行き場のない自分とは、ユメにも思えない。

このわが身知らずの自己《じこ》に暗い心も「無明《むみょう》の闇《やみ》」である（その理由《わけ》は、十九章で明《あき》らかにする）。「無明《むみょう》の闇《やみ》」が苦悩《くのう》の根元《こんげん》であることは、すでに述《の》べてきた。

この闇《やみ》は、観念《かんねん》の遊戯《ゆうぎ》では破《やぶ》れない。

自惚《うぬぼ》れ心《ごころ》しかない人間《にんげん》の実態《じったい》をよく承知《しょうち》の釈尊《しゃくそん》だから、はじめから、

「悪しかできないお前だよ。善のできる者ではない」

とは言われずに、

「できると思うなら、やってごらん」

と実地《じっち》にさせてみられたのが、定善十三観《じょうぜんじゅうさんかん》である。

できないと知《し》り抜《ぬ》かれたうえで釈尊《しゃくそん》は、第一観《だいいっかん》から順次《じゅんじ》に、

「これができれば罪《つみ》も消えるし、弥陀《みだ》の浄土《じょうど》へも往《ゆ》ける。さあ、やってみなさい」

と勧《すす》められたが、真剣《しんけん》に心を集中しようとすればするほど、出てくるものは、アジャセと提婆《だいば》への怒《いか》りと憎《にく》しみばかり。できた善はひとつもない。当然《とうぜん》である。欲《よく》と怒《いか》り

と愚痴《ぐち》のかたまりのイダイケに、できる善などあるはずがない。

ではなぜ不可能《ふかのう》なことを、釈尊《しゃくそん》はさせられたのか、と不審《ふしん》に思う人もあるだろう。

なんとかすれば、なんとかなれると自惚《うぬぼ》れている者に、なんともなれない自己《じこ》を知らせるには、実地《じっち》にやらせてみせるよりないのである。そこに、やるせない仏の慈愛《じあい》が光っているのだ。

釈尊《しゃくそん》の教えのままにしたがったイダイケ夫人《ぶにん》は、どうにもなれない自己《じこ》の姿を知らされて、底《そこ》の知れない苦悶《くもん》に堕《お》ちた。

イダイケの心中を察知《さっち》なされた釈尊《しゃくそん》は、「弥陀《みだ》の誓願《せいがん》」を説《と》く、時節到来《じせつとうらい》をよろこばれる。「弥陀《みだ》の誓願《せいがん》」は、そんな苦悩《くのう》の人が正客《しょうきゃく》だからである。釈尊《しゃくそん》は、第七華座《だいしちけざ》観《かん》を説《と》かれる直前《ちょくぜん》に、

「イダイケよ、善《よ》く聞くがよい」

と心を傾注《けいちゅう》させて、

「その苦悩《くのう》を除《のぞ》く法《ほう》を説《と》く」

と告《つ》げられる。

同時に釈尊《しゃくそん》の姿が忽然《こつぜん》と消え、金色輝《こんじきかがや》く阿弥陀仏《あみだぶつ》があらわれる。

その仏身《ぶっしん》を拝見《はいけん》したと同時に、イダイケ夫人《ぶにん》の無明《むみょう》の闇《やみ》は晴れわたり、歓喜胸《かんぎむね》に満《み》ち、ただ広大無辺《こうだいむへん》な弥陀《みだ》の救済《きゅうさい》に感泣《かんきゅう》するばかりであった。

「ああ、なんという不思議《ふしぎ》。こんな助かる縁《えん》も手がかりもない極悪人《ごくあくにん》を……。すべては、弥陀《みだ》の誓願不思議《せいがんふしぎ》でありました……」

釈尊《しゃくそん》の「苦悩《くのう》を除《のぞ》く法《ほう》」とは、苦悩《くのう》の根元《こんげん》である無明《むみょう》の闇《やみ》を破《やぶ》り、人生の目的を果《は》たさせる「弥陀《みだ》の誓願《せいがん》」であったのだ。

「ようこそ、ようこそアジャセよ、提婆《だいば》さま、このようにしてくれなかったら、仏法《ぶっぽう》を聞く私ではなかったのです。他人を恨《うら》み、憎《にく》み、呪《のろ》い苦《くる》しんでいた私は、とんでもないわが身知らずでありました。私ほどの極悪人《ごくあくにん》はなかったのです」

イダイケ夫人《ぶにん》は、アジャセや提婆《だいば》にも合掌《がっしょう》せずにおれなくなっていた。

まさに、「仏身《ぶっしん》を見《み》る者《もの》は仏心《ぶっしん》を得《え》たてまつる」。

『観無量寿経《かんむりょうじゅきょう》』の定散十六観《じょうさんじゅうろっかん》（定善《じょうぜん》と散善《さんぜん》）は、〝弥陀《みだ》の誓願《せいがん》〟に相応《そうおう》させるための、釈尊《しゃくそん》の最善《さいぜん》の教導《きょうどう》であったのだ。

難度海《なんどかい》を度《ど》する弥陀《みだ》の大船《たいせん》に乗せられて、人生の目的を達成《たっせい》したイダイケ夫人《ぶにん》は、たちまち、恨《うら》みと呪《のろ》いの暗黒《あんこく》の人生が、懺悔《ざんげ》と感謝《かんしゃ》の光明《こうみょう》の人生と新生《しんせい》した。アジャセもまた、母のあまりの変貌《へんぼう》に驚《おどろ》き、過去《かこ》の大罪《だいざい》を懺悔《ざんげ》し、深《ふか》く仏法《ぶっぽう》に帰依《きえ》したのである。

> 韋提《いだい》と等《ひと》しく三忍《さんにん》を獲《う》る
>
> （『教行信証《きょうぎょうしんしょう》』）

「どんな人でも弥陀《みだ》の誓願不思議《せいがんふしぎ》に救《すく》い摂《と》られれば、イダイケ夫人《ぶにん》と等《ひと》しく三忍《さんにん》（人生の目的成就《じょうじゅ》）を体得《たいとく》できる」

親鸞聖人の明言《めいげん》である。

(8)「まことなるかなや！」人生の目的完成の宣言

◉ああ！　驚天動地《きょうてんどうち》の世界

王舎城《おうしゃじょう》の悲劇《ひげき》についての、感想《かんそう》を述《の》べてから聖人は、みずからの体験《たいけん》と救《すく》い摂《と》られたことへの感謝《かんしゃ》を、じつに生々《なまなま》しく感動的《かんどうてき》に叫《さけ》びあげられている。

> 噫《ああ》、弘誓《ぐぜい》の強縁《ごうえん》は、多生《たしょう》にもあいがたく、真実《しんじつ》の浄信《じょうしん》は、億劫《おっこう》にも獲《え》がたし。たまたま行信《ぎょうしん》を獲《え》ば、遠《とお》く宿縁《しゅくえん》を慶《よろこ》べ。

もしまた、このたび疑網《ぎもう》に覆蔽《ふくへい》せられなば、かえりてまた、曠劫《こうごう》を逕歴《きょうりゃく》せん。
誠《まこと》なるかなや、摂取不捨《せっしゅふしゃ》の真言《しんごん》、超世希有《ちょうせけう》の正法《しょうぼう》、聞思《もんし》して遅慮《ちりょ》することなかれ
（『教行信証《きょうぎょうしんしょう》』）

「ああ……なんたる不思議《ふしぎ》か、親鸞は今、多生億劫《たしょうおっこう》の永《なが》い間《あいだ》、求めつづけてきた歓喜《かんぎ》の生命《せいめい》を得《う》ることができた。これはまったく、弥陀《みだ》の強いお力によってであった。深《ふか》く感謝《かんしゃ》せずにおれない。もし今生《こんじょう》も、無明《むみょう》の闇《やみ》の晴れぬままで終わっていたら、未来《みらい》永遠《えいえん》、浮かぶことはなかったであろう。なんとか早くこの真実《しんじつ》、みんなに伝えねばならぬ、知らせねばならぬ。こんな広大無辺《こうだいむへん》な世界のあることを」

一般《いっぱん》の読者には、耳慣《みみな》れない言葉が並んでいて、わかりにくいかもしれない。少し詳《くわ》しく説明《せつめい》しよう。

「ああ！」という感嘆《かんたん》は、かつて体験《たいけん》したことのない驚《おどろ》きとよろこびの、言葉にならぬ言葉なのだ。

「弘誓《ぐぜい》の強縁《ごうえん》」とは、〝なんとしても苦しみの根元《こんげん》を断《た》ち切《き》り、人生の目的を果《は》たさせたい〟という強烈《きょうれつ》な弥陀《みだ》の誓願《せいがん》をいい、その誓《ちか》いどおりに、苦しみの根元《こんげん》が断《た》ち切《き》られて、人生の目的成就《じょうじゅ》した歓喜《かんぎ》の生命《せいめい》を、「真実《しんじつ》の浄信《じょうしん》」と言われている。

それはもう、百年や二百年求めて得《え》られる、ちっぽけな幸せではなかった、と知らされるから、「多生《たしょう》にもあえないことにあえた、億劫《おっこう》にも獲《え》がたいことをえた」と言われているのである。多生億劫《たしょうおっこう》の間《あいだ》求めても、得《え》られぬものが得《え》られたのだから、「ああ！」と驚嘆《きょうたん》されたのも当然《とうぜん》であろう。

そして、しみじみ、どんな遠い過去《かこ》からの弥陀《みだ》のご配慮《はいりょ》があったのやらと、

「たまたま、行信《ぎょうしん》を獲《え》ば、遠《とお》く宿縁《しゅくえん》を慶《よろこ》べ」と感泣《かんきゅう》せずにおれなかったのである。

山高ければ谷深《ふか》し。救《すく》い摂《と》られた山が高いほど、無明《むみょう》の谷の深《ふか》さに戦慄《せんりつ》し、こう嘆《たん》息《そく》もされている。

「もしまた、このたび疑網《ぎもう》に覆蔽《ふくへい》せられなば、かえりてまた、曠劫《こうごう》を遥歴《きょうりゃく》せん」

苦悩《くのう》の根元《こんげん》の「無明《むみょう》の闇《やみ》」を、ここでは「疑網《ぎもう》」と言い、

「もしまた今生《こんじょう》も、無明《むみょう》の闇《やみ》の晴れぬままで終わっていたら、未来永劫《みらいようごう》、苦しみつづ

踏まれても
根強く忍べ
道の草
やがて花咲く
春の来るまで

今日ほめし
明日悪しくいう
人の口
泣くも笑うも
うその世の中

けていたにちがいない。危《あぶ》ないところであったなぁ」

合掌瞑目《がっしょうめいもく》し、法悦《ほうえつ》に包《つつ》まれる聖人が、まぶたに浮かぶようである。

「誠《まこと》なるかなや、摂取不捨《せっしゅふしゃ》の真言《しんごん》、超世希有《ちょうせけう》の正法《しょうぼう》、聞思《もんし》して遅慮《ちりょ》することなかれ」

「まことだった！　本当だった。弥陀《みだ》の誓《ちか》いにウソはなかった。みなみな、聞いてもらいたい、この親鸞が生き証人《いしょうにん》だ。早く、弥陀《みだ》の誓願《せいがん》まことを知ってもらいたい」

人生の目的どころではない、多生永劫《たしょうようごう》の目的を果《は》たさせていただいたという、美しい感激《かんげき》に満《み》ちた告白《こくはく》であることが知らされる。

⦿なんと生きるとは、すばらしいことか！
「闇《やみ》」に泣いた者だけに「光」に遇《あ》った笑いがあり、「沈んで」いた人にのみ「浮かんだ」歓喜《かんぎ》がある

「難度海《なんどかい》を度《ど》する大船《たいせん》」、と弥陀《みだ》の誓願《せいがん》を喝破《かっぱ》する法悦《ほうえつ》を、海と船にたとえて、こうも述《の》べられている。

大悲《だいひ》の願船《がんせん》に乗《じょう》じて、光明《こうみょう》の広海《こうかい》に浮《うか》びぬれば、至徳《しとく》の風《かぜ》しずかに、衆禍《しゅうか》の波《なみ》、転《てん》ず　（『教行信証《きょうぎょうしんしょう》』）

「大悲《だいひ》の願船《がんせん》に乗って見る人生の苦海《くかい》は、千波万波《せんぱばんぱ》きらめく明《あか》るい広海《こうかい》ではないか。順風《じゅんぷう》に帆《ほ》をあげる航海《こうかい》のように、なんと生きるとは素晴《すば》らしいことなのか」

これはまさしく聖人の、キラキラ輝《かがや》く乗船記《じょうせんき》といえよう。

「大悲《だいひ》の願船《がんせん》に乗《じょう》じて」とは、「弥陀《みだ》の誓約《せいやく》どおり、人生の目的成就《じょうじゅ》した」晴れやかな宣言《せんげん》である。

人生の目的は決《けっ》して、曖昧《あいまい》なものでないことは明白《めいはく》だ。

「光明《こうみょう》の広海《こうかい》に浮《う》かびぬれば」とは、暗い人生が、明《あか》るく転《てん》じた慶喜《きょうき》である。「闇《やみ》」に泣いた人だけに「光」に遇《あ》った笑いがあり、「沈《しず》んで」いた人にのみ「浮かんだ」という歓喜《かんぎ》がある。

つらくとも、なぜ生きるのか。もっとも大事なことがわからない。ただ生きるために生きるだけなら、料亭《りょうてい》の生《い》け簀《す》に泳《およ》ぐ魚とどこが変わろう。死を待つだけの生ならば、沈《しず》んでいるといわれて当然《とうぜん》である。

生まれてきた意味がわからず、もだえ苦しんでいた聖人が、〝ああ、生まれてきて良かった〟と、浮かび上がられた光明《こうみょう》の広海《こうかい》とは、いかなる人生であったのか。

聖人の答えは、確信《かくしん》に満《み》ちて簡潔《かんけつ》だ。

「至徳《しとく》の風《かぜ》しずかに、衆禍《しゅうか》の波《なみ》、転《てん》ず」

みなぎるよろこびが輝《かがや》き、どんな苦難《くなん》も生《い》き抜《ぬ》く、たくましさが打ち出されている。

「至徳《しとく》の風《かぜ》しずか」な世界を、つぎのようにも言われている。

五濁悪世《ごじょくあくせ》の衆生《しゅじょう》の
選択本願信《せんじゃくほんがんしん》ずれば
不可称不可説不可思議《ふかしょうふかせつふかしぎ》の
功徳《くどく》は親鸞《しんらん》の身《み》にみてり

（『高僧和讃《こうそうわさん》』）

「無明《むみょう》の闇《やみ》が破《やぶ》られて、筆舌《ひつぜつ》つくせぬよろこびが、悪に染《そ》まった親鸞に、常《つね》にからだ一杯《いっぱい》あふれている」

親鸞は、弥陀《みだ》の誓願《せいがん》に救《すく》い摂《と》られたことがうれしい。絶対《ぜったい》の幸福《こうふく》に合掌《がっしょう》せずにおれない。今日《きょう》の一日が尊《とうと》い。今の一息《ひといき》はもっとありがたい。吸《す》う息吐《いきは》く息《いき》が不思議《ふしぎ》だ。よろこばぬ心が見えるほど感激《かんげき》だ。

焼けもせず、流されも、盗《ぬす》まれもしない、いつも満《み》ちている無上《むじょう》の幸せを、「不可称《ふかしょう》・不可説《ふかせつ》・不可思議《ふかしぎ》の　功徳《くどく》は親鸞《しんらん》の、身《み》にみてり」と、誇《ほこ》り高《たか》く詠《うた》いあげられている。

では、「衆禍《しゅうか》の波《なみ》、転《てん》ず」るとは、どんなことなのであろうか。

知る人ぞ知る、波乱万丈《はらんばんじょう》は、聖人九十年の生涯《しょうがい》をあらわす、もっともふさわしい言葉だろう。聖人は、つねに嘲笑《ちょうしょう》、罵倒《ばとう》、弾圧《だんあつ》、迫害《はくがい》の的《まと》だった。始終《しじゅう》、集中砲《しゅうちゅうほう》火《か》をあびながら、尊厳無二《そんげんむに》な生命《せいめい》に合掌《がっしょう》して、

> まことに、仏恩《ぶっとん》の深重《じんじゅう》なるを念《ねん》じて、人倫《じんりん》の哢言《ろうげん》を恥《は》じず
>
> （『教行信証《きょうぎょうしんしょう》』）

「広大無辺《こうだいむへん》な弥陀《みだ》の恩恵《おんけい》に浴《よく》しながら、大海の一滴《いってき》も報《むく》い切《き》れない親鸞は、鬼《おに》か悪魔《あくま》か。ジッとしてはいられない」

ひとしお激《はげ》しく襲《おそ》いかかった難度海《なんどかい》の波濤《はとう》も、深遠《じんえん》な仏恩《ぶっとん》に感泣《かんきゅう》し、懺悔《ざんげ》と歓喜《かんぎ》で乗り切られる聖人の、前進《ぜんしん》をはばむことはできなかった。それだけではない。苦しめるはずの万丈《ばんじょう》の波乱《はらん》も、幸せよろこぶ元《もと》と転《てん》じているのである（後《あと》で詳《くわ》しく述《の》べる）。

⦿苦海《くかい》の人生に大船《たいせん》あり
――知らずは人類の最大不幸

空と水しか見えない海で、近くの丸太《まるた》ん棒《ぼう》や板切《いたき》れ求めて、必死《ひっし》に私たちは泳《およ》いでいる。周囲《しゅうい》には、風や波に悩《なや》まされたり、すがった丸太《まるた》ん棒《ぼう》に裏切《うらぎ》られ、潮水《しおみず》のんで苦しんでいる人、おぼれかかっている人、溺死《できし》した者もおびただしい。そんな人たちに、懸命《けんめい》に泳《およ》ぎ方《かた》のコーチをしているのが、政治、経済、科学、医学、芸術《げいじゅつ》、文学、法律《ほうりつ》などとはいえないだろうか。

「どこに向かって、泳《およ》ぐのか」

「なぜ、生きねばならぬのか」

肝心《かんじん》の泳《およ》ぐ方角《ほうがく》が、まったく論《ろん》じられないおかしさに、人々はいつ驚《おどろ》くのだろうか。

世の中最大《さいだい》の不可解事《ふかかいじ》であり、人類《じんるい》の不幸これにすぎたるはなかろう。

生死《しょうじ》の苦海《くかい》ほとりなし
久《ひさ》しく沈《しず》めるわれらをば
弥陀弘誓《みだぐぜい》の船《ふね》のみぞ
乗《の》せてかならずわたしける
（『高僧和讃《こうそうわさん》』）

「苦しみの波の果《は》てしない海に、永《なが》らくさまよいつづけてきた私たちを、大悲《だいひ》の願船《がんせん》だけが、必ず乗せてわたしてくださるのだ」

一関《いっかん》また一関、波高ければ船また高しの、救助《きゅうじょ》の大船《たいせん》の厳存《げんぞん》と、方角《ほうがく》を明示《めいじ》されているのが親鸞聖人である。

(9) なぜ「人命は地球よりも重い」のか——一貫《いっかん》したメッセージ

◉「よろこばしきかな」で始まり「よろこばしきかな」で終わる『教行信証《きょうぎょうしんしょう》』

人生の目的と言ってさえ古風《こふう》といわれる。多生永劫《たしょうようごう》の目的とでも言おうものなら、なんといわれるか。それこそ野暮《やぼ》の骨頂《こっちょう》だろうから、せいぜい人生の目的と言っているだけである。本当は、一生《いっしょう》や二生《にしょう》の問題ではない。そんな途方《とほう》もない目的を持つ生《せい》命《めい》だから、「人命《じんめい》は地球よりも重い」といわれても、うなずけるのである。親鸞聖人の著述《ちょじゅつ》がよろこびで満《み》ちているのも、多生永劫《たしょうようごう》の目的が成就《じょうじゅ》されたからだ、と知れば、より深《ふか》く納得《なっとく》できるのではなかろうか。

趣味《しゅみ》や生《い》き甲斐《がい》のよろこびはつづかない、ほんのしばらくで色あせる。

「いままでで、一番うれしかったことは？」「どんなときが幸せ？」と聞かれて、即《そく》答《とう》できる人はどれだけあろう。「いやぁ、何かいいことあったかなぁ……」という程《てい》度《ど》の記憶《きおく》しか残っていないのが実態《じったい》ではなかろうか。「寝《ね》るときが一番幸せかな」という若者の声は、生《い》き甲斐《がい》や趣味《しゅみ》のむなしさを語《かた》るに充分《じゅうぶん》であろう。

だが『教行信証《きょうぎょうしんしょう》』は「よろこばしきかな」で始まり「よろこばしきかな」で終わっている。

「『教行信証《きょうぎょうしんしょう》』全巻《ぜんかん》には大歓喜《だいかんぎ》の声がひびきわたっている」と文芸評論家《ぶんげいひょうろんか》・亀井勝一郎《かめいかついちろう》は驚嘆《きょうたん》する。天におどり地におどる、聖人のよろこびの声を聞いてみよう。

今は、その総序《はじめ》と後序《おわり》だけを紹介《しょうかい》することにする。

ここに、愚禿釈《ぐとくしゃく》の親鸞《しんらん》、よろこばしきかなや、西蕃《せいばん》・月氏《げっし》の聖典《しょうてん》、東夏《とうか》・日域《じちいき》の師釈《ししゃく》に、あいがたくして今《いま》あうことをえたり、聞《き》きがたくして、すでに聞《き》くことをえたり。真宗《しんしゅう》の教《きょう》・行《ぎょう》・証《しょう》を敬信《きょうしん》して、ことに如来《にょらい》の恩徳《おんどく》の深《ふか》きことを知《し》んぬ。

ここをもって、聞《き》くところをよろこび、獲《う》るところを嘆《たん》ずるなり

（『教行信証《きょうぎょうしんしょう》』総序《そうじょ》）

「ああ、幸せなるかな親鸞。なんの間違《まちが》いか、毛頭遇《もうとうあ》えぬことに、今遇《あ》えたのだ。絶対聞けぬことが、今聞けたのだ。釈迦《しゃか》が、どんなすごい弥陀《みだ》の誓願《せいがん》を説《と》かれていても、伝える人がなかったら、無明《むみょう》の闇《やみ》の晴れることはなかったにちがいない。

ひろく仏法《ぶっぽう》は伝えられているが、弥陀《みだ》の誓願不思議《せいがんふしぎ》を説《と》く人は稀《まれ》である。その稀有《けう》な、弥陀《みだ》の誓願《せいがん》を説《と》く印度《いんど》・中国・日本の高僧方《こうそうがた》の教導《きょうどう》に、今遇《あ》うことができたのだ。聞くことができたのだ。この幸せ、何にたとえられようか。どんなによろこんでも過《す》

ぎることはない。

それにしても知らされるのは、阿弥陀如来《あみだにょらい》の深《ふか》い慈恩《じおん》である。なんとか伝えることはできないものか」

はじめに、『教行信証《きょうぎょうしんしょう》』を起草《きそう》せずにおれなかった心情《しんじょう》を、こう述《の》べて、六巻の『教行信証《きょうぎょうしんしょう》』は書き始められている。

◉響《ひび》きわたる生命《せいめい》の大歓喜《だいかんぎ》

一字一涙《いちじいちるい》の思いで書き進めた聖人が、最後に筆《ふで》をとられたのが、つぎの言葉だ。

よろこばしきかな。心《こころ》を弘誓《ぐぜい》の仏地《ぶっち》に樹《た》て、念《ねん》を難思《なんし》の法海《ほうかい》に流《なが》す。
ふかく如来《にょらい》の矜哀《こうあい》を知《し》りて、まことに師教《しきょう》の恩厚《おんこう》をあおぐ。
慶喜《きょうき》いよいよ至《いた》り、至孝《しこう》いよいよ重《おも》し。（中略）
ただ、仏恩《ぶっとん》の深《ふか》きことを念《ねん》じて、人倫《じんりん》の嘲《あざけり》を恥《は》じず。

もし、この書《しょ》を見聞《けんもん》せん者《もの》は、信順《しんじゅん》を因《いん》となし、疑謗《ぎほう》を縁《えん》となし、信楽《しんぎょう》を願力《がんりき》にあらわし、妙果《みょうか》を安養《あんにょう》にあらわさん
（『教行信証《きょうぎょうしんしょう》』後序《こうじょ》）

「昔、楚《そ》の国（中国）の愚人《ぐじん》が、家宝《かほう》の剣《つるぎ》をひそかに持ち出し、急流《きゅうりゅう》に浮かべた舟上《ふねのうえ》で、試《ため》し切《ぎ》りに興《きょう》じていた。切れすぎた反動《はんどう》で、剣《つるぎ》は飛《と》んで水中にジャボンと落ちた。舟《ふね》はどんどん流されてゆく。驚《おどろ》いた彼は、さっそく、剣《つるぎ》の落ちた舟《ふな》べりに小刀《こがたな》で、深《ふか》く印《しるし》を刻《きざ》み込《こ》み、〝やれやれこれで、剣《つるぎ》のありかは安心じゃ〟とつぶやいたという。刻印《こくいん》の移動《いどう》が念頭《ねんとう》にない愚《おろ》かさを笑ったものであろう。

金や財を力にしている者は、金や財を失《うしな》った時《とき》に顛倒《てんとう》する。名誉《めいよ》や地位を力にしている者は、それらをなくした時《とき》に失墜《しっつい》する。親や子供を力にしている者は、親や子を亡《な》くした時《とき》に倒壊《とうかい》する。信念《しんねん》を力にしている者も、信念《しんねん》ゆらいだ時《とき》にまた崩壊《ほうかい》する。

崩《くず》れるものに樹《た》てる人生は、薄氷《はくひょう》を踏《ふ》むように不安だが、たとえ釈尊《しゃくそん》、善導《ぜんどう》、法然《ほうねん》さまがゆらごうとも、心を不倒《ふとう》の仏地《ぶっち》に樹《た》て、不思議《ふしぎ》の世界に生かされた親鸞は、なんと幸せ者なのか。ますます阿弥陀如来《あみだにょらい》の慈愛《じあい》の深《ふか》きを知らされ、師教《しきょう》の高恩《こうおん》を仰《あお》が

ずにおれない。

限《かぎ》りなきよろこびは、返し切れない報恩《ほうおん》に親鸞を泣かす。この弥陀《みだ》の大恩《だいおん》を念《おも》うとき、世間《せけん》の恥辱《ちじょく》など、ものの数ではありえない。

この書を読む人には、信ずる人もあろう。そしる者もいるだろう。いずれも、それを因《いん》とし縁《えん》として、弥陀《みだ》の救《すく》いに遇《あ》い、未来永遠《みらいえいえん》の幸福を獲得《かくとく》してもらいたい。そう念ずるばかりである」

こう記《しる》して『教行信証《きょうぎょうしんしょう》』は、擱筆《かくひつ》されている。

「あいがたくして、今《いま》あうことをえたり」

「聞《き》きがたくして、すでに聞《き》くことをえたり」

「獲《う》るところを嘆《たん》ずる」

「慶喜《きょうき》いよいよ至《いた》り、至孝《しこう》いよいよ重《おも》し」

などの確言《かくげん》は、「考える」とか「そう思う」というような、曖昧《あいまい》なものではなかろう。燃えるようなよろこびが、体一杯《いっぱい》みなぎっているのが、ビンビン伝わってくる。だからつぎの「恩徳讃《おんどくさん》」も、みずみずしく迫《せま》ってくるのである。

如来大悲《にょらいだいひ》の恩徳《おんどく》は
身《み》を粉《こ》にしても報《ほう》ずべし
師主知識《ししゅちしき》の恩徳《おんどく》も
骨《ほね》を砕《くだ》きても謝《しゃ》すべし

（『正像末和讃《しょうぞうまつわさん》』）

「弥陀《みだ》と師教《しきょう》の大恩《だいおん》は、身《み》を粉《こ》に、骨砕《ほねくだ》きても足《た》りませぬ。微塵《みじん》の報謝《ほうしゃ》もならぬ懈怠《けたい》なわが身に、寝《ね》ても覚《さ》めても泣かされる」

〝苦悩《くのう》の根元《こんげん》（無明《むみょう》の闇《やみ》）を断《た》ち切《き》り、多生永劫《たしょうようごう》の目的を果《は》たさせる〞絶対の弥陀《みだ》の救《すく》いに遇《あ》わねば、こんな知恩《ちおん》・報恩《ほうおん》の熱火《ねっか》の法悦《ほうえつ》は、あり得《う》ることではなかろう。

(10) 人生の目的は「ある」のか「ない」のかで激突《げきとつ》

◉終わりなき道の礼讃《らいさん》？

「え⁉　人生に目的がある、完成《かんせい》があるって！」

ほとんどの人は驚《おどろ》くのではなかろうか。無理《むり》もない。

「人生に目的や、完成《かんせい》などあろうはずがない」、これが常識《じょうしき》となっているからである。

なるほど、学問《がくもん》や芸術《げいじゅつ》、科学、医学、囲碁《いご》や将棋《しょうぎ》、剣道、柔道、書道、茶道《さどう》、華道《かどう》など、どこまで究《きわ》めても、卒業《そつぎょう》もなければ完成《かんせい》もない道だから、「死ぬまで求道《きゅうどう》」といわれるのはもっともである。一例をあげよう。

平成十年のCDアルバム売り上げ第一位と第二位を、ロックユニットB'z（ビーズ）が独占《どくせん》した。全作品の売り上げは平成十二年、七千万枚を突破《とっぱ》しているが、これは全米レコード界の歴代五位に相当《そうとう》する記録《きろく》である。

しかしボーカルの稲葉浩志《いなばこうし》は、まだ満足《まんぞく》していない。アルバム『SURVIVE』発表《はっぴょう》時《じ》のインタビューで、つぎのように言っている。

「アルバムとかツアーもすごい集中して、〝これが最高だ！〟と思ってやってるんだけど、終わってみていつも〝まだまだだ！〟ってことになっちゃうんですね、なぜか」

完成《かんせい》のないのは、なにも音楽の道だけではなかろう。学問《がくもん》も芸術《げいじゅつ》もスポーツも、みな円満成就《えんまんじょうじゅ》というゴールはない。

「それがいいんだ、完成《かんせい》したと思ったら進歩《しんぽ》がない」

「『死ぬまで求道《きゅうどう》』こそが素晴《すば》らしいのだ」

たいていの人は、そう言うにちがいない。

だが少し落ち着いて考えれば、「『死ぬまで求道《きゅうどう》』が素晴《すば》らしい」とは、百パーセント求まらぬものを、死ぬまで求めつづけることの礼讃《らいさん》であり、ナンセンスとすぐわかる。

求めるのは、「求まる」ことを前提《ぜんてい》としているはずであるからだ。

死ぬまで「求まらぬ」と知りながら、求めつづけることは、去年の宝くじと知りながら、買いつづけるようなもの。〝それでいいんだ〟と、どうしていえるのであろうか。

〝求まらなくともよい、死ぬまで向上《こうじょう》、求める過程《かてい》が素晴《すば》らしいのだ〟と言《い》い張《は》る人もあろうが、それは一時的《いちじてき》な充実《じゅうじつ》で、すぐに色あせる。〝人間《にんげん》に生まれてよかった〟という生命《せいめい》の歓喜《かんぎ》とは異質《いしつ》なもので、真《しん》の人生の目的達成《たっせい》のよろこびを知っている人とはいえないであろう。

◉悔いなき人生への発言

かつて親鸞聖人が、人生の目的は、あるのか、ないかで大論争《だいろんそう》された。覚如上人《かくにょしょうにん》（聖人の曽孫《ひまご》）の『口伝鈔《くでんしょう》』という本に記《しる》されている。

体失《たいしつ》・不体失《ふたいしつ》の往生《おうじょう》の事《こと》。聖人《しょうにん》（親鸞）のたまわく、先師聖人《せんししょうにん》（法然）の御時《おんとき》、はかりなき法文諍論《ほうもんじょうろん》のことありき
（『口伝鈔《くでんしょう》』）

という、書き出しの一章がある。

親鸞聖人が法然上人《ほうねんしょうにん》の弟子であったとき、「人生の目的」で法友《ほうゆう》と激突《げきとつ》された。人生の目的は「ある」と断言《だんげん》される聖人に、善慧房証空《ぜんえぼうしょうくう》は「ない」と言い立てた。

〝人生の目的は、弥陀《みだ》の誓願《せいがん》によって、大満足《だいまんぞく》の身に救《すく》われること〟

と言われる聖人に、善慧房《ぜんえぼう》は、

〝大満足《だいまんぞく》の身に救《すく》われるということなど、人生にあるはずがない〟

と言うのだから、衝突《しょうとつ》するのも当然《とうぜん》だった。

今日《こんにち》「体失《たいしつ》・不体失往生《ふたいしつおうじょう》の諍論《じょうろん》」と伝えられるものである。

善慧房《ぜんえぼう》は「弥陀《みだ》の救《すく》いは人生にない」と言ったから、彼の主張《しゅちょう》を「体失往生《たいしつおうじょう》」といわれる。「体失《たいしつ》」とは〝肉体《にくたい》を失《うしな》う〟から死後のこと。「往生《おうじょう》」とは「弥陀《みだ》の救《すく》い」をいうからである。

それに対して親鸞聖人は、「人生の目的は、弥陀《みだ》の救《すく》いに遇《あ》うこと」と説《と》かれたから、「不体失往生《ふたいしつおうじょう》」という。「不体失《ふたいしつ》」とは〝肉体《にくたい》を失《うしな》わず〟で、生きているときのことをいうからだ。

人生の目的（弥陀《みだ》の救《すく》い）が、「ある」と言う聖人と、「ない」と言う善慧房《ぜんえぼう》との論《ろん》争《そう》であった。

論戦《ろんせん》を見守っていた法友《ほうゆう》たちの、動揺《どうよう》と混乱《こんらん》は激《はげ》しかった。弥陀《みだ》の救《すく》いは今生《こんじょう》に、あるのか、ないのか。言いかえれば、人生の目的はあるのか、ないのか、の大問題だからである。どちらの言い分が正しいのか、彼らは師《し》に問いたださずにおれなかった。

論争《ろんそう》の一部始終《いちぶしじゅう》を、仔細《しさい》に聞き終えられた法然上人《ほうねんしょうにん》は、つぎのように判定《はんてい》されている。

「〝死ぬまで救《すく》いはない〟というのは、弥陀《みだ》の誓願《せいがん》ではない。〝平生《へいぜい》に、大満足《だいまんぞく》の身に救《すく》い摂《と》る〟というのが弥陀《みだ》の誓《ちか》いだから、人生には、とても大事な目的があるのだよ。経典《きょうてん》のご文《もん》をみれば明白《めいはく》であろう」

これが、聖人の三大諍論《さんだいじょうろん》（生涯《しょうがい》に三回された、仏法上《ぶっぽうじょう》の大きな争《あらそ》い）の一つである、体失《たいしつ》・不体失往生《ふたいしつおうじょう》の論争《ろんそう》の結末《けつまつ》であった。

善慧房《ぜんえぼう》が〝阿弥陀仏《あみだぶつ》の救《すく》いは、人生にあるはずがない〟と誤《あやま》ったのは、自分自身に、無明《むみょう》の闇《やみ》が晴れた大歓喜《だいかんぎ》も、救《すく》い摂《と》られた大満足《だいまんぞく》もなかったからにちがいない。だから「弥陀《みだ》の救《すく》い」も、生《い》き甲斐《がい》や趣味《しゅみ》・目標程度《ていど》にしか考えられず、〝死ぬまで、完成《かんせい》などあるはずがない〟と、聖人に拮抗《きっこう》したのも納得《なっとく》できよう。

しかし人生の目的を、鮮《あざ》やかに達成《たっせい》された聖人は、善慧房《ぜんえぼう》の主張《しゅちょう》を聞き流すことはできなかった。法然門下《ほうねんもんか》の高弟《こうてい》である善慧房《ぜんえぼう》の影響力《えいきょうりょく》ばかりでなく、彼自身のためにでもある。

もし、人生に目的（弥陀《みだ》の救《すく》い）がないとするならば、人は苦しむために生まれ、生きていることになるだろう。

長寿社会《ちょうじゅしゃかい》は進んでいるが、老《お》いたらおいしいものを食べようと一生懸命働《いっしょうけんめいはたら》いてきたのに、糖尿病《とうにょうびょう》で食べられない。素敵《すてき》な洋服《ようふく》で旅行しようと買《か》い込《こ》んでいたのに、半身《はんしん》不随《ふずい》で動けない。たまたま入院すればやって来る子供たちは、貯金通帳《ちょきんつうちょう》や印鑑《いんかん》のありかばかりを詮索《せんさく》し金ばかりをねらっている、こんな人生なんなのか、と涙《なみだ》を流して死んでいる。

呼吸《こきゅう》のあいだ、すなわちこれ来生《らいしょう》なり。一《ひと》たび人身《じんしん》を失《うしな》いぬれば、万劫《まんごう》にもかえらず。この時《とき》さとらざれば、仏《ぶつ》、衆生《しゅじょう》をいかがしたまわん。願《ねが》わくは深《ふか》く無常《むじょう》を念《ねん》じて、いたずらに後悔《こうかい》をのこすことなかれ

（『教行信証《きょうぎょうしんしょう》』）

「一息《ひといき》つがざれば次の生《しょう》である。永久《とわ》にもどらぬ人生となる。ただ今、人生の目的を達成《たっせい》しなければ、いつするというのであろうか。いつできるというのだろうか。永遠《えいえん》のチャンスは今しかない。刻々《こっこく》と迫《せま》る無常《むじょう》を凝視《ぎょうし》して、決《けっ》して後悔《こうかい》をのこさぬように」断固《だんこ》立ち上がらずにおれなかったのが親鸞聖人の真情《しんじょう》であろう。

体失《たいしつ》・不体失往生《ふたいしつおうじょう》の諍論《じょうろん》は、人生に目的が「ない」と言う法友《ほうゆう》と、「ある」と断言《だんげん》

される聖人の一騎討《いっきう》ちであったといえよう。

⑪「なぜ生きる」の扉《とびら》を開くカギ

⦿「一念《いちねん》」と「二種深信《にしゅじんしん》」ということ

親鸞聖人は、無明《むみょう》の闇《やみ》が晴れ、人生の目的の完成《かんせい》した世界を、「一念《いちねん》」と表現《ひょうげん》されている。無明《むみょう》の闇《やみ》を「二心《ふたごころ》」といい、つぎのように、それは説《と》かれる。

「一念《いちねん》」というは、信心《しんじん》、二心無《ふたごころな》きが故《ゆえ》に「一念《いちねん》」という
（『教行信証《きょうぎょうしんしょう》』）

「『一念《いちねん》』とは、無明《むみょう》の闇《やみ》のなくなった心をいう」

「闇《やみ》」が晴れれば、明《あか》るくなる。いままで見えなかったものが、すっきり見える。無《む》明《みょう》の闇《やみ》が破《やぶ》れると、何がハッキリするのか。

「自己《じこ》の真実《しんじつ》」と「弥陀《みだ》の誓願《せいがん》」の二つである。ハッキリしたことを「深信《じんしん》」というから、この二つが明《あき》らかに知らされたのを、「二種深信《にしゅじんしん》」と説《と》かれている。自己《じこ》のことを「機《き》」といい、弥陀《みだ》の誓願《せいがん》を「法《ほう》」というから、「機法二種深信《きほうにしゅじんしん》」ともいわれる。

親鸞聖人の説《と》く弥陀《みだ》の救《すく》い（一念《いちねん》）とは、〝本当の自分〟を知らされる「機《き》の深信《じんしん》」と、〝弥陀《みだ》の誓願《せいがん》まことだった〟と知らされる「法《ほう》の深信《じんしん》」のことである。聖人の信《しん》仰《こう》を知るには、不可欠《ふかけつ》なことだから、原文《げんぶん》をあげておこう。

機《き》の深信《じんしん》——自分の本当の姿

自身《じしん》は、現《げん》に、これ罪悪生死《ざいあくしょうじ》の凡夫《ぼんぶ》、曠劫《こうごう》よりこのかた、つねに没《もっ》し、つねに流転《るてん》して、出離《しゅつり》の縁《えん》あることなし、と深信《じんしん》す

「いままでも、いまも、いまからも、救《すく》われることの絶対にない極悪最下《ごくあくさいげ》の自分であった、とハッキリした」のを「機《き》の深信《じんしん》」という。（十四章から説明《せつめい》したい）

法《ほう》の深信《じんしん》――弥陀《みだ》の誓願《せいがん》

かの阿弥陀仏《あみだぶつ》、四十八願《しじゅうはちがん》をもって衆生《しゅじょう》を摂受《しょうじゅ》したもうこと、疑《うたがい》なく、おもんぱかりなく、かの願力《がんりき》に乗《じょう》ずれば、定《さだ》んで往生《おうじょう》を得《う》、と深信《じんしん》す

「この世も未来《みらい》も、絶対《ぜったい》の幸福《こうふく》に救《すく》い摂《と》るという、弥陀《みだ》の誓《ちか》いまことだった、とハッキリした」のを「法《ほう》の深信《じんしん》」という。（二十章から説明《せつめい》したい）

◉信じるのは、疑いがあるから

「深信《じんしん》」とは、文字から想像《そうぞう》するような「深《ふか》く信じて疑《うたが》わない」ということではない。

「信じる」と「深信《じんしん》」とは異《こと》なる。どこがちがうのか。信じるのは疑《うたが》いがあるからである。疑《うたが》う余地《よち》がまったくないことは「知っている」という。

火傷《やけど》でひどい目にあった人が「火は熱《あつ》いものと信じている」とは言わないだろう。体験《たいけん》してハッキリ知っているからである。

「わが校では、いじめはないと信じている」と、校長《こうちょう》が言うのは、あるかもしれないという疑《うたが》いがあるからであろう。

「深信《じんしん》」とは、「露《つゆ》チリほどの疑《うたが》いもなく、明《あき》らかに知らされたこと」をいうのだから、親鸞聖人は、

「真《まこと》に知《し》んぬ」

蓮如上人《れんにょしょうにん》（聖人の子孫《しそん》・真宗中興《しんしゅうちゅうこう》の祖《そ》）は、

「今《いま》こそ明《あきら》かに知《し》られたり」

と「真知《しんち》」とか「明知《みょうち》」と言われている。疑《うたが》いの心を抑《おさ》えつけて信《しん》じ込《こ》もうとするのとは、まったく異《こと》なるのである。

聖人の著述《ちょじゅつ》は、「自己《じこ》の真実《しんじつ》」と「弥陀《みだ》の誓願《せいがん》」の二つを知らされた「二種深信《にしゅじんしん》」の讃嘆《さんだん》で埋《う》めつくされている、といっても過言《かごん》ではなかろう。「二種深信《にしゅじんしん》」を知らねば『教行信証《きょうぎょうしんしょう》』はじめ、聖人の著作《ちょさく》の一切《いっさい》は読めないにちがいない。たとえ読んでも、誤解曲解《ごかいきょっかい》しか生まれてはこないであろう。

以下、「二種深信《にしゅじんしん》」について述《の》べてみたい。

⑿　知っているはずの　サッパリわからないもの

⦿もっとも大事な忘れ物――思いあたる、かずかず

無明《むみょう》の闇《やみ》が晴れると、二つのことがハッキリする。一つは自己《じこ》の真実《しんじつ》である、と聖人は説《と》かれている。

「本当の私」とは何か。自分自身のことだから、これほど大事なことはなかろう。

「世界で最大《さいだい》のことは、自己《じこ》を知ることである」とモンテーニュは言っている。全思《ぜんし》想《そう》の固定《こてい》した、動《うご》かし得《え》ない中心テーマは、明《あき》らかに〝自分とはなんぞや〟であった

と、E・カッシーラー（ドイツの哲学者）も断言《だんげん》する（『人間』）。

自分のことは自分が一番知っている、と思いがちだが、「汝自身《なんじじしん》を知れ」と古代《こだい》ギリシアからいわれてきたように、もっともわからないのが自分自身ではなかろうか。はるか宇宙《うちゅう》の様子《ようす》がわかっても、素粒子《そりゅうし》の世界が解明《かいめい》されても、三十億《さんじゅうおく》の遺伝子《いでんし》が解《かい》読《どく》されても、依然《いぜん》としてわからないのが私自身なのだ。

心なき者のしわざか、背中《せなか》に矢の刺《さ》さった痛々《いたいた》しいカモの映像《えいぞう》が、視聴者《しちょうしゃ》のあわれを誘《さそ》ったことがある。料理店で、その矢ガモのテレビを見ながら、「なんとむごいことを……」と顔をしかめて、カモ鍋《なべ》を食べている人を見て、「自分のことはわからんものだなぁ」と反省《はんせい》させられたものである。こんな自己矛盾《じこむじゅん》は、いくらでもあろう。

「昔のニワトリは、夜明《よあ》けに必ず鳴《な》いて、時《とき》を知らせたもんだが」

「今は、ニワトリまでがナマクラになりよって、こまったもんだ」

耳の遠くなったことに気づかぬ、田舎《いなか》の老夫婦《ろうふうふ》の会話を聞いて苦笑《くしょう》したことがある。

まさに「知《し》るとのみ　思《おも》いながらに　何《なに》よりも　知《し》られぬものは　おのれなりけり」ではなかろうか。

古今東西《ここんとうざい》、わが身知らずを笑った話は多いが、それほどわからないのが自分自身ということでもあろう。二、三あげてみよう。

昔、印度《いんど》の裕福《ゆうふく》な家の息子《むすこ》が、美しい妻を迎《むか》えた。新婚夫婦《しんこんふうふ》は飲酒《いんしゅ》にふけり、一層《いっそう》の快楽《かいらく》に身をまかせた。ある夜、新妻《にいづま》が酒をくもうとカメのふたを開《あ》けると、艶《なまめ》かしい女がいる。テッキリ自分に秘《ひ》めた女だと思い、夫をののしり泣《な》き叫《さけ》ぶ。夫が驚《おどろ》いてカメをのぞくと、情欲《じょうよく》に燃えた若い男の顔が見える。妻にあやしい男がいると思った夫は、激《はげ》しく妻の不貞《ふてい》をとがめた。荒《あ》れた夫婦のケンカでカメは打《う》ち砕《くだ》かれ、争《あらそ》いは絶《た》えたという。悦楽《えつらく》の深酒《ふかざけ》に酩酊《めいてい》している二人には、酒に映《うつ》っている自分の姿もわからなかったのである。

その昔、中国《ちゅうごく》の蔡君謨《さいくんぼ》という宰相《さいしょう》は、長い見事《みごと》なアゴ髭《ひげ》で有名だった。天子から、そのヒゲを布団《ふとん》の中に入れて寝《ね》るのか、外に出して休むのか、と聞かれて、一向《いっこう》にハッキリした自覚《じかく》がない。いい加減《かげん》なことも言えないので、一晩《ひとばん》の猶予《ゆうよ》を願って、さっそく帰宅して試《ため》してみるが、夜具《やぐ》に入れると息苦《いきぐる》しいし、外に出しても都合《つごう》が悪い。
何しろ豊かで長いアゴ髭《ひげ》、出したり入れたり、夜明《よあ》けに及《およ》んだが、結論《けつろん》は出なかったという。

窃盗団《せっとうだん》が山中《さんちゅう》で宴会《えんかい》を開いた。もちろん、盗品《とうひん》でないものは何ひとつない。中に輝《かがや》く金盃《きんぱい》があった。回し飲みをしているうちに金盃《きんぱい》がなくなったので、親分株《おやぶんかぶ》が立ち上がり、目をつり上げて怒鳴《どな》った。

「さては、この中に盗人《ぬすっと》がいるな」

己《おのれ》が窃盗団《せっとうだん》のボスであるのを忘れなければ、言えないことにちがいない。

いずれも身につまされる話だが、キルケゴールは自分自身を忘れるという、もっとも危険《きけん》なことが世間《せけん》では、いとも簡単《かんたん》になされていると警告《けいこく》する（『死に至る病』）。キャッシュコーナーに、現金《げんきん》を置《お》き忘《わす》れたとなれば大騒《おおさわ》ぎするが、もっとも大事な自分を忘れていても、ちっとも驚《おどろ》かない。

◉その女を求めるのと、汝自身《なんじ》を求めるのと、いずれが大事

釈尊《しゃくそん》が、一樹《いちじゅ》の陰《かげ》に休んでおられたとき、近くの林で三十人あまりの貴公子《きこうし》が、夫《ふ》人同伴《じんどうはん》で酒宴《しゅえん》を楽しんでいた。ところが、独身男《どくしんおとこ》が連《つ》れてきた娼婦《しょうふ》のような女が、みんなが疲《つか》れて眠《ねむ》っている間《あいだ》に貴重品《きちょうひん》を盗《ぬす》んで逃《に》げたのである。驚《おどろ》いた一行《いっこう》が懸命《けんめい》に探《さが》しまわっていると、釈尊《しゃくそん》の姿を見た。あやしい女が通りかからなかったか尋《たず》ねると、こう反問《はんもん》されて、はっと我《われ》に返《かえ》ったという。

「事情はよくわかったが、その女を求めるのと、汝自《なんじ》身を求めるのと、いずれが大事であろうか」

一同、迷夢《めいむ》からさめた心地《ここち》して、説法《せっぽう》を聞き、弟子になった、と仏典《ぶってん》に記《しる》されている。

エジプトの砂漠《さばく》に千古《せんこ》の沈黙《ちんもく》をまもるスフィンクスは、

「始めは四本足で歩き、中ごろは二足となり、終わりに三足となる動物は何か」

と旅人に問いかけ、答えられない者を食い殺したという。

つまり、人間《にんげん》に向かって、「人間《にんげん》とはなんぞや」と問うのである。

政治も経済も科学も、医学、文学、哲学《てつがく》、宗教《しゅうきょう》も、この問いに答えんとしている、といえよう。

一人一人がこの問いに、答えなければならない。

彼の前には、代弁《だいべん》もゆるされなければ、受け売りの知識《ちしき》も間《ま》にあわないのだ。

⒀ 〝どこにいるのか〟本当の私

⦿ 他人が、私を探しだせるのか

どうしてこんなに、自分がわからないのだろうか。

私たちの眼《め》はいろいろな物を見れるが、あまり遠いものや、近すぎるものは見られない。

「目《め》、目《め》を見《み》ることあたわず、刀《とう》、刀《とう》を切《き》ることあたわず」

どんな視力《しりょく》の強い人でも、自分の眼《め》は直接《ちょくせつ》見れないし、正宗《まさむね》の銘刀《めいとう》でも、銘刀《めいとう》自身は斬《き》れない。千里《せんり》の遠きを照《て》らす灯台《とうだい》も、その下は真《ま》っ暗《くら》がりなように、他人のことはよくわかるが、自分のことは盲目同様《もうもくどうよう》になってしまう。近すぎるからである。近すぎて見れないものには鏡《かがみ》が使われる。では、〝自己《じこ》を知る〟どんな鏡《かがみ》が思い浮かぶであろうか。

私たちは他人の言葉に一喜一憂《いっきいちゆう》する。他人からどう見られているか、つねに気をつかい、神経《しんけい》をすり減《へ》らす。〝他人《ひと》に笑われるような者になるなよ〟と親や教師《きょうし》から教訓《きょうくん》されもした。自己《じこ》を知る大きな信頼《しんらい》を、他人という鏡《かがみ》に寄《よ》せているといってもよかろう。だが果《は》たして、他人は適正《てきせい》な評価《ひょうか》をしているか、というよりもできるのだろうか。

徳川時代《とくがわじだい》に書かれたものに、どんな豊臣《とよとみ》の仁政《じんせい》があったであろうか。明治初期に書かれたものに、徳川幕府《とくがわばくふ》の徳政《とくせい》を見ることができようか。史実《しじつ》といっても、支配者《しはいしゃ》の都合《つごう》のよいように書きかえられる。権力者《けんりょくしゃ》が変われば、価値観《かちかん》までが変わってしまう。「忠《ちゅう》」といえば江戸時代は、将軍《しょうぐん》や大名《だいみょう》のために死ぬことだった。明治から敗戦《はいせん》までは、天皇《てんのう》のために命を捨てることとなり善悪《ぜんあく》の規範《きはん》であった。主権在民《しゅけんざいみん》、労使平等《ろうしびょうどう》などといえば、たちまち〝危険思想《きけんしそう》の持ち主〟とレッテルを貼《は》られ、投獄《とうごく》された時期《じき》もあったが、今では天皇《てんのう》も労働者《ろうどうしゃ》も平等《びょうどう》である。政権《せいけん》が変わると憲法《けんぽう》も変わり、収監《しゅうかん》されていた者も一夜にして無罪放免《むざいほうめん》、きのうまでの権力者《けんりょくしゃ》が断罪《だんざい》される国もある。

人間《にんげん》の価値判断《かちはんだん》は、いかにいい加減《かげん》なものなのか、「今日《きょう》ほめて　明日《あす》悪《わる》くいう　人《ひと》の口《くち》　泣《な》くも笑《わら》うも　ウソの世《よ》の中《なか》」と、一休《いっきゅう》も笑っている。

自分に都合《つごう》のよいときは善《よ》い人で、都合《つごう》が悪《わる》くなれば悪《わる》い人という。己《おのれ》の時々《ときどき》の都合《つごう》で他人を裁《さば》き、評価《ひょうか》しているのではなかろうか。人の心は変化するから善悪《ぜんあく》の判断《はんだん》も変転《へんてん》する。「昨日《きのう》の味方《みかた》は、今日《きょう》は敵《てき》」の裏切《うらぎ》りがおきるのもうなずけよう。

H・アーレントといえば、ナチズムを論《ろん》じた『全体主義《ぜんたいしゅぎ》の起源《きげん》』で、世界的に有名な女性思想家《じょせいしそうか》だ。妻子《さいし》あるハイデガーと、恋人関係にあったことでも知られている。ハイデガーは、ナチスに入党《にゅうとう》した経験《けいけん》があったので、ユダヤ人からとくに激《はげ》しい非難《ひなん》を受けた。もっともゆるせない言動をしたはずのハイデガーを、ユダヤ人のアーレントが、終始《しゅうし》、弁護《べんご》につとめたという。「嫌《きら》いな人の真実《しんじつ》よりも、好きな人のうそがいい」といわれるように、大学者でも好いた人のやったことは、悪には思えなかったのだろう。

どんな他人《ひと》の批評《ひひょう》にも、いつもこんな危険《きけん》が冒《おか》されている。

司法界《しほうかい》のベテランぞろいと思われる最高裁《さいこうさい》でも、十対五とか八対七とか、意見《いけん》の一致《いっち》が見られない。公正《こうせい》と信じたい裁判《さいばん》でも、事実は一つなのに、有罪《ゆうざい》になったり無罪《むざい》になったり、また有罪《ゆうざい》に転《てん》じたりする。裁判官《さいばんかん》の意識《いしき》の問題にちがいない。

「豚《ぶた》はほめられても豚《ぶた》、ライオンはそしられてもライオン」

ご都合主義《つごうしゅぎ》でコロコロ変わる、人間《にんげん》の価値判断《かちはんだん》の曖昧《あいまい》さと、無責任《むせきにん》さを嗤《わら》ったものではなかろうか。

◉私が、私を探しだせるのか

他人鏡《たにんかがみ》に全幅《ぜんぷく》の信頼《しんらい》がおけないと納得《なっとく》すれば、自己《じこ》を知る鏡《かがみ》をどこに求めればよいのであろうか。

人間《にんげん》には、道徳的良心《どうとくてきりょうしん》があり、それを鏡《かがみ》として反省《はんせい》する動物とも評価《ひょうか》される。だが、その「良心《りょうしん》」は、素顔《すがお》の自己《じこ》を映《うつ》す鏡《かがみ》になりうるのだろうか。

「この玉《たま》の色を見分《みわ》けた者には褒美《ほうび》をあげよう」。乙姫《おとひめ》さんが魚たちに尋《たず》ねると、黒《くろ》鯛《だい》は「黒です」、鯖《さば》は「青色」、カレイは「薄茶色《うすちゃいろ》」と、みんな答えが異《こと》なった。「どれが本当の色ですか」「玉《たま》は無色透明《むしょくとうめい》、みなさんの色が映《うつ》っただけです」と乙姫《おとひめ》さんは笑ったという。

人間《にんげん》も、自分の考えや感情《かんじょう》の色をすべて抜《ぬ》き取《と》って、何も見られないのではなかろうか。とくに自身のことになると、欲目《よくめ》や我見《がけん》の色メガネをはずして見ることは、不《ふ》可能《かのう》といわれる。「我欲《がよく》」にしばられる私たちは、どんなに見る眼《め》がくらまされるか。実例《じつれい》はたくさんある。

最近、知人の医師《いし》から、ウソのようなホントの話を聞いた。夜中《よなか》に腹痛《ふくつう》の女子高生が来院《らいいん》した。診《み》ると間違《まちが》いなく陣痛《じんつう》なのだ。付《つ》きそってきた母親にそれを告《つ》げると、血相《けっそう》変えて、「うちの娘《むすめ》にかぎって、そんなはずはない」と言《い》い張《は》っていたが、事実を認《みと》めた娘《むすめ》にガックリして、産婦人科《さんふじんか》に向かったという。「それではこまる」という面目《めんぼく》を気にする「我欲《がよく》」が、臨月《りんげつ》の娘《むすめ》の腹《はら》も「太ったぽってり」としか見せず、正しい判断《はんだん》をさまたげるのである。

「あの子にかぎって」の親の欲目《よくめ》が、青少年犯罪《せいしょうねんはんざい》の温床《おんしょう》と聞くが、欲目《よくめ》を離《はな》れてわが子を見れないから、親バカさんとサジを投げられる。わが子でさえ、欲目《よくめ》を離《はな》れて見られないのだから、自己反省《じこはんせい》の甘さは、おして知るべしであろう。

私は顔の色は黒いけど鼻が高いから。色も黒いし鼻も低いが口が小さいから。口は大きいけれども色白《いろじろ》だ。しまいには、なんにもできんもんだけれど〝素直《すなお》な奴《やつ》〟と、みんなからいわれているからと、自分のことはすべて美化《びか》してしまう。鏡《かがみ》の前では増《ふ》えた白髪《しらが》に一時《いちじ》は驚《おどろ》くが、「隣《となり》の婆《ばあ》さんよりはましだろう」と上に立つ。五十になれば六十の人を見て安心し、六十になれば七十、七十になれば八十、あの人よりは、と若く見る。実態《じったい》は少しも変わらないのに、若くいわれるとうれしくなり、年齢《ねんれい》以上にいわれると好きになれない相手となる。

窃盗犯《せっとうはん》が機敏《きびん》さを誇《ほこ》り、殺人者が残虐《ざんぎゃく》ぶりを自慢《じまん》すると聞けばアキレルだろうが、自分のことはみな、よいようにしか見れないのだ。自惚《うぬぼ》れ心《ごころ》が、私たちの本性《ほんしょう》だからである。

⦿隠《かく》れ家《が》は　心の底の奥《おく》の院《いん》

仏教では、心と、口と、体から私たちを評価《ひょうか》する。中でも重視《じゅうし》するのは心である。日常生活でも、体や口より、心が重《おも》んじられる場面によく出会う。

「ネクタイが曲がっている」

といわれれば素直《すなお》に正せるが、

「根性《こんじょう》が曲がっている」

といわれると、素直《すなお》になれないものがある。ネクタイが曲がっているのも、根性《こんじょう》が曲がっているのも同じようなものだが、後者《こうしゃ》のほうが傷《きず》つくのは、人格《じんかく》を侮辱《ぶじょく》されたように思うからであろう。

ロシアの文豪《ぶんごう》ツルゲーネフが貧《まず》しかったころ、訪《おとず》れた乞食《こじき》に何ひとつ与える物がなかった彼は、〝済《す》まない〟の念《おも》い一杯《いっぱい》から、玄関《げんかん》へとび出してゆき、乞食《こじき》の手をにぎり締《し》め、〝兄弟〟と涙《なみだ》ぐんだ。後日乞食《ごじつこじき》は、あんなうれしいものをもらったことは、生涯《しょうがい》なかったと述懐《じゅっかい》したという。

「ぼろは着《き》てても　こころの錦《にしき》　どんな花《はな》より　きれいだぜ」の歌（歌・水前寺清子／作詞・星野哲郎）も、飾《かざ》られた体よりも錦《にしき》の心を尊重《そんちょう》するからであろう。

外にあらわれる体や口の行《おこな》いよりも、見えない心が大事にされるのは、なぜだろう。体や口の行《おこな》いは、心の指示《しじ》によるからである。心が火《ひ》の元《もと》であり、体や口の行為《こうい》は火《ひ》の粉《こ》にたとえることができよう。火《ひ》の粉《こ》は、火《ひ》の元《もと》から舞《ま》い上《あ》がるように、体や口の行為《こうい》は、心の表現《ひょうげん》であるからだ。

「戦争は心の中ではじまるのだから、平和の砦《とりで》は心の中につくられねばならぬ」と、ユネスコ憲章《けんしょう》も宣言《せんげん》する。残虐非道《ざんぎゃくひどう》の戦争も、根元《こんげん》は心と見ての訴《うった》えであろう。消火も火元《ひもと》に主力《しゅりょく》がおかれるように、仏教はつねに心の動きに視点《してん》がおかれる。

◉「よもすがら　仏の道を求むれば
わがこころにぞ　たずね入りぬる」

二人の禅僧《ぜんそう》が諸国行脚中《しょこくあんぎゃちゅう》、小川にさしかかった。美しい娘《むすめ》が、連日《れんじつ》の雨で川が増水《ぞうすい》し、とび越《こ》えられずモジモジしている。

「どれどれ、私が渡《わた》してあげよう」

僧《そう》の一人が、無造作《むぞうさ》に抱《だ》いて渡《わた》してやった。

途方《とほう》に暮《く》れていた娘《むすめ》は、顔を赤らめ礼を言って立ち去った。同伴《どうはん》の僧《そう》がそれを見て、かりにも女を抱《だ》くとはけしからんとでも思ったのか、無言《むごん》の行《ぎょう》に入《はい》ってしまった。戒《かい》律《りつ》のやかましい禅宗《ぜんしゅう》では、女性に触《ふ》れてはならないとされているからだろう。

日が暮《く》れて、女を渡《わた》した僧《そう》が、

「どこかで泊《と》まることにしようか」

と声をかけると、

「生臭坊主《なまぐさぼうず》との同宿《どうしゅく》はごめんこうむる」

連《つ》れの僧《そう》は、そっぽを向いた。

「なんだ、まだあの女を抱《だ》いていたのか」

件《くだん》の僧《そう》はカラカラと笑った。連《つ》れの僧《そう》は、いつまでも抱《だ》いていた心の生臭《なまぐさ》さを突《つ》かれて、返す言葉がなかったという。

問題は、その心にあるのだ。

心こそ、もっとも重大視《じゅうだいし》されねばならないはずなのに、どんな悪い考えをいだいていても、それだけでは法律《ほうりつ》や社会問題《しゃかいもんだい》になったりはしない。所詮《しょせん》は、体や口にあらわれる火《ひ》の粉《こ》しか知ることはできないし、取《と》り締《し》まれないのだからとあきらめ、放置《ほうち》されているようである。これでは、

「石川《いしかわ》や　浜《はま》の真砂《まさご》は　尽《つ》くるとも　世《よ》に盗人《ぬすびと》の　種子《たね》は尽《つ》くまじ」

の石川五右衛門《いしかわごえもん》の辞世《じせい》を実証《じっしょう》するだけとなろう。

「殺《や》るよりも　劣《おと》らぬものは　思《おも》う罪《つみ》」

といわれるように、口や体で造《つく》る悪よりも、悪いことを思う罪《つみ》は、はるかに重いと仏教は指摘《してき》する。悪い考えは、悪い体や口の行為《こうい》の根元《こんげん》だからである。

「よもすがら　仏《ほとけ》の道《みち》を求《もと》むれば　わがこころにぞ　たずね入《い》りぬる」

親鸞聖人が高僧《こうそう》と仰《あお》ぐ、源信僧都《げんしんそうず》の述懐《じゅっかい》である。

自己《じこ》の真実《しんじつ》とは、「心の真実《しんじつ》」が問われているのだ。

他人の言葉や自己評価《じこひょうか》には、それなりに善悪《ぜんあく》もあろうが、それが自身の真実《しんじつ》といえないのは先に述《の》べたとおりである。

本当の自分を隠《かく》す無明《むみょう》の闇《やみ》が破《やぶ》れると、どんな自己《じこ》が見えるのか。

次章から十九章まで、親鸞聖人の告白《こくはく》を聞いてみよう。

(14) 親鸞聖人と刀葉林地獄《とうようりんじごく》——機《き》の深信《じんしん》

◉愛欲《あいよく》の広海《こうかい》は果てしなく、
限りなく登り下りをくり返し、
苦しみつづける地獄

知人が白内障《はくないしょう》の手術《しゅじゅつ》を受けた。眼《め》の中のレンズがにごり、視力《しりょく》が低下《ていか》する病気である。今日《こんにち》は、人工《じんこう》レンズで劇的《げきてき》に改善《かいぜん》するという。それまで、はっているムカデを、ヒモと間違《まちが》ってつまんでいた知人であったが、手術後《しゅじゅつご》、鏡《かがみ》に向かって驚《おどろ》いた。まるで顕微鏡《けんびきょう》で顔を見ているようではないか。家の中を見わたしても、こんな汚《きたな》いところにいたのかと大掃除《おおそうじ》をはじめたという。

無明《むみょう》の闇《やみ》が晴れると、自己《じこ》の姿がハッキリ見える。これを「機《き》の深信《じんしん》」といわれる。

聖人には、自己《じこ》の告白《こくはく》が多いが、みな機《き》の深信《じんしん》である。

いくつかを紹介《しょうかい》しよう。

悲《かな》しきかな、愚禿鸞《ぐとくらん》、愛欲《あいよく》の広海《こうかい》に沈没《ちんもつ》し、名利《みょうり》の大山《たいせん》に迷惑《めいわく》して、定聚《じょうじゅ》の数《かず》に入《い》ることをよろこばず、真証《しんしょう》の証《さとり》に近《ちか》づくことをたのしまず。恥《は》ずべし、傷《いた》むべし

（『教行信証《きょうぎょうしんしょう》』）

「ああ、情《なさ》けない親鸞だなぁ。愛欲《あいよく》の広海《こうかい》におぼれ、名誉欲《めいよよく》と利益欲《りえきよく》にふりまわされて、〝浄土《じょうど》へ往《ゆ》ける身になった（定聚《じょうじゅ》の数《かず》に入《い》る）こと〟をよろこばず、〝仏のさとり（真証《しんしょう》の証《さとり》）に近づいていること〟も、たのしまないとは。どこどこまでも痺《しび》れ切《き》った奴《やつ》だなぁ！　恥《は》ずかしきことよ、悲しきことか」

二十章から詳《くわ》しく説明《せつめい》するが、〝浄土《じょうど》へ往《ゆ》ける身になった人〟〝仏のさとりに近づいている人〟とは、後生暗《ごしょうくら》い心《こころ》（無明《むみょう》の闇《やみ》）が破《やぶ》れ、人生の目的達成《たっせい》した人のことである。ここで聖人は、「私は浄土《じょうど》へ往《ゆ》ける身になった」「仏のさとりに近づいている」と明言《めいげん》されているから、そんな自覚《じかく》と確信《かくしん》のある人だけが知らされる、自己《じこ》であり懺悔《ざんげ》であることを、確認《かくにん》しておかなければならないであろう。

では、「愛欲《あいよく》の広海《こうかい》」とは何を言われたのだろうか。

一皮《ひとかわ》むけばウミ血が流れるとわかっていても、美しい女を見たときは、邪淫《じゃいん》の心が燃《も》え上《あ》がっている、と釈尊《しゃくそん》は説《と》かれている。

あらゆる人《ひと》は、つねに淫猥《みだら》なことばかり考《かんが》え、婦人《ふじん》の姿《すがた》ばかりに眼《め》を輝《かがや》かせ、卑猥《ひわい》な行為《こうい》を思《おも》いのままにしている。
我《わ》が妻《つま》を厭《いと》い憎《にく》んで、他《ほか》の女《おんな》をひそかにうかがって煩悶《はんもん》の絶《た》えたことなく、愛欲《あいよく》の波《なみ》は高《たか》く寄《よ》せかけ、寄《よ》せかけ、起《た》つも坐《すわ》るも、安《やす》らかでない仏典《ぶってん》に説《と》かれている刀葉林地獄《とうようりんじごく》といわれるものは、人間《にんげん》のこの愛欲《あいよく》の広海《こうかい》を描《えが》かれたものであろう。

この地獄《じごく》へ堕《お》ちた男がふと見ると、天を摩《ま》すような大樹《たいじゅ》がある。葉《は》は刃《やいば》のごとく鋭《するど》く、焔《ほのお》を吹《ふ》いている。樹上《じゅじょう》には好《この》みの女が、満面媚《まんめんこび》を浮かべて、自分を招《まね》いているではないか。罪人《ざいにん》のかつての恋人である。男は恋しさのあまり、居《い》ても立《た》ってもおれず、前後を忘れて木に登ってゆく。すると刀葉《とうよう》が降《ふ》ってきて、男の肉を割《さ》き、骨《ほね》を刺《さ》し、全身血だるまになるが、愛欲《あいよく》はいっそう激《はげ》しさを増《ま》す。

ヤットの思いで近づいて、満身《まんしん》の力で抱《だ》こうとすると、女は忽然《こつぜん》と消えうせて、今度は樹《き》の下から声がする。

「あなたを慕《しと》うてここまできたわ。なぜ早く来て抱《だ》いてくださらないの」

とやさしく誘《さそ》う。たかが一人の女のために、火を吐《は》く思いで登ってきた純情《じゅんじょう》さが、いじらしく泣けてくるが、愛恋《あいれん》の情《じょう》はますます燃えさかり、樹《き》を下《お》りようとすると、地上に落下《らっか》した刀葉《とうよう》が、今度は逆に、上に向かって焔《ほのお》を吐《は》き、寸々分々《すんずんぶぶ》に肉を徹《てっ》し、骨《ほね》を削《けず》る。言語《げんご》に絶《ぜっ》する苦痛《くつう》である。

ようやく地上に下《お》りると、恋人の姿はそこにはなく、樹上《じゅじょう》からまた身悶《みもだ》えしながら彼をよぶ。愛欲《あいよく》の広海《こうかい》は果《は》てしなく、限《かぎ》りなく登《のぼ》り下《お》りをくり返し、苦しみつづける地獄《じごく》であると説《と》かれている。

別れては恋しく、会えば敵同士《かたきどうし》となって傷《きず》つけあう。満《み》たされなければ渇《かわ》き、満《み》たせば二倍の度《ど》を増《ま》して渇《かわ》く。愛欲《あいよく》の実態《じったい》をあらわして余《あま》すところがない。

⦿「昨晩、神サマが私の床に入ってこられたので、思わず頭をなぐったが、罰《ばち》が当たったらどうしよう」

本居宣長《もとおりのりなが》は晩年《ばんねん》、生《い》き神《がみ》サマと尊敬《そんけい》されたそうだが、使われていた女性が書生《しょせい》に、「家《うち》の先生は、本当に神サマですか」と真剣《しんけん》な面持《おもも》ちでたずねるので、「みんなが言っているのだから、間違《まちが》いないよ」と答えると、とたんに泣きだした。驚《おどろ》いて理由をたずねると、「昨晩《さくばん》、神サマが私の床《とこ》に入《はい》ってこられたので、思わず頭をなぐったが、

子供叱るな
来た道じゃ
年寄り笑うな
行く道じゃ

罰《ばち》が当たったらどうしよう」と言ったという話を読んで、身の縮《ちぢ》まる思いがした。

「理性《りせい》」と聞けば、近代哲学《きんだいてつがく》の父・デカルトが思い浮かぶが、彼もお手伝いの女性に子供を産《う》ませ、未婚《みこん》の母にしている。

泳《およ》ぎ切《き》れない愛欲《あいよく》の広海《こうかい》に溺《おぼ》れているのは、私たちの実相《じっそう》ではなかろうか。

無明煩悩《むみょうぼんのう》しげくして
塵数《じんじゅ》のごとく遍満《へんまん》す
愛憎違順《あいぞういじゅん》することは
高峯岳山《こうぶがくさん》にことならず
（『正像末和讃《しょうぞうまつわさん》』）

（ここで「無明《むみょう》」といわれているのは、阿弥陀仏《あみだぶつ》の救《すく》いに遇《あ》ったときに、なくなる無《む》明《みょう》の闇《やみ》ではなく、欲《よく》や怒《いか》りの煩悩《ぼんのう》のことである）

「体一杯《いっぱい》、欲《よく》や怒《いか》りの毒炎《どくえん》を吹《ふ》いている親鸞。自分にしたがう者は愛して近づけるが、反する者は憎《にく》んで遠ざける。そんな心は高く大きく、高峯岳山《こうぶがくさん》と変わらない」

煩悩《ぼんのう》の強さ、罪障《ざいしょう》の重さを見きわめた深刻《しんこく》な自覚《じかく》であり、懺悔《ざんげ》である。愛欲《あいよく》の広海《こうかい》に沈没《ちんぼつ》しているのは、聖人だけではなかろう。

⒂「邪魔者は消せ」心底にうごめく〝名利《みょうり》の冷血獣《れいけつじゅう》〟

◉若さと美貌《びぼう》に命をかける、
美容整形に大金を投じる女性は、
無人島にいたら、どんなに気楽なことだろうに

悲《かな》しきかな、愚禿鸞《ぐとくらん》、愛欲《あいよく》の広海《こうかい》に沈没《ちんもつ》し、名利《みょうり》の大山《たいせん》に迷惑《めいわく》して
（『教行信証《きょうぎょうしんしょう》』）

「愛欲《あいよく》の広海《こうかい》」につづき、「名利《みょうり》の大山《たいせん》」に迷《まよ》うとは、どんなことであろうか。

「名《みょう》」とは名誉欲《めいよよく》のこと。よく思われたい、有能《ゆうのう》だ、カッコいい、かわいい、綺麗《きれい》な人だとほめられたい。嫌《きら》われたくない、悪口言われるとおもしろくない心だ。

「利《り》」は利益欲《りえきよく》で、一円でもたくさんお金や物が欲《ほ》しい心である。

「大きな山ほどの名利《みょうり》の欲望《よくぼう》に、朝から晩までふりまわされて、感謝《かんしゃ》もなければ懺悔《ざんげ》もない。なんと情《なさ》けない親鸞だなぁ」

まことに痛烈《つうれつ》な懺悔《ざんげ》である。

人間《にんげん》を根本的《こんぽんてき》に動かしているのは、「優越《ゆうえつ》を求める心」だとアドラー（個人心理学の祖《そ》）は言う。生まれつき、優《まさ》った人間《にんげん》になりたいと思っている。周囲《しゅうい》も、他人に勝つとほめるが、負けると見くだす。生存競争《せいぞんきょうそう》の激《はげ》しい今日《こんにち》は、学歴競争《がくれききょうそう》、出世競争《しゅっせきょうそう》はエスカレートするばかり。「お受験《じゅけん》」ブームで、勝ち負けの世界は幼稚園《ようちえん》にまで入《はい》り込《こ》むようになった。

なんとか上に立って威張《いば》りたい、見おろされたくないと汲々《きゅうきゅう》とする。財力《ざいりょく》を誇《ほこ》り、知力《ちりょく》、腕力《わんりょく》を見せつける。自分に優《すぐ》れたものがなければ、お国自慢《じまん》や子供自慢《じまん》まで始める。前科《ぜんか》の回数ですら刑務所内《けいむしょない》では優越意識《ゆうえついしき》の材料になるという。

いかに名誉欲《めいよよく》に迷惑《めいわく》しているか。少し古いがテレビが普及《ふきゅう》し始めたころ。ある団地《だんち》で、アンテナが立っていたので、集金《しゅうきん》に行ってみるとテレビがない。事情を聞くと、〝隣近所《となりきんじょ》はみな持っているが、家《うち》では買えない。擬装《ぎそう》せずにおれなかった〟と打ちあけたという。見下《みさ》げられたくない苦労である。

女性は、若さと美貌《びぼう》に命をかける。綺麗《きれい》になるためになら、危険《きけん》を冒《おか》し苦痛《くつう》にも耐《た》える。美容整形《びようせいけい》に大金《たいきん》を投《とう》じても、少しも惜《お》しくはないようだ。無人島《むじんとう》にいたらどんなに気楽なことだろうに。

宮本武蔵《みやもとむさし》の父・無二斎《むにさい》は、武蔵《むさし》の技量《ぎりょう》をねたんで、つけねらったといわれるが、名誉欲《めいよよく》は、親子の間《あいだ》でも火花《ひばな》を散《ち》らす。友人、師弟《してい》ならばなおさらだろう。

学校でのいじめは、優《まさ》るをねたむ心からおこっているケースも多い。成績《せいせき》のよい子、かわいい子が、「ムカツク」ターゲットにされるという。

高校時代、英語の得意《とくい》な親友《しんゆう》がいて、文系《ぶんけい》の彼に、理系《りけい》の私はどうしても勝てない。それが一回だけあったのだ。彼が急性肺炎《きゅうせいはいえん》でテストを受けられなかったときである。

普段《ふだん》は笑いながらワイワイやっていた仲なのに、彼の病気をよろこぶとは、思い出すと心が痛《いた》む。友人の名声《めいせい》をねたみ、親友《しんゆう》を裏切《うらぎ》って平気な心。それでいて信頼《しんらい》されたい一杯《いっぱい》。どこどこまでも図々《ずうずう》しい。

ノーベル文学賞に輝《かがや》いたB・ラッセルが数学を教えていたとき、後《のち》にハイデガーと並んで二十世紀最大《さいだい》の哲学者《てつがくしゃ》とよばれる、ウィトゲンシュタインが受講《じゅこう》をはじめた。それからわずか一、二年のうちにラッセルは、彼から鋭《するど》い批判《ひはん》を浴《あ》びせられるようになった。教え子からの屈辱《くつじょく》は、よほど耐《た》えがたかったのだろう。ラッセルはそれから、ウィトゲンシュタインを口汚《くちぎたな》くののしり、著作《ちょさく》の一部から彼の名前を削除《さくじょ》したと言われる。

ライバルは、自己《じこ》をみがいてくれる恩人《おんじん》なのに、憎《にく》んで傷《きず》つけ、引きずりおろそうとするのも、名誉欲《めいよよく》の仕業《しわざ》だろう。

◉「ウソくらべ　死にたがる婆　とめる嫁」

遺伝子《いでんし》の構造《こうぞう》を解明《かいめい》して、ノーベル賞を受けたワトソンは、その著《ちょ》『二重《にじゅう》らせん』で、周囲をあざむき情報《じょうほう》を盗《ぬす》み見《み》たり、ライバルには成果《せいか》を隠《かく》したりした狡猾《こうかつ》な手段《しゅだん》を、生々《なまなま》しく自白《じはく》した。「鳴《な》かず飛《と》ばずの大学教授《だいがくきょうじゅ》で終わるより、有名になった自分を想像《そうぞう》したほうが、楽しいに決まっている」と語《かた》るワトソンは、決《けっ》して自分の言動は風変《ふうが》わりなものではないだろう、と書いている。近代科学の創始者《そうししゃ》ニュートンは「微《び》分積分学《ぶんせきぶんがく》」発見《はっけん》の功名争《こうみょうあらそ》いで、ライプニッツと長期間《ちょうきかん》、醜《みにく》い暗闘《あんとう》にしのぎを削《けず》った。清潔《せいけつ》なイメージの科学の世界でも、名誉欲《めいよよく》が渦巻《うずま》いている。

この大山《たいせん》に押《お》しつぶされて、無残《むざん》に果《は》てる人がいかに多いか。二十世紀最後の十一月。別の遺跡《いせき》から出た石器《せっき》を自分で埋《う》めて、「六十万年前の石器発見《せっきはっけん》」と事実を捏造《ねつぞう》していた遺跡調査団長《いせきちょうさだんちょう》が発覚《はっかく》。十年来《じゅうねんらい》の考古学研究《こうこがくけんきゅう》がゆらいでいるというのだ。次々と「日本最古」をぬりかえる成果《せいか》を発表《はっぴょう》、「神の手」などと呼《よ》ばれて脚光《きゃっこう》を浴《あ》びていた人物だったという。

かっこよく最期《さいご》を飾《かざ》ろうとする死の美学《びがく》といわれるものも、名誉欲《めいよよく》の演出《えんしゅつ》にほかならない。

かりそめのやすらぎを守るために、どれだけ自分をあざむき、他人をだまし通していることか。他人のことは、ほめているようでバカにし、自分のことは、卑下《ひげ》しているようで上げている。

「ウソくらべ　死《し》にたがる婆《ばば》　とめる嫁《よめ》」といわれるように、よく見られるためには平然《へいぜん》とウソを言い、言葉を飾《かざ》り善人《ぜんにん》をよそおう。姑《しゅうとめ》には、サラサラ死ぬ気はないのだが、嫁《よめ》の態度《たいど》が気に入らないので、おどすつもりで「死にたい」と言う。嫁《よめ》も嫁《よめ》でしたたかだ。〝いい加減《かげん》に……〟と心で殺しておきながら、孝行嫁《こうこうよめ》を演《えん》じてみせる。「お母さんはこの家の柱《はしら》です。いつまでも元気でいてくださらないと困《こま》ります」ともに真《ま》っ赤《か》なウソなのだが、さて、どちらが本当らしく聞こえるか、と皮肉《ひにく》ったものだろう。

> 心《こころ》と口《くち》とは、おのおの異《こと》なり、言《い》っていることと、念《おも》っていることに、まことがない
>
> （『大無量寿経《だいむりょうじゅきょう》』）

人間《にんげん》のうそ偽《いつわ》りの虚仮不実《こけふじつ》を、すっぱ抜《ぬ》かれた釈尊《しゃくそん》の言葉である。
つまらぬ人のつまらぬ讃辞《さんじ》にも舞《ま》い上《あ》がるが、子供にバカにされても気《き》が沈《しず》む。名《めい》誉欲《よよく》の奴隷《どれい》の悲しさを、つくづく思い知らされる。

◉ 黄金の雨がふっても満足できない

大会社《だいがいしゃ》の部長を務《つと》める長男と、同居する八十すぎの男性がいる。近ごろ体調《たいちょう》をこわし精密検査《せいみつけんさ》の結果《けっか》、肝臓《かんぞう》ガンと診断《しんだん》された。どうせ長い命はなかろうと、手術《しゅじゅつ》を勧《すす》め入院させた長男は、同時に死亡通知先《しぼうつうちさき》の名簿《めいぼ》をととのえる。息子《むすこ》が息子《むすこ》なら嫁《よめ》も嫁《よめ》、義父《ぎふ》の定期預金《ていきよきん》を無断解約《むだんかいやく》し、入院手術《にゅういんしゅじゅつ》の経費《けいひ》にあてる始末《しまつ》。ところが術後《じゅつご》の経過《けいか》は良好《りょうこう》で無事退院《ぶじたいいん》。息子《むすこ》も嫁《よめ》も〝案外《あんがい》じゃったのう〟のガッカリ顔には、微塵《みじん》の罪悪感《ざいあくかん》も見当《みあ》たらない。親よりもお金が大事な、利益欲《りえきよく》の非情《ひじょう》さであろう。

まことに死《し》せんときは、かねてたのみおきつる妻子《さいし》も財宝《ざいほう》も、わが身《み》には一《ひと》つも、相添《あいそ》うことあるべからず。されば、死出《しで》の山路《やまじ》の末《すえ》・三途《さんず》の大河《たいが》をば、ただ一人《ひとり》こそ行《ゆ》きなんずれ（『御文章《ごぶんしょう》』）

「かねてから頼《たよ》りにし、力にしている妻子《さいし》や財宝《ざいほう》も、死んでゆくときには、何ひとつ頼《たよ》りにならぬ。みんな剝《は》ぎ取《と》られて、一人でこの世を去らねばならない」

長く生きても百年足《た》らず、死んでゆくときは何も持ってゆけない。蓮如上人《れんにょしょうにん》の教訓《きょうくん》に、反論《はんろん》の余地《よち》はさらさらないのだが、ほしい、ほしい、もっと欲《ほ》しいの利益欲《りえきよく》からは離《はな》れ切《き》れない。黄金《おうごん》の雨がふっても満足《まんぞく》できぬ強欲《ごうよく》だけが、よく見える。

「不幸のほとんどは、金でかたづけられる」と言ってのけた菊池寛《きくちかん》（近代の作家）の信者は、昔も今も多数をしめる。金のためならなんでもする、金色夜叉《こんじきやしゃ》の百鬼夜行《ひゃっきやこう》だ。

平成十二年七月、奈良市の四十三歳の看護婦《かんごふ》が、腹《はら》を痛《いた》めた十五歳の長女に毒茶《どくちゃ》を飲ませ、殺害《さつがい》しようとした疑《うたが》いで逮捕《たいほ》された。長女には三千万円の保険金《ほけんきん》がかけられていた。この白衣《はくい》の母親は、三年前にも、当時十五歳の長男と九歳の次女を同じ手口で殺し、二千万円の保険金《ほけんきん》を受け取っていた容疑《ようぎ》もかけられているという。

ノミはノミの糞《ふん》をし、象は象の糞《ふん》をする。どれだけの高位高官《こういこうかん》、大臣《だいじん》、総理経験者《そうりけいけんしゃ》までが、ワイロで獄舎《ごくしゃ》につながれ、恥辱《ちじょく》の一生で終わったことか。営々《えいえい》と築《きず》き上《あ》げてきたものが、利益欲《りえきよく》の大山《たいせん》に押《お》しつぶされ、悲嘆《ひたん》に暮《く》れる人がなんと多いことだろう。己《おのれ》を映《うつ》す鏡《かがみ》に、事欠《ことか》かない。

他人の利害《りがい》にはブタのように鈍感《どんかん》だが、自分に損得《そんとく》がからんでくると、とたんに全《ぜん》神経《しんけい》を逆立《さかだ》たせる。己《おのれ》の欲《よく》をさまたげる者は肉親《にくしん》であれ恩人《おんじん》であれ、恥《はじ》も外聞《がいぶん》もなく押《お》し倒《たお》し突《つ》き殺《ころ》す、無慈悲《むじひ》な魔《ま》の手《て》はのびてゆく。

こんな教訓的《きょうくんてき》な話がある。

三人の泥棒《どろぼう》が大金《たいきん》を盗《ぬす》んで山頂《さんちょう》まで逃《に》げる。山分《やまわ》けしようとしたとき、一人が欲《よく》をおこす。

「腹《はら》ごしらえしてからにしようじゃないか。オレは食べ物をさがしてくるからな」

と町へ出かけた。空腹《くうふく》にあえいでいた二人に異論《いろん》はない。町へ行って満腹《まんぷく》した泥棒《どろぼう》は、残りのまんじゅうに毒薬《どくやく》を注入《ちゅうにゅう》。我欲《がよく》のためには仲間も殺す魂胆《こんたん》だ。

山に残った二人も悪《わる》相談ができていた。

「アイツをかたづけて、二分《にぶん》しよう」

町から帰った泥棒《どろぼう》は、

「オレは、食べてきたよ」

と毒《どく》まんじゅうをそこに置《お》き、崖《がけ》の上から気持ちよさそうに放尿《ほうにょう》しはじめた。チャンスとばかりに二人の泥棒《どろぼう》は、足音しのばせ近づき谷底《たにぞこ》へと突《つ》き落《お》とす。

「これで安心、食べてから分《わ》けよう」

二人は枕《まくら》を並べてあの世ゆきだ。山頂《さんちょう》に残ったのは盗《ぬす》んだ大金《たいきん》だけだったという。

「おちてゆく　奈落《ならく》の底《そこ》を　のぞき見《み》ん　いかほど深《ふか》き　欲《よく》の穴《あな》ぞと」

名声《めいせい》がほしい、財宝《ざいほう》がほしい、あれもこれも、もっともっと……。きりのない名誉《めいよ》と利益《りえき》を求めて苦しみ、すべてを置《お》いてこの世を去る。人間《にんげん》の愚《おろ》かな末路《まつろ》を象徴《しょうちょう》する話のように思われる。

◉九死に一生を得た兵士は　こう告白した。「肉体は助かったが、オレの魂《たましい》は永遠に救われない」と

猿《さる》まわしの猿《さる》が、エイヤエイヤのかけ声につれて、なかなか上手《じょうず》に芝居《しばい》する。感動した観客《かんきゃく》が、思わず知らずミカンを投げた。ところが大変サルたちは、教《おし》え込《こ》まれたことなど吹《ふ》きとんで、われ先にミカンに殺到《さっとう》。取《と》り合《あ》い噛《か》み合《あ》い、芝居《しばい》が台無《だいな》しになったという。

名誉欲《めいよよく》も利益欲《りえきよく》も「自分さえよければ」の利己心《りこしん》である。

名聞利養《みょうもんりよう》のミカンが投《な》げ込《こ》まれると、〝知《し》った、覚《おぼ》えた、分《わ》かった〟の倫理《りんり》も教養《きょうよう》も吹《ふ》きとんで、むき出《だ》しになるのは本性《ほんしょう》だ。合点《がってん》のコップの水ぐらいでは、名利《みょうり》の猛《もう》火《か》は消されない。

太平洋戦争末期《たいへいようせんそうまっき》、護衛《ごえい》なき航海《こうかい》を余儀《よぎ》なくされた日本の輸送船《ゆそうせん》が、魚雷攻撃《ぎょらいこうげき》で撃沈《げきちん》された時《とき》それはおきたという。大海に放《ほう》り出《だ》された何千もの兵士たちが、わずかの救《きゅう》

命《めい》ボートめがけて殺到《さっとう》する。ボートはもう限界《げんかい》だった。一人でも収容《しゅうよう》すれば沈没《ちんぼつ》する。だが救助《きゅうじょ》を求める必死《ひっし》の手が、まわり中《じゅう》にかかってくる。その手をボートの兵士たちが、銃剣《じゅうけん》かざし片《かた》っ端《ぱし》から斬《き》り落《お》とす。手首《てくび》を斬《き》られた兵士たちは、かつての戦友《せんゆう》をにらみつけ、鮮血《せんけつ》の海に消えたという。

「肉体は助かったが、オレの魂《たましい》は永遠《えいえん》に救《すく》われない」

九死《きゅうし》に一生《いっしょう》を得《え》て帰還《きかん》した、兵士の告白《こくはく》である。

芥川龍之介《あくたがわりゅうのすけ》の『蜘蛛《くも》の糸《いと》』の小説《しょうせつ》は、我利《がり》我利《がり》亡者《もうじゃ》の本性《ほんしょう》を、まざまざと浮《う》き彫《ぼ》りにする。

「他人《ひと》はどうなってもよい、わが身さえ助かれば、、というカンダタの無慈悲《むじひ》な心が、またしても地獄《じごく》へ堕《お》としたか、助ける縁《えん》のない奴《やつ》よ……」

釈尊《しゃくそん》の、深《ふか》いため息《いき》が伝わってくるようだ。

助ける縁《えん》のない奴《やつ》とサジを投げられたのは、カンダタだけのことではなかろう。カンダタは確実《かくじつ》に、私たちの心の奥《おく》に棲《す》みついている。

(16) ゾッとする巨悪の本性

◉船上の魚がピチピチはねるのも、首を絞《し》められる鶏《にわとり》がバタバタもがくのも、死が苦しみであるから

ダーウィンの進化論《しんかろん》や、スペンサーの適者生存《てきしゃせいぞん》の法則《ほうそく》を知らずとも、弱肉強食《じゃくにくきょうしょく》は明《あき》らかな現実《げんじつ》である。

「生物の命をうばって、はじめて生きられる。生命《せいめい》の持続《じぞく》は、ただ生命《せいめい》によるしかな

い。大胆《だいたん》に殺生《せっしょう》できるときだけ生活は強く光るのだ。ものを慰《なぐさ》めるのは衰残《すいざん》の老人の心であり、哀憐《あいれん》の情《じょう》がおこるようでは、真《しん》の生活からしりぞいているのだ」と言う人も知っている。だが、こんな主張《しゅちょう》を認《みと》めるならば、暴君政治《ぼうくんせいじ》や恐怖時代《きょうふじだい》を容《よう》認《にん》せねばならないことになる。

私たちは動物を食べるのを当たり前だと思っているが、彼らは決《けっ》して人間《にんげん》のための生命《せいめい》とも、当然《とうぜん》の犠牲《ぎせい》とも考えてはいないだろう。どんな生物でも死が苦しみであることは私たちと変わるまい。船上の魚がピチピチはねるのも、首を絞《し》められる鶏《にわとり》がバタバタもがくのも、苦しいからにちがいない。それを、「生きるためには仕方《しかた》がない」と、人間《にんげん》の生命《せいめい》だけを貴《とうと》しとするのは、あまりにも身勝手《みがって》というものではなかろうか。人間《にんげん》とはなんと残酷《ざんこく》なものかと、強く呪《のろ》って死んでいるだろう。私たちが、冤罪《えんざい》で殺される恨《うら》みとなんら変わりはなかろう。

平成十二年四月、耳なれない言葉がラジオから聞こえてきた。二人の女性を拉致《らち》して「焼き殺した」犯人が逮捕《たいほ》されたという。「焼き殺した？　死体を焼いて隠《かく》そうとしたのだろう」と思ってよく聞くと、生きたままガソリンをぶっかけて、文字どおり

「焼き殺した」というのだ。なんとむごい、そんな人間《にんげん》がいるのかと思ったが、一瞬《いっしゅん》ハッとさせられた。同じことをやっているのではないか、と思ったからである。焼肉《やきにく》に舌鼓《したつづみ》を打っている自分を忘れていたようだ。

アメリカでは一日十万頭あまりの牛が殺されているという。デンバー市の食肉加工《しょくにくかこう》会社を見学した人の話を聞いたことがある。何百頭もの牛が、狭《せま》いコンクリート壁《へき》の通路《つうろ》に追《お》い込《こ》まれてゆく。行きどまりで牛の頭に機械《きかい》が載《の》せられ、ボタンが押《お》される。たいていは一撃《いちげき》で倒《たお》された。必死《ひっし》に逃《のが》れようとするものもいたが、後続《こうぞく》の牛に阻《はば》まれて最後は仕留《しと》められていったという。

私たちの食欲《しょくよく》を満《み》たすのに、こんな作業《さぎょう》が日々、くり返されているのだ。牛ばかりではない。どれだけの生き物の命をうばってきたことか。

◉亀を助けた浦島太郎は、肩に魚釣竿をかついでいた。それは、何千何万の殺生《せっしょう》を平気でやっていたということだ

お伽噺《とぎばなし》の浦島太郎《うらしまたろう》は、日本では有名である。

漁師《りょうし》であった彼が浜へ行くと、亀《かめ》が子供たちに虐待《ぎゃくたい》されている。再三再四《さいさんさいし》、動物愛護《どうぶつあいご》を説《と》くが、通じない。そこで彼は亀《かめ》を買い取り、沖の方へと放《はな》してやる。後日《ごじつ》、舟《ふね》を浮かべて漁《りょう》をしているところへ助けた亀《かめ》があらわれて、龍宮城《りゅうぐうじょう》の乙姫《おとひめ》さまに紹介《しょうかい》され、山海《さんかい》の珍味《ちんみ》でもてなされ、思わぬ楽しみを味わったという話である。

子供のころ浦島太郎《うらしまたろう》のような、やさしい人になるようにと、教えられ育《そだ》ったものだ。だが、幼《おさな》かったのだろう、彼の肩《かた》にかつがれていた魚釣竿《うおつりざお》には気づかなかった。釣竿《つりざお》は今からも、多くの魚の生命《いのち》をうばう道具にちがいない。話の中では、亀《かめ》も魚も同じに扱《あつか》われているのだから、まこと浦島太郎《うらしまたろう》が生き物愛護《あいご》の善人《ぜんにん》ならば、まずその竿《さお》を

折《お》っていなければならないことになる。一方で何千何万の殺生《せっしょう》を平気でやりながら、たまたま一つの生命《いのち》を助けたからといって、いかにも慈悲深《じひぶか》い善人《ぜんにん》に見せかけるのは、あまりにも見《み》え透《す》いた偽善《ぎぜん》といわなければならないであろう。

しかし、魚釣竿《うおつりざお》には彼の生活がかかっている。それを折《お》ることは、自殺《じさつ》を意味する。ここに、善人《ぜんにん》たらんとする浦島太郎《うらしまたろう》の限界《げんかい》を見るようだ。一つの生命《いのち》を助けることはできても、幾万《いくまん》の生命《いのち》をうばわずしては生きてゆけない、人間《にんげん》・浦島太郎《うらしまたろう》のギリギリの姿が浮かび上がってくる。それはまた、私たちの実相《じっそう》ではなかろうか。

敗戦《はいせん》が迫《せま》る南太平洋戦線《みなみたいへいようせんせん》では、「オイ喰《く》われるなよ」が戦友《せんゆう》を見送る言葉だったという。餓死寸前《がしすんぜん》に追《お》い込《こ》まれた日本軍は、同僚相食《どうりょうあいは》む鬼畜《きちく》と変わったのである。はじめは、病死体《びょうしたい》や戦死体《せんしたい》の大腿部《だいたいぶ》の肉をはぎ取る程度《ていど》だったが、ついには生きている戦《せん》友《ゆう》を殺して食べるようになったといわれる。若くて脂肪太《しぼうぶと》りの者がとくにねらわれた。丸太《まるた》に縛《しば》りつけ十五、六人が車座《くるまざ》になって、焼けたところから食べたというのである。

聞けば背筋《せすじ》の凍《こお》る思いがするが、同じ立場にいたらどうだろう。はたして彼らを責《せ》め得《う》るか。自己《じこ》に厳《きび》しく問いたださずにおれない。

有名人のスキャンダルや、かつてない犯罪《はんざい》がおきると、テレビのワイドショーもマスコミも特集を組み、〝考えられないこと〟〝人間《にんげん》のやることか〟と大合唱《だいがっしょう》の非難《ひなん》となる。被害者《ひがいしゃ》の心情《しんじょう》に立ってのことだろうが、そんな可能性《かのうせい》ゼロの無謬人間《むびゅうにんげん》が存在《そんざい》するのだろうか、と危《あや》うく思われる。心理学者ユングは、「疑《うたが》いもなく、つねに人間《にんげん》の中に棲《す》んでいる悪は、量《はか》りしれない巨魁《きょかい》なのだ」と言っている（『現在と未来』）。

さるべき業縁《ごうえん》の催《もよお》せば、如何《いか》なる振舞《ふるまい》もすべし　（『歎異抄《たんにしょう》』）

「あのようなことだけは絶対しないと、言い切れない親鸞である」

聖人の告白《こくはく》通り、いかなる振《ふ》る舞《ま》いもする、巨悪《きょあく》をひそませる潜在的残虐者《せんざいてきざんぎゃくしゃ》が、私といえよう。

◉火事場に向かう途中、鎮火《ちんか》したと聞くとガッカリする

「欲《よく》」がさまたげられて出てくるのが怒《いか》りである。とくに他人の前で叱責《しっせき》されると、「恥《はじ》かかされた」と一生忘れない。名誉欲《めいよよく》が大山《たいせん》である証《あか》しでもあろう。

「怒《いか》」という字は、心の上に奴《やつ》と書く。あいつがいるから、こいつさえいなければと、問答無用《もんどうむよう》で邪魔者《じゃまもの》は消せ、である。真《ま》っ赤《か》になるから火のようで、みずからの教養《きょうよう》も学問《がくもん》も火中《かちゅう》に投げて、あたりかまわず焼《や》き払《はら》う。怒《いか》りで五万三千石《ごく》をフイにしたのは、浅野内匠頭《あさのたくみのかみ》だけではなかろう。ふられた相手に腹《はら》を立《た》て、ストーカー行為《こうい》のあげくが殺人、一生棒《いっしょうぼう》にふる悲劇《ひげき》はあとを絶《た》たない。

怒《いか》りは、弱い者には八《や》つ当《あ》たりとなり、強い相手には憎悪《ぞうお》となる。

「近《ちか》ごろは悪《あ》しくなりにけり　隣《となり》に倉《くら》が建《た》ちしよりのち」

といわれる。こちらは不幸つづきで、イライラしているのに、隣《となり》に家や蔵《くら》が建つと腹《はら》

が立《た》つ。隣《となり》の不幸をいのる心さえ出てくる始末《しまつ》。とても仲良くは、なれそうにない。好きな人がほかの異性《いせい》と、親《した》しそうに話をしているだけでもおもしろくない。ねたみそねみのいやらしさ、恐《おそ》ろしさは、見ただけでもゾッとするから、ヘビやサソリのような心だと聖人は、嘆《なげ》かれる。

毒舌家《どくぜつか》A・ビアスは、「幸福とは、他人の不幸を見てよろこぶ快感《かいかん》」と『悪魔《あくま》の辞典《じてん》』に書いている。にわか雨にあって、こまっているのを見てよろこんでいる。犬にほえられ、うろたえている人を笑っている。着飾《きかざ》った女性が車の泥《どろ》はねで、泣き出しそうなのを楽しんでいる。火事場《かじば》に向かう途中《とちゅう》で、鎮火《ちんか》したと聞くとガッカリする。「旅先《たびさき》の火事《かじ》は、大きいほどおもしろい」不謹慎《ふきんしん》であってはならないと思う下から、対岸《たいがん》の火事《かじ》を楽しんでも、悲しむ心がおきてはこない。大きな事件や残虐性《ざんぎゃくせい》が強いほど、視聴率《しちょうりつ》は上がり週刊誌《しゅうかんし》が売れるのは、何を物語《ものがた》っているのだろうか。

出世《しゅっせ》したとか、結婚《けっこん》したとか、新築《しんちく》など、他人の幸せはみんなしゃくのタネ。失敗したとか、離婚《りこん》したとか、災難《さいなん》など、他人の不幸を聞くと心の中はニヤリとする。思っていることを洗いざらい、さらけ出したらどうだろう。悪魔《あくま》と叫《さけ》んで、みんな逃《に》げ出《だ》すにちがいない。

しかれば、善人《ぜんにん》にもあらず、賢人《けんじん》にもあらず、精進《しょうじん》の心《こころ》もなし。懈怠《けたい》の心《こころ》のみにして、内《うち》は空《むな》しく、いつわり、へつらう心《こころ》のみ常《つね》にして、まことなる心《こころ》、なき身《み》と知《し》るべし
（『唯信鈔文意《ゆいしんしょうもんい》』）

「このような親鸞だから、善人《ぜんにん》でもなければ賢人《けんじん》でもない。怠《なま》けたい心一杯《いっぱい》で、立派《りっぱ》になろうと努力もしない。心は空虚《くうきょ》でウソ偽《いつわ》りの名人で、つねに他人の評価《ひょうか》ばかりを気にしている。まことのないことだけが知らされる」

親鸞のマコトは、マコトのないのがマコト。悲痛《ひつう》な叫《さけ》びが胸《むね》を打つ。

⒄ 善いことをすると腹が立つ

◉ わずかなクッキーを隣家《りんか》にプレゼントしても、「ありがとう」の一言がなかったらおもしろくない

悪性《あくしょう》さらにやめがたし
心《こころ》は蛇蝎《じゃかつ》のごとくなり
修善《しゅぜん》も雑毒《ぞうどく》なるゆえに

虚仮《こけ》の行《ぎょう》とぞなづけたる

（『悲歎述懐和讃《ひたんじゅっかいわさん》』）

「なんとしたことか。ヘビや、サソリのような心は、少しもやまない。こんな心に汚《お》染《せん》されている行《ぎょう》だから、雑毒《ぞうどく》の善《ぜん》といわれて当然《とうぜん》だ」

聖人が、「毒の雑《どくのま》じった善《ぜん》」と言われるのは、どんなことであろうか。

わずかなクッキーを隣家《りんか》にプレゼントしても、「ありがとう」の一言《ひとこと》がなかったらおもしろくない。「持ってゆかねばよかった」とさえ思えてくる。「あァ、この間《あいだ》のクッキー、不出来《ふでき》だったでしょう?」と、後日《ごじつ》、みえみえの礼《れい》の催促《さいそく》をするありさまだ。

昔、厳冬《げんとう》に、橋の下でブルブルふるえる乞食《こじき》を見て、たまたま通った禅僧《ぜんそう》が、着衣《ちゃくい》をぬいで投げ与えた。それを着た乞食《こじき》は、ジロッと一目《ひとめ》見ただけで、なんの言葉も返ってこない。たまりかねた禅僧《ぜんそう》が、声をかける。

「どうだ、少しは暖《あたた》かくなったかな」

「着れば暖《あたた》かいに決まっている。わかり切ったことなぜ聞くか。与える身分《みぶん》をよろこべよ」

即座《そくざ》の返答《へんとう》に、見返《みかえ》りを待つ心を見すかされて、件《くだん》の僧《そう》は恥《は》じ入《い》ったという。

日本人なら誰《だれ》しも、「舌切《したき》りスズメ」の寓話《ぐうわ》を知っていよう。

爺《じい》さんは、かわいさ一心《いっしん》で探《さが》し求《もと》めたスズメだから、会えただけで満足《まんぞく》だった。ほかに思惑《おもわく》はなかったから、みやげに出されたツヅラも、躊躇《ちゅうちょ》なく軽いのを選んで持ち帰る。中は金銀財宝《きんぎんざいほう》で満《み》ちていた。

一方、〝私が養《やしな》ってやったのだ〟と出かけた婆《ばあ》さんは、宝物《たからもの》が目的であったから、出されたツヅラも重い方を選んで帰ってくる。中は恩着《おんき》せ心《ごころ》の醜《みにく》さが、化《ば》け物《もの》となっていたのである。

梁《りょう》の武帝《ぶてい》は中国史でも仏教信奉者《ぶっきょうしんぽうしゃ》で有名である。建立《こんりゅう》した寺院《じいん》や堂塔《どうとう》は数知れず、仏教宣布《ぶっきょうせんぷ》に果《は》たした功績《こうせき》は大きい。かの達磨大師《だるまだいし》が百二十歳の高齢《こうれい》で、印度《いんど》からやって来たときも、国賓《こくひん》としてみずから手厚《てあつ》く迎《むか》えている。

「天子《てんし》の位についてから、無数《むすう》の寺を建て堂塔《どうとう》を造築《ぞうちく》した。僧尼《そうに》をあつく保護《ほご》し、仏教発展《はってん》に尽《つ》くしたが、どれほどの功徳《くどく》があるものか」

武帝《ぶてい》は自信を持って、達磨《だるま》に聞いた。

「無功徳《むくどく》」

達磨《だるま》はそのとき大喝《だいかつ》する。

「何をもって、無功徳《むくどく》と言うか」

ムッとして問いただす武帝《ぶてい》に、

「これはこれ、雑毒《ぞうどく》の善《ぜん》、虚仮《こけ》の功徳《くどく》なるぞ」

キッパリと答えている。

人間《にんげん》の善行《ぜんこう》には、「オレは、こんなにやっている」と、手がら心《ごころ》で相手を見くだし、傲然《ごうぜん》とする、鼻持《はなも》ちならぬ臭気《しゅうき》が漂《ただよ》っているからであろう。

◉偽善者《ぎぜんしゃ》とは「人の為《ため》と言って　善をする者」
しかし、まわりの人のためだとわかっていても、
タバコすらやめられない

「他人のために役立ちたい」「社会に貢献《こうけん》したい」と思っている。だが、口で言うほどやさしいものではない。まわりの人のためだとわかっていても、タバコさえもやめられぬのが実態《じったい》ではなかろうか。

〝正直魚屋《しょうじきさかなや》さん〟の新聞記事が出た。拾《ひろ》った千円札を、商売道具《しょうばいどうぐ》を放《ほう》り出《だ》して警察《けいさつ》へ届《とど》け出《で》たというもの。それを読んだ近所の人が、「千円ぐらい、もらっておけばよかったのに……」と言うと、「千円ぐらいだったからこそ、届《とど》けたのさ」と笑ったという。確《たし》かに千円の新聞広告費《しんぶんこうこくひ》は高くはない。

「火事《かじ》じゃ」の声に驚《おどろ》いて、若夫婦が外へとび出した。「赤ん坊を忘れた」と気がついた母親が、炎《ほのお》に包《つつ》まれた家にとび込《こ》もうとすると、夫が妻の袖《そで》をつかんで言ったという。「あとから、いくらでも産《う》めるから……」

子供のためと言いながら、所詮《しょせん》は、自分のことしか考えていないことに驚《おどろ》く。

慈善家《じぜんか》が年末に、生活に困《こま》っている人たちに餅《もち》をついて贈《おく》っていた。最初の二、三年は、感謝状《かんしゃじょう》が寄《よ》せられた。それがつづくと、「今年も、そろそろ送ってくるころだ」「今年の餅《もち》は小さいなぁ」と不満の声まで聞こえてくる。施主《せしゅ》は怒《おこ》って打ち切ったという。

よいと思って努《つと》めているのに、相手が〝ほめもせず〟〝感謝《かんしゃ》もしない〟と、とたんに腹《はら》が立《た》つ。

「あんなにしてやったのに」「これだけしてやっているのに」「してやっている」の恩着《おんき》せ心《ごころ》の思惑《おもわく》がはずれると、二度とやるまいと決意する。そういえば、偽善者《ぎぜんしゃ》とは、「人の為《ため》と言って善をする者」と書いてあるのに感心《かんしん》する。

受けるよりも、与えるよろこびを知ってはいるが、「与えた」という意識《いしき》が離《はな》れ切《き》れない。千円与えた礼を聞けないよりも、一万円のときが不愉快《ふゆかい》だ。一万円よりも十万円、十万よりも百万ともなれば後悔《こうかい》どころではすまないだろう。

大善《だいぜん》ほど猛毒《もうどく》を含《ふく》む人間《にんげん》の善の実態《じったい》を、龍樹菩薩《りゅうじゅぼさつ》はこう道破《どうは》する。

「四十里《しじゅうり》四方《しほう》の池《いけ》に張《は》りつめた氷《こおり》の上《うえ》に、二升《にしょう》や三升《さんしょう》の熱湯《ねっとう》をかけても、翌日《よくじつ》そこは、ふくれ上《あ》がっている」（大智度論《だいちどろん》）

しかしここで、こんな誤解《ごかい》に答えておかねばならないだろう。

それでは冷淡《れいたん》な人間《にんげん》であってもよいのか。ものをあわれむ心は要《い》らないのか。善に向かう姿勢《しせい》を嫌《きら》うのか。放逸《ほういつ》に油を注《そそ》ぐことにはならないか。

もちろん、それは逆《ぎゃく》である。

逆境《ぎゃっきょう》の人をあわれみ悲しんで、ふと気がつくと〝慈悲深《じひぶか》い我《われ》〟と得意《とくい》になっている醜《みにく》さに驚《おどろ》くのは、心から善に向かった者だけだ。真《まこと》の善人《ぜんにん》になろうと努《つと》めるほど「悪《あく》性《しょう》さらにやめがたし」と悪性《あくしょう》の根《ね》の深《ふか》さを知り、「これではいけない」と反省《はんせい》し努力せずにおれなくなる。だがそれも、一時《いちじ》の小さな善を売りものにする、私利私欲《しりしよく》から出ている醜《みにく》さに、驚愕《きょうがく》せずにおれないのである。聖人が自己《じこ》のすべてを「雑毒虚仮《ぞうどくこけ》」（他人ダマシのうそっぱち）と嘆《なげ》かれたのは、無明《むみょう》の闇《やみ》が晴れて知らされた、真実《しんじつ》の自己《じこ》の姿である。

小慈小悲《しょうじしょうひ》もなき身《み》にて　有情利益《うじょうりやく》は思《おも》うまじ
（『悲歎述懐和讃《ひたんじゅっかいわさん》』）

「少しぐらいは、他人をあわれみ、悲しみ、助ける心があるように思っていたが、とんでもない錯覚《さっかく》だった。親鸞には、慈悲《じひ》のカケラもなかったのだ」

自己《じこ》の真実《しんじつ》に徹底《てってい》しなければ、わからない傷《いた》み嗟《なげ》きにちがいなかろう。

(18) 「地獄は一《いち》定《じょう》すみか」の自己との対面

◉どんな悪い者だと痛感している人でも、自分は百パーセント悪いとは思っていない

一切凡小《いっさいぼんしょう》、一切時《いっさいじ》のなかに、貪愛《とんあい》の心《しん》、つねによく善心《ぜんしん》を汚《けが》し、瞋憎《しんぞう》の心《しん》、つねによく法財《ほうざい》を焼《や》く。急作《きゅうさ》・急修《きゅうしゅう》して、頭燃《ずねん》をはらうがごとくすれども、すべて「雑毒《ぞうどく》・雑修《ざっしゅ》の善《ぜん》」となづけ、また「虚仮《こけ》・諂偽《てんぎ》の行《ぎょう》」となづく。

「真実《しんじつ》の業《ごう》」となづけざるなり

（『教行信証《きょうぎょうしんしょう》』）

「いつも己《おのれ》の損得《そんとく》ばかりを考えて、食べたい、飲みたい、遊びたい、楽がしたい、眠《ねむ》たい以外に心が動かない。色《いろ》を求め、名誉《めいよ》にあこがれ、金銭《きんせん》を追いかけ、限《かぎ》りなく欲《よく》望《ぼう》はひろがってゆく。〝こんなバカな私〟と言いながら〝バカだ〟と言われると腹《はら》が立《た》つ。バカだとは少しも思っていない。考えることも言うことも自分の都合中心《つごうちゅうしん》で、己《おのれ》を買《か》いかぶり、ほめられたい心よりほかにない。すべて人間《にんげん》の善は、こんな汚《きたな》い欲《よく》と恐《おそ》ろしい怒《いか》りと、醜《みにく》いねたみに、つねに染《そ》まり切《き》っているから、頭の火をもみ消すように努力しても、まことの善は一つもない。みな偽善《ぎぜん》であり、うそっぱちである」

私たちの微塵《みじん》の悪も見逃《みのが》さず、こうキッパリ斬《き》り落《お》とされている。

しかし、どんな情《なさ》けない存在《そんざい》だと痛感《つうかん》している人でも、百パーセント悪いとは思っていないだろう。反省《はんせい》もし、恥《は》じる心ぐらいは持っていると、どこかで自己《じこ》を認《みと》めているのではなかろうか。

親鸞聖人のファンだと言う、五木寛之《いつきひろゆき》氏の人間観《にんげんかん》を聞いてみよう。

人間《にんげん》というものは、それほど偉大《いだい》で、見事《みごと》な存在《そんざい》なのか。人間《にんげん》であることを恥《は》じるという、そういう感覚《かんかく》は恥《は》ずべきマイナス思考《しこう》にすぎないのだろうか。

私はそうは思わない。人間一般《にんげんいっぱん》のことは考えないでおこう。自分自身をかえりみて、なんという情《なさ》けない存在《そんざい》だろうとつくづく感じる。

自己《じこ》を守ることばかりを考え、他人を本当に愛する心をもたない。欲望《よくぼう》をコントロールできず、物に執着《しゅうじゃく》する気持ちばかりが強い。貧《まず》しさや、病気や、死を恐《おそ》れて生きている。新聞やテレビで報道《ほうどう》される外国での悲惨《ひさん》な出来事《できごと》、内戦《ないせん》や、飢餓《きが》や、貧困《ひんこん》にも束《つか》の間《ま》心を痛《いた》めるだけだ。意志《いし》が弱く、決めたこともすぐに投げだしてしまう。

（『人生の目的』）

自分に自己洞察《じこどうさつ》も反省《はんせい》もないとは、とても思えない。つぎに聖人の言葉を聞いてみよう。

◉レントゲンの前では、
美人も、醜女も、富める者も、貧しい者も、
老少男女の違いもなく、ただ見苦しい骨の連鎖《れんさ》ばかり

無慚無愧《むざんむぎ》のこの身《み》にて
まことの心《こころ》はなけれども
弥陀《みだ》の廻向《えこう》の御名《みな》なれば
功徳《くどく》は十方《じっぽう》にみちたもう
（『悲歎述懐和讃《ひたんじゅっかいわさん》』）

「無慚無愧《むざんむぎ》」とは、他人にも自分にも、恥《は》ずる心のないことをいう。
「他人から我欲《がよく》にまみれていると批判《ひはん》されれば腹《はら》が立《た》ち、自分自身も、ちっとも情《なさ》けない存在《そんざい》だとは思っていない親鸞だ」という告白《こくはく》である。

よろこばねばならぬ恩恵《おんけい》もよろこばず、感謝《かんしゃ》もなければ反省《はんせい》もない。「恥知《はじし》らずの恥《はじ》かかず」で、恥《はじ》を恥《はじ》とも知らず、悪を悪とも感ぜず、他人を見おろし、それがどうした、とのさばり歩いている。大地にひれ伏《ふ》して詫《わ》びても足《た》らぬのに、微塵《みじん》の懺悔《ざんげ》もおこらぬ鉄面皮《てつめんぴ》。親鸞の心は完全《かんぜん》に死んでいる。

どうしようもないこの、極悪最下《ごくあくさいげ》の自己《じこ》を見極《みきわ》めさせられた聖人には、

「いずれの行《ぎょう》も及《およ》び難《がた》き身《み》なれば、とても地獄《じごく》は一定《いちじょう》すみかぞかし」(『歎異抄《たんにしょう》』)

ドン底《ぞこ》の絶望《ぜつぼう》しかなかったのだ。

他人にも自分にも恥《は》ずる心のない、百パーセント悪の自己《じこ》を知らされた「無慚無愧《むざんむぎ》」の自覚《じかく》ほど、徹底《てってい》した慚愧《ざんき》はない。無二《むに》の懺悔《ざんげ》といわれて当然《とうぜん》だろう。

夜、山の一軒屋《いっけんや》でローソクが、自分ほど明《あか》るいものはなかろうと自慢《じまん》しているところへ、ランプが来て同じように威張《いば》った。そこへまた電気がきて自惚《うぬぼ》れると、ローソクもランプも恐《おそ》れ入《い》って頭をさげる。やがて東天《とうてん》から太陽がのぼると、ローソクもランプも電気も光を映奪《えいだつ》されて、みな暗くなった。自慢話《じまんばなし》は絶《た》えたという。イタリアの童話《どうわ》である。

闇《やみ》に対すればローソクが明《あか》るいし、ランプはもっと明《あか》るい。ランプより電気が明《あか》るいのは事実であろう。

しかし太陽の前では〝みな暗い〟としか、言いようがない。

レントゲンの前では、美人も、醜女《しこめ》も、富《と》める者も、貧《まず》しい者も、老少男女《ろうしょうなんにょ》の違《ちが》いなく、ただ見苦《みぐる》しい骨《ほね》の連鎖《れんさ》ばかりであるように、無明《むみょう》の闇《やみ》が晴れると、すべてが永《と》久《わ》に救《すく》われぬ、無慚無愧《むざんむぎ》の極悪人《ごくあくにん》と知らされる。

これを「機《き》の深信《じんしん》」と説《と》かれている。

煩悩具足《ぼんのうぐそく》の衆生《しゅじょう》は、もとより真実《しんじつ》の心《しん》なし、清浄《しょうじょう》の心《しん》なし、濁悪邪見《じょくあくじゃけん》のゆえなり

（『尊号真像銘文《そんごうしんぞうめいもん》』）

「本来、人間《にんげん》には邪悪《じゃあく》の心しかなく、まことの心もなければ、清《きよ》らかな心も、まったくない」

地獄一定《じごくいちじょう》の門を通らねば、決《けっ》して知らされることのない、私たちの実相《じっそう》であろう。

⑲「悪人」とは人間の代名詞──「悪人正機《あくにんしょうき》」とは

◉「今年」が終われば、また「今年」
「今日」が終われば、また「今日」がはじまる

親鸞聖人といえば、〝悪人《あくにん》こそが救《すく》われる〟と説《と》いた人。「悪人正機《あくにんしょうき》」の言葉で知られている。そしてその「悪人《あくにん》」とは、〝この世でより多くの汗《あせ》と涙《なみだ》を流しながら生きる人間《にんげん》たち〟や〝さまざまな重荷《おもに》を背負《せお》いつつ、よろめきながら歩く人びと〟〝つらい思いをして生きている人たち〟のこと、と思われているようだ。

はたして聖人の「悪人《あくにん》」とは、そんな人たちだけのことであろうか。もう一度ここで、聖人の言葉を聞いてみよう。

自身《じしん》は、現《げん》に、これ罪悪生死《ざいあくしょうじ》の凡夫《ぼんぶ》、曠劫《こうごう》よりこのかた、つねに没《もっ》し、つねに流転《るてん》して、出離《しゅつり》の縁《えん》あることなし、と深信《じんしん》す
（機《き》の深信《じんしん》）

「現在《げんざい》、私は極悪最下《ごくあくさいげ》の者、果《は》てしない過去《かこ》から苦しみつづけ、未来永遠《みらいえいえん》、救《すく》われることのないことがハッキリした」

聖人の思想《しそう》の大事なところだから、煩瑣《はんさ》をいとわず文章の解説《かいせつ》をしておきたいと思う。

ここで言われる「自身《じしん》」は、過去《かこ》でもなければ未来《みらい》の自己《じこ》でもない。現在《げんざい》の自己《じこ》がハッキリしたとき、過去《かこ》も未来《みらい》も明《あき》らかになった、という告白《こくはく》である。

「自身《じしん》は、現《げん》に、これ罪悪生死《ざいあくしょうじ》の凡夫《ぼんぶ》」とは、〝現在《げんざい》の自分〟が罪悪生死《ざいあくしょうじ》の凡夫《ぼんぶ》と知らされた、ということだ。

そんな極悪最下《ごくあくさいげ》の自己《じこ》がハッキリしたとき、「曠劫《こうごう》よりこのかた、つねに没《もっ》し、つねに流転《るてん》して」きた過去《かこ》も、「出離《しゅつり》の縁《えん》あることなき」未来《みらい》も、同時に知らされた、と言われているのである。

「曠劫《こうごう》よりこのかた、つねに没《もっ》し、つねに流転《るてん》して」きたとは、はじめなき過去《かこ》から苦《くる》しみ続《つづ》けてきた、ということであり、

「出離《しゅつり》の縁《えん》あることなし」とは、金輪際《こんりんざい》、救《すく》われぬ「地獄《じごく》は一定《いちじょう》すみか」ということだ。

「過去世《かこせ》や、未来世《みらいせ》のことなんか分《わ》かるものかい」という声が聞こえてきそうだが、「自身《じしん》は現《げん》に」と言われる「現在《げんざい》」には、悠久《ゆうきゅう》の過去《かこ》と永遠《えいえん》の未来《みらい》が包含《ほうがん》されているから、現在《げんざい》を徹見《てっけん》すれば過去《かこ》も未来《みらい》もすべてがわかる、と聖人は説《と》かれる。現在《げんざい》は、まさに過去《かこ》と未来《みらい》を解《と》くカギなのである。

著名《ちょめい》な博士《はかせ》が禁酒運動《きんしゅうんどう》で、ある町へ遊説《ゆうぜい》した。三度の飯《めし》より酒大好き男が、こんなおいしいものを排斥《はいせき》するとは何ごとかと、息巻《いきま》いて会場へ乗《の》り込《こ》んだが、聞くほどに

知るほどに、納得《なっとく》せざるをえない説得《せっとく》に、翻然《ほんぜん》と改悛《かいしゅん》しキッパリ断酒《だんしゅ》を決意した。終《しゅう》了後《りょうご》すぐに博士《はかせ》をたずねて、一部始終《いちぶしじゅう》を打《う》ち明《あ》け、「ぜひ禁酒記念《きんしゅきねん》に、ご揮毫《きごう》を」と懇願《こんがん》する。

「なんと書こうか」「死ぬまで禁酒《きんしゅ》と、いかがでしょう」「死ぬまででは大変だろう。今日《きょう》一日で、どうかな」。花《はな》も実《み》もある博士《はかせ》の言葉に感激《かんげき》した男は、思わず身を乗り出して確認《かくにん》する。「今日《きょう》一日でいいんですか」「さよう。今日《きょう》一日でよいのだよ」

〝今日《きょう》一日禁酒《きんしゅ》〟の紙を部屋の壁《かべ》に張《は》りつけた男は、時計《とけい》とにらめっこしながら、明《あ》日《す》の来るのをひたすら待った。夜になり十二時が近づくと、一升《いっしょう》ビンをグイと引《ひ》き寄《よ》せ、ノドをグーグーうならせる。十二時の時計《とけい》を合図《あいず》に「さあ、のむぞ」と、酒を手にした男が壁《かべ》を見て、「あっ、今日《きょう》もまた禁酒《きんしゅ》か」と叫《さけ》んでがっくりする。

「今日《きょう》一日」とは、死ぬまでのことだったのか。「今日《きょう》」の真意《しんい》を知った男は死ぬまで酒を断《た》ったという。

「今年」が終われば、また「今年」である。「今日《きょう》」が終われば、また「今日《きょう》」だ。悠久《ゆうきゅう》の過去《かこ》といっても永遠《えいえん》の未来《みらい》といっても、今、今……と、「今」の連続である。

永遠《えいえん》の過去《かこ》も未来《みらい》も今におさまるから、古来《こらい》「永遠《えいえん》の今《いま》」ともいわれる。

◉吐いた息が吸えないときから後生《ごしょう》である。それは、一分後かもしれない

先に無明《むみょう》の闇《やみ》とは「後生暗《ごしょうくら》い心《こころ》」と書いた。死んだ後《あと》の後生《ごしょう》と聞くと、三十年も五十年も先のことのように思いがちだが、そうだろうか。今晩《こんばん》死ねば今晩《こんばん》から後生《ごしょう》である。いや一時間後、一分後かもしれない。

阪神大震災《はんしんだいしんさい》のときなどは、机《つくえ》で勉強していた姿勢《しせい》のままで亡《な》くなっていた受験生《じゅけんせい》もいた。今日《きょう》も全国各地で多くの人が、交通事故《こうつうじこ》などで命を落としている。死ぬなんて、ユメにも思っていなかった人たちばかりであろう。私たちは、いつ後生《ごしょう》へ突《つ》っ込《こ》んでゆくかもしれないのだ。

「出息入息《しゅっそくにゅうそく》　不待命終《ふたいみょうじゅう》」

〝出《で》る息《いき》は入《い》る息《いき》を待《ま》たず、命終《いのちお》わる〟と釈尊《しゃくそん》は説《と》かれている。

吐《は》いた息《いき》が吸《す》えないときから後生《ごしょう》がはじまる。吸《す》う息《いき》吐《は》く息《いき》が、死とふれあっていることが知らされる。たとえば十二月三十一日、午後十一時五十九分五十九秒では、一秒後に三十一日が一日に、十二月が一月に、今年が来年に変わるように、今生《こんじょう》が後《ご》生《しょう》に変わるのも一瞬《いっしゅん》である。されば「後生《ごしょう》」といっても、吸《す》う息《いき》吐《は》く息《いき》の「現在《げんざい》」におさまるのだ。

後生《ごしょう》暗《くら》い心《こころ》とは、五十年、六十年先の闇《やみ》ではない。今に暗い心である。現在《げんざい》に暗い心とは、現在《げんざい》の自己《じこ》に暗いことにほかならない。自己《じこ》の現在《げんざい》を隠《かく》すもの、それが無明《むみょう》の闇《やみ》なのだ。無明《むみょう》が破《やぶ》れて、自己《じこ》の素顔《すがお》が明《あき》らかになると、過去《かこ》も未来《みらい》も鮮明《せんめい》になる。

章のはじめに掲載《けいさい》した「機《き》の深信《じんしん》」は、その告白《こくはく》である。深信《じんしん》は、決《けっ》して憶測《おくそく》や想像《そうぞう》のようにおぼろではない。実地《じっち》の体験《たいけん》なのだ。

◉善人と思っている「善人」を「善人」と言われている

『教行信証《きょうぎょうしんしょう》』はじめ聖人の全著述《ぜんちょじゅつ》は、こんな者は善人《ぜんにん》、あんな者は悪人《あくにん》と分《わ》けるような見方はされていない。すべての人間《にんげん》は悪人《あくにん》であり、「曠劫《こうごう》よりこのかた、つねに没《もっ》し、つねに流転《るてん》して」「出離《しゅつり》の縁《えん》あることなき」罪悪生死《ざいあくしょうじ》の凡夫《ぼんぶ》という人間観《にんげんかん》は、一貫《いっかん》して変わっていない。

悪人《あくにん》とは〝涙《なみだ》を流して生きる人間《にんげん》〟や〝重荷《おもに》を背負《せお》って歩く人びと〟と考えるのは、素直《すなお》かもしれないが、そんな人たちのみが、親鸞聖人の説《と》かれる悪人《あくにん》ではない。また〝哀《かな》しい罪深《つみぶか》い人びと〟や〝つらい思いで生きている人たち〟だけのことでもない。

聖人の言われる「悪人《あくにん》」は、単純《たんじゅん》な理解《りかい》をゆるさない。すべての人間《にんげん》が悪人《あくにん》と知らされた聖人にとって、「悪人《あくにん》」とは人間《にんげん》の別名であって、常識《じょうしき》や法律《ほうりつ》、倫理《りんり》・道徳の悪人《あくにん》とは、まったく異《こと》なるのである。

では、聖人が「善人《ぜんにん》」とよばれるのは、どんな人なのであろうか。

もちろんそれは、まわりから「あの人はイイ人だ」といわれている「善《よ》い人」でもなければ、人間世界《にんげんせかい》以外のどこかの善人《ぜんにん》のことでもない。

無明《むみょう》の闇《やみ》も知らず、その破《やぶ》れた体験《たいけん》もない、したがって、悪しか造《つく》れぬ己《おのれ》の実態《じったい》がわからず、「善人《ぜんにん》」と自惚《うぬぼ》れている者のことである。

例をあげれば、〝その気になれば善ができると思っている人〟や〝あいつと比《くら》べればオレの方がましだと、比較《ひかく》して善悪《ぜんあく》を決めている人〟〝少しぐらいは他人にも自分にも、恥《は》ずる心があると思っている人〟などである。これらを聖人は、皮肉《ひにく》を込《こ》めて「疑心《ぎしん》の善人《ぜんにん》」と言われているのだ。

一切《いっさい》の群生海《ぐんじょうかい》、無始《むし》よりこのかた、乃至今日《ないしこんにち》・今時《こんじ》にいたるまで、穢悪汚染《えあくおぜん》にして清浄《しょうじょう》の心《しん》なく、虚仮諂偽《こけてんぎ》にして真実《しんじつ》の心《しん》なし
(『教行信証《きょうぎょうしんしょう》』)

「すべての人間《にんげん》は、はじめなき昔から今日《こんにち》まで、邪悪《じゃあく》に汚染《おせん》されて清浄《しょうじょう》の心はなく、そらごと、たわごとのみで、真実《しんじつ》の心は、まったくない」

もちろん、聖人の言われる「一切《いっさい》の群生海《ぐんじょうかい》」に入《はい》らぬ者は、どこにもいない。

どうして万人《ばんにん》のことを、かく断言《だんげん》できたのか。

最深《さいしん》の意味で一人は万人《ばんにん》であり、一《いち》は一切《いっさい》である。一人の上に突《つ》き止《と》められた真実《しんじつ》は、すなわち万人《ばんにん》の真実《しんじつ》であり、一《いち》の上に体験《たいけん》される究極《きゅうきょく》の真理《しんり》は、すなわち、一切《いっさい》の上に体験《たいけん》されるべき究極《きゅうきょく》の真理《しんり》なのだ。聖人は自己《じこ》の真実《しんじつ》を通して万人《ばんにん》の真実《しんじつ》を読み、一身《いっしん》の真理《しんり》に即《そく》して一切《いっさい》の真理《しんり》を道破《どうは》されたものであろう。

(20)『歎異抄《たんにしょう》』の「往生極楽《おうじょうごくらく》の道」——法《ほう》の深信《じんしん》

◉関東から京都まで歩いて聞きに行ったのは「死後のハッキリしない無明《むみょう》の闇《やみ》を破り〝極楽浄土へ必ず往《ゆ》ける〟大安心・大満足になる」一つのためだった

十一章で述《の》べたように、無明《むみょう》の闇《やみ》がぶち破《やぶ》られ、人生の目的が達成《たっせい》されると、二つのことが同時に明《あき》らかになる、と親鸞聖人は説《と》かれている。

本当の自己《じこ》の姿（機《き》の深信《じんしん》）と、もう一つは、弥陀《みだ》の誓願《せいがん》まこと（法《ほう》の深信《じんしん》）である。

〝本当の自己《じこ》の姿〟については述《の》べてきた。つぎに、〝弥陀《みだ》の誓願《せいがん》まこと〟とは何か、『歎異抄《たんにしょう》』から聞いてみよう。

おのおの十余《じゅうよ》カ国の境《さかい》を越《こ》えて、身命《しんめい》を顧《かえり》みずして尋《たず》ね来《きた》らしめたもう御《おん》志《こころざし》、ひとえに往生極楽《おうじょうごくらく》の道《みち》を問《と》いきかんがためなり

（『歎異抄《たんにしょう》』二章）

「みなさんが、遠い関東から命がけで親鸞をたずねて来られたのは、往生極楽《おうじょうごくらく》の道《みち》、ただ一つを問いただすためであろう」

よく知られている『歎異抄《たんにしょう》』二章の書き出しである。

二十年間、関東で布教活動《ふきょうかつどう》された聖人は、還暦《かんれき》すぎて故郷《ふるさと》の京都へ帰られた。その後《ご》の関東では、聖人の教えを聞く人たちの信仰《しんこう》を惑乱《わくらん》する、種々《しゅじゅ》の事件や問題が起《お》きた。

「ほかに、救《すく》われる近道《ちかみち》があるのでは」

「だまされているのではなかろうか、本当のところを、たしかめたい」

かくして関東の同朋《どうぼう》たちは、聖人一人を命として、十余カ国の境《さかい》を越《こ》えたのだ。当時、関東と京都の往復《おうふく》は六十日もかかったという。道中、箱根《はこね》の山や大井川《おおいがわ》など旅人の難所《なんしょ》はいくつもあった。盗賊《とうぞく》や山賊《さんぞく》もウロウロしている。まさに「身命《しんめい》を顧《かえり》みず」の旅路《たびじ》であったにちがいない。

そんな彼らと、対面されるやいなや、こう直言《ちょくげん》されている。

「ひとえに往生極楽《おうじょうごくらく》の道《みち》を問《と》いきかんがためなり」（『歎異抄《たんにしょう》』）

「聞きたいことは往生極楽《おうじょうごくらく》の道《みち》、ただ一つであろう」

親鸞聖人の説《と》かれていたことは、「往生極楽《おうじょうごくらく》の道《みち》」以外になかったと知らされる。

「往生極楽《おうじょうごくらく》の道《みち》」とは何か。弥陀《みだ》の誓願《せいがん》のことである。

「無明《むみょう》の闇《やみ》を破《やぶ》り、人生の目的を果《は》たさせる」

というのが弥陀《みだ》の誓《ちか》いであることは、しばしば述《の》べてきた。これをもっと、くだいていえば、

「死後のハッキリしない無明《むみょう》の闇《やみ》を破《やぶ》り〝極楽浄土《ごくらくじょうど》へ必ず往《ゆ》ける〟大安心・大満足《だいまんぞく》の

偉そうに
する値なぞ
なき身なり

身にしてみせる」
ということである。それで聖人は、「往生極楽の道《おうじょうごくらくのみち》」とか、「難度海《なんどかい》を度《ど》する大船《たいせん》」と言われたのであろう。その弥陀《みだ》の誓《ちか》いに疑《うたが》いが生《しょう》じた関東の同朋《どうぼう》たちが、「〝必ず浄土《じょうど》へ往《ゆ》ける〟大満足《だいまんぞく》の身になりたい」一つに、命をかけて京都までやって来た心情《しんじょう》も十分理解《じゅうぶんりかい》できるのである。

◉友人に貸した大金が返ったとき〝彼の誓約は本当だった〟と、疑いが晴れる

ある男が表《おもて》を通りかかると、道端《みちばた》の家で自分の噂《うわさ》をする者がいる。「あの男は怒《おこ》りっぽくて、手が早くてね。それが彼の欠点《けってん》だよ」「へえ、それは本当か」。男は、いきなり家にとび込《こ》んで「なんでオレが短気《たんき》で手が早いもんか。でたらめ言うな」とみんなの頭をポカポカ殴《なぐ》りつけた。なるほど噂《うわさ》にたがわぬ男だと、一同ハッキリしたという。

友人に貸《か》した大金《たいきん》が返ったときに、〝彼の誓約《せいやく》は本当だった〟と、それまでの疑《うたが》い

が晴れるように、〝必ず浄土《じょうど》へ往《ゆ》ける〟と大満足《だいまんぞく》の身になったとき、「弥陀《みだ》の誓願《せいがん》まことだった」とハッキリする。これを「法《ほう》の深信《じんしん》」といわれる。

まことなるかなや、摂取不捨《せっしゅふしゃ》の真言《しんごん》、超世希有《ちょうせけう》の正法《しょうぼう》
（『教行信証《きょうぎょうしんしょう》』）

「まことなるかなや……」とは、弥陀《みだ》の誓願《せいがん》に、露《つゆ》チリほどの疑心《ぎしん》もなくなった聖人の、真情《しんじょう》あふるる歓喜《かんぎ》の叫《さけ》びであり、〝必ず浄土《じょうど》へ往《ゆ》ける〟大満足《だいまんぞく》の身になった「法《ほう》の深信《じんしん》」の表白《ひょうはく》である。「摂取不捨《せっしゅふしゃ》の真言《しんごん》」も「超世希有《ちょうせけう》の正法《しょうぼう》」も、ともに弥陀《みだ》の誓願《せいがん》であるからだ。

浄土往生《じょうどおうじょう》の大満足《だいまんぞく》が、聖人九十年の輝《かがや》きの源泉《げんせん》であったといえよう。

◉「弥陀《みだ》の救いは一度でしょうか、二度でしょうか」
「この世は、弥勒菩薩《みろくぼさつ》と同格（正定聚《しょうじょうじゅ》）に救《すく》い摂《と》られ、死ぬと同時に弥陀《みだ》の浄土で、

無上《むじょう》のさとり（滅度《めつど》）が得られる。
弥陀《みだ》の救いは二度（二益《にやく》）ある」

聖人の浄土往生《じょうどおうじょう》の確信《かくしん》は、弥勒菩薩《みろくぼさつ》を引き合いに出されての、つぎの言葉でも知られよう。文章に明《あか》るい人が読めば、その内容《ないよう》に驚《おどろ》くにちがいない。

> 真《まこと》に知《し》んぬ。弥勒大士《みろくだいじ》は、等覚《とうがく》の金剛心《こんごうしん》をきわむるがゆえに、龍華三会《りゅうげさんえ》の暁《あかつき》、まさに無上覚位《むじょうかくい》をきわむべし。念仏《ねんぶつ》の衆生《しゅじょう》は、横超《おうちょう》の金剛心《こんごうしん》をきわむるがゆえに、臨終一念《りんじゅういちねん》の夕《ゆうべ》、大般涅槃《だいはつねはん》を超証《ちょうしょう》す
> （『教行信証《きょうぎょうしんしょう》』）

「本当にそうだったなぁ！　あの弥勒菩薩《みろくぼさつ》と、今、同格《どうかく》になれたのだ。まったく弥陀《みだ》の誓願不思議《せいがんふしぎ》によってのほかはない。しかもだ。弥勒《みろく》は五十六億七千万年後《ご》でなければ、仏のさとりが得《え》られぬというのに、親鸞は、今生《こんじょう》終わると同時に浄土《じょうど》へ往《い》って、仏のさとりが得《え》られるのだ。こんな不思議《ふしぎ》な幸せが、どこにあろうか」

弥勒大士《みろくだいじ》とは、仏のさとりにもっとも近い、等覚《とうがく》というさとりを得《え》ている菩薩《ぼさつ》のことである。その弥勒《みろく》と同等《どうとう》になるのだから、〝よくぞ人間《にんげん》に生まれたものぞ〟という生命《せいめい》の歓喜《かんぎ》は、生涯《しょうがい》、変わらない。

「真《まこと》に知《し》んぬ」とは、「あまりにも明《あき》らかに知らされた」驚嘆《きょうたん》の叫《さけ》びであろう。

「今は弥勒《みろく》と肩《かた》を並べる身であるが、死ねば、先に仏のさとりが得《え》られるのだ」

この世と後世《ごせ》の、二度の弥陀《みだ》の救《すく》いに疑《うたが》い晴れた、聖人の大慶喜《だいきょうき》である。

のど自慢《じまん》で鐘《かね》が三つ鳴《な》ったときの、あのよろこびようはどうか。四年に一度とはいえ、オリンピック・メダリストの感激《かんげき》ぶりはどうだろう。たかがのど自慢《じまん》、オリンピックといえば驚《おどろ》くかもしれないが、多生永劫《たしょうようごう》の目的達成《たっせい》とはくらぶべくもなかろう。

弥勒信仰《みろくしんこう》の人は、今でも決《けっ》して少なくないようだが、こんな言葉を聞けば、馬鹿《ばか》か狂人《きょうじん》の寝言《ねごと》としか思えぬだろう。事実、江戸時代、有名な比叡山《ひえいざん》の学僧《がくそう》が『教行信証《きょうぎょうしんしょう》』を狂人《きょうじん》の書《しょ》だと、唾棄《だき》して庭に投げたというのも、わかるような気がする。

このような今生《こんじょう》と後生《ごしょう》の、二度の救《すく》いを説《と》かれた、聖人の言葉は多いが、蓮如上人《れんにょしょうにん》も問答形式《もんどうけいしき》で、わかりやすく書かれている。

問《と》うていわく、

「正定《しょうじょう》と滅度《めつど》とは、一益《いちやく》と心得《こころう》べきか、また二益《にやく》と心得《こころう》べきや」

答《こた》えていわく、

「一念発起《いちねんぽっき》のかたは正定聚《しょうじょうじゅ》なり。これは穢土《えど》の益《やく》なり。つぎに滅度《めつど》は浄土《じょうど》にて得《う》べき益《やく》にてあるなりと心得《こころう》べきなり。されば、二益《にやく》なりと思《おも》うべきものなり」

（『御文章《ごぶんしょう》』）


「弥陀《みだ》の救《すく》いは一度でしょうか、二度あるのでしょうか」

と問いを出し、

「この世は、弥勒菩薩《みろくぼさつ》と同格《どうかく》（正定聚《しょうじょうじゅ》）に救《すく》い摂《と》られ、死ぬと同時に弥陀《みだ》の浄土《じょうど》で、無上《むじょう》のさとり（滅度《めつど》）が得《え》られる。弥陀《みだ》の救《すく》いは二度（二益《にやく》）ある」

と答えられている。

◉「いつ何がおきるか分からない火宅無常《かたくむじょう》の世界に住む、煩悩《ぼんのう》にまみれた人間のすべてのことは、そらごとであり、たわごとであり、まことは一つもない。ただ、念仏《ねんぶつ》のみが、まことなのだ」

ここでもう一度、『歎異抄《たんにしょう》』二章に戻《もど》ろう。往生極楽《おうじょうごくらく》の道《みち》一つを聞くために、身命《しんめい》を顧《かえり》みずやって来た関東の人たちへの、聖人の言葉は意外《いがい》なものだったといえよう。

弥陀《みだ》の本願《ほんがん》まことにおわしまさば、釈尊《しゃくそん》の説教《せっきょう》、虚言《きょごん》なるべからず。
仏説《ぶっせつ》まことにおわしまさば、善導《ぜんどう》の御釈《おんしゃく》、虚言《きょごん》したもうべからず。
善導《ぜんどう》の御釈《おんしゃく》まことならば、法然《ほうねん》の仰《おお》せ、そらごとならんや。
法然《ほうねん》の仰《おお》せまことならば、親鸞《しんらん》が申《もう》すむね、またもってむなしかるべから

ず候《そうろう》か

（『歎異抄《たんにしょう》』二章）

「弥陀《みだ》の本願《ほんがん》（誓願《せいがん》）がまことだから、それ一つ説《と》かれた釈尊《しゃくそん》、善導《ぜんどう》、法然《ほうねん》の教えに間違《まちが》いがあるはずがない。これらの方の教えがまことならば、そのまま伝える親鸞に、どうしてウソ偽《いつわ》りがあると言えるのか」

これでは話がさかさまではないか、とクビをひねる人もあるだろう。なぜかといえば、「弥陀《みだ》の本願《ほんがん》」に疑《うたが》いがおきて、言われるとおりに「本願《ほんがん》」が〝まことかどうか〟をたしかめに来ている人たちに、「弥陀《みだ》の本願《ほんがん》」は「まことなのだから」という大前提《だいぜん》《てい》で語《かた》られているからである。この大胆《だいたん》な逆説的《ぎゃくせつてき》な断言《だんげん》は、何を意味し、どのような体験《たいけん》からなされたものなのであろうか。

煩悩具足《ぼんのうぐそく》の凡夫《ぼんぶ》・火宅無常《かたくむじょう》の世界《せかい》は、よろずのことみなもって、そらごとたわごと、真実《まこと》あることなきに、ただ念仏《ねんぶつ》のみぞ、まことにておわします

（『歎異抄《たんにしょう》』）

「いつ何がおきるか分《わ》からない火宅無常《かたくむじょう》の世界《せかい》に住む、煩悩《ぼんのう》にまみれた人間《にんげん》のすべてのことは、そらごとであり、たわごとであり、まことは一つもない。ただ念仏《ねんぶつ》のみがまことなのだ」

聖人には、弥陀《みだ》の本願《ほんがん》のほかに、まことはなかった。

「念仏《ねんぶつ》のみぞ、まことにておわします」

は、

「本願《ほんがん》のみぞ、まことにておわします」

を言いかえられただけである。

弥陀《みだ》の本願《ほんがん》以外に、この世に確《たし》かなものは何もない、鮮明不動《せんめいふどう》の「法《ほう》の深信《じんしん》」に立つ聖人には、「弥陀《みだ》の本願《ほんがん》まことにおわしまさば……」と、なんのためらいもなく言えたのであろう。

「弥陀《みだ》の本願《ほんがん》まこと」が、つねに聖人の原点《げんてん》であったのだ。

(21) 先を知る智恵をもって　安心して生き抜きたい

◉多くのことを知るよりも、
もっとも大事なことを知る人こそが智者《ちしゃ》。
智者《ちしゃ》と愚者《ぐしゃ》は、「後世《ごせ》を知るか、否《いな》か」で分かれる

この身《み》は、今《いま》は歳《とし》きわまりて候《そうら》えば、定《さだ》めて先立《さきだ》ちて、往生《おうじょう》し候《そうら》わんずれば、浄土《じょうど》にて必《かなら》ず、必《かなら》ず待《ま》ちまいらせ候《そうろう》べし
（『末灯鈔《まっとうしょう》』）

「親鸞、いよいよ今生《こんじょう》の終わりに近づいた。必ず浄土《じょうど》へ往《い》って待っていようぞ。間違《まちが》いなく来なさいよ」

明日《あす》のことさえわからぬのに、どうして、こんなことが言えるのだろうか、聞いてみよう。

無碍《むげ》の光明《こうみょう》は、無明《むみょう》の闇《やみ》を破《は》する慧日《えにち》なり

（『教行信証《きょうぎょうしんしょう》』）

「弥陀《みだ》の光明《こうみょう》は、無明《むみょう》の闇《やみ》を破《やぶ》り、後生明《ごしょうあか》るくする、智慧《ちえ》の太陽だからである」

智慧《ちえ》とは先を知るはたらきといってもよい。碁《ご》や将棋《しょうぎ》、五連珠《ごれんじゅ》の世界でも強い人は二十手も三十手も先が見えるという。弱い人は一手先が分《わ》からない。その道の智恵《ちえ》がないからであろう。

この先どうなるか、誰《だれ》でも知りたい。未来《みらい》を読む智恵《ちえ》を持って、安心して生きたいと願っている。占《うらな》いなどに走るのも明日《あす》が暗くて不安だからにちがいない。

碁《ご》や将棋《しょうぎ》の智恵者《ちえしゃ》は、その道の勝負《しょうぶ》にすぐれているが、人生の智恵者《ちえしゃ》とは、どんな人をいうのであろうか。
蓮如上人《れんにょしょうにん》に聞いてみよう。よく親《した》しまれているお文《ふみ》だ。

八万《はちまん》の法蔵《ほうぞう》を知《し》るというとも、後世《ごせ》を知《し》らざる人《ひと》を愚者《ぐしゃ》とす。たとい、一文不知《いちもんふち》の尼入道《あまにゅうどう》なりというとも、後世《ごせ》を知《し》るを智者《ちしゃ》とす、といえり
（『御文章《ごぶんしょう》』）

百科事典《ひゃっかじてん》を丸暗記《まるあんき》している物知りでも、後世《ごせ》（死後、後生《ごしょう》）を知らなければ愚者《ぐしゃ》だと言われる。なぜだろう。死は必然《ひつぜん》の未来《みらい》だから、死後を知らないのは、着陸地《ちゃくりくち》を知らずに飛《と》んでいるパイロットと同じだ。生まれたときが飛《と》び立《た》ったとき。行《ゆ》く先《さき》がわからねば、どんな結末《けつまつ》に終わるか、トップセールスマンだった奥城良治《おくしろよしはる》氏の言葉を借《か》りよう。

「さてどこにいこうかな。あれ、行《ゆ》き先《さき》の飛行場《ひこうじょう》がわからないぞ。地図も羅《ら》

針盤《しんばん》もない。まあいいや、燃料《ねんりょう》も満《まん》タンだし、機体《きたい》もしっかりしているし、気楽にいこうぜ。その日その日が楽しければいいんだ、先のことなど心配《しんぱい》することはないよ」

こうやっているうちに、燃料《ねんりょう》がなくなってくる。いわゆる〝人生の晩年《ばんねん》〟である。

「これはたいへんだ、これ以上飛《と》ぶことはできないぞ。その日さえ楽しければいいと思ってやってきたけど、これはたいへんなことになってしまった。下は山だらけ、飛行場《ひこうじょう》らしいものは全然見当《みあ》たらない。どうしよう!! どうしよう!!」

と、真《ま》っ青《さお》になってうろたえているうちに、とうとう山腹《さんぷく》に激突《げきとつ》し、悲惨《ひさん》な人生の末路《まつろ》となるのである。

（奥城良治『強豪セールスの秘密』）

確実《かくじつ》な未来《みらい》を考えなければ、愚者《ぐしゃ》といわれて当然《とうぜん》だろう。

多くのことを知るよりも、もっとも大事なことを知る人こそが智者《ちしゃ》である。たとえ字のタテヨコわからなくても、いつ死んでも浄土往生間違《じょうどおうじょうまちが》いなしと、行《ゆ》く先《さき》の明《あか》るい人が本当の智者《ちしゃ》といえよう。智者《ちしゃ》と愚者《ぐしゃ》は、「後世《ごせ》を知るか、否《いな》か」で分《わ》かれる、と蓮如上人《れんにょしょうにん》は言われているのだ。

◉未来明るい智者《ちしゃ》になるには、智慧《ちえ》の太陽に照破《しょうは》されるしかない

阿弥陀仏《あみだぶつ》を、一切《いっさい》の諸仏《しょぶつ》や菩薩《ぼさつ》たちが「智慧光仏《ちえこうぶつ》」と絶讃《ぜっさん》するのは、後生暗《ごしょうくら》い無明《むみょう》の闇《やみ》（＝苦悩《くのう》の根元《こんげん》）を破《やぶ》るからである、とつぎのように言われている。

> 無明《むみょう》の闇《やみ》を破《は》するゆえ
> 智慧光仏《ちえこうぶつ》となづけたり
> 一切諸仏三乗衆《いっさいしょぶつさんじょうしゅ》
> ともに嘆誉《たんにょ》したまえり
>
> （『浄土和讃《じょうどわさん》』）

〝無明《むみょう》の闇《やみ》を破《やぶ》り、後世《ごせ》をハッキリさせる〟弥陀《みだ》の光明《こうみょう》(智慧《ちえ》)を、「智慧《ちえ》の太陽」といわれていることは、先に述《の》べた。

「天《てん》に二日《にじつ》なし」。無明《むみょう》の闇《やみ》を破《やぶ》る「太陽」もまた唯一《ゆいいつ》と、弥陀《みだ》の救《すく》いが称讃《しょうさん》されるゆえんであろう。

「必ず浄土《じょうど》へ往《ゆ》ける」と、未来明《みらいあか》るい智者《ちしゃ》になるには、智慧《ちえ》の太陽に照破《しょうは》されるしかない、と知らされる。

◉浄土へ〝往《ゆ》〟き、仏に〝生〟まれることを「往生《おうじょう》」というのであって、「こまった」とか「死んだ」ことではない

本来は、浄土《じょうど》へ〝往《ゆ》〟き、仏に〝生《う》〟まれることを「往生《おうじょう》」という。仏教から出た言葉だが、今日《こんにち》では「こまった」とか「死んだ」ことに誤用《ごよう》される。

「車の故障《こしょう》で、往生《おうじょう》した」とか、「大渋滞《だいじゅうたい》にひっかかって往生《おうじょう》したよ」「隣《となり》のお婆《ばあ》さん、

今朝《けさ》、往生《おうじょう》したそうだ」など、その例だ。

「往《おう》」は〝往《ゆ》く〟であり「生《じょう》」は〝生まれる〟とか〝生きる〟という意味だから、文字からいっても「こまる」とか「死ぬ」というマイナス思考《しこう》は見当《みあ》たらない。世間《せけん》の使い方は逆立《さかだ》ちしている。

これも誤解《ごかい》された仏教の一つであろうが、人間《にんげん》死ねば極楽《ごくらく》へ往《ゆ》き、みんな仏になれると思われている。だからであろうか、死人を〝ほとけ〟といい、仏といえば死人と思っている人がほとんどだ。

あるとき、宗教《しゅうきょう》とは無縁《むえん》の女子大生に、仏教の仏と、キリストの神の違《ちが》いを聞くと、「人間《にんげん》は神になれないけれども、仏には成《な》れる」という。意外な答えにわけを尋《たず》ねると、「だって、みんな死んだら仏でしょう?」の返事にガックリ、反省《はんせい》させられることしきりであった。

だがそれは、決《けっ》して仏教でもなければ親鸞聖人の教えでもない。

浄土《じょうど》へ往《い》って仏になれるのは、弥陀《みだ》に救《すく》い摂《と》られた人だけである。救《すく》われたかどうかは、平生《へいぜい》にハッキリするから、往生《おうじょう》の可否《かひ》もそのとき明《あき》らかに知らされる。救《すく》い摂《と》

られて無明《むみょう》の闇《やみ》が晴れれば、〝必ず往生《おうじょう》できる〟と心が一つに定《さだ》まるので、

「往生一定《おうじょういちじょう》」

と蓮如上人《れんにょしょうにん》は言われている。往生《おうじょう》の本決《ほんぎ》まりである。合格発表《ごうかくはっぴょう》までの受験生《じゅけんせい》は大丈夫《だいじょうぶ》だろうか、ダメだろうかと心は千々《ちぢ》に乱《みだ》れて定《さだ》まらないが、合格発表《ごうかくはっぴょう》を見た瞬間《しゅんかん》、「やった」と心が一つに定《さだ》まり、安心するようなものと思えばよかろう。

だから往生《おうじょう》は、誰《だれ》でも彼《かれ》でもできることではない。釈尊《しゃくそん》は、

「往《ゆ》き易《やす》くして人《ひと》なし」（『大無量寿経《だいむりょうじゅきょう》』）

と説《と》かれている。弥陀《みだ》の浄土《じょうど》へは「往《ゆ》き易《やす》いけれども、往《い》っている人が少ない」という意味だが、おかしいと思うだろう。「往《ゆ》き易《やす》い」のならば、「人が多い」はずだし、「少ない」とすれば、「往《ゆ》き易《やす》い」とはいえないからである。

では、釈尊《しゃくそん》の金言《きんげん》は何を意味するのだろうか。

「往《ゆ》き易《やす》い」と言われるのは、苦海《くかい》の人生をわたす大悲《だいひ》の願船《がんせん》に乗った人のことである。人生が、浄土《じょうど》への楽しい航海《こうかい》になるからだ。

歩行《ほこう》の旅は山あり谷ありで難渋《なんじゅう》するが、船旅《ふなたび》は船頭《せんどう》まかせで快適《かいてき》となる。弥陀《みだ》の本《ほん》

願《がん》の大船《たいせん》に乗れば、大悲《だいひ》の風にうちまかせて安楽《あんらく》に浄土《じょうど》に往《ゆ》けるから、これほど「往《ゆ》き易《やす》い」ことはなかろう。

ではなぜ、浄土《じょうど》に人が少ないと言われるのか。親鸞聖人の説明《せつめい》は、こうである。

「易往而無人《いおうにむにん》」というは、「易往《いおう》」はゆきやすしとなり。本願力《ほんがんりき》に乗《じょう》ずれば、本願《ほんがん》の実報土《じっぽうど》に生《うま》るること、疑《うたが》いなければ往《ゆ》き易《やす》きなり。「無人《むにん》」というは、ひとなしという。人《ひと》なしというは、真実信心《しんじつしんじん》の人《ひと》は、ありがたきゆえに、実《じっ》報土《ぽうど》に生《うま》るる人稀《ひとまれ》なりとなり

（『尊号真像銘文《そんごうしんぞうめいもん》』）

「弥陀《みだ》の浄土《じょうど》へは『往《ゆ》き易《やす》い』と、釈尊《しゃくそん》が言われているのは、大悲《だいひ》の願船《がんせん》に乗った人のことである。弥陀《みだ》のひとり働《ばたら》きで往《ゆ》く世界だから、『易《やす》い』という言葉もいらぬ易《やす》さだ。『人なし』と言われるのは、大悲《だいひ》の願船《がんせん》に乗る人が稀《まれ》だからである」

蓮如上人《れんにょしょうにん》の解説《かいせつ》も同じだ。聞いてみよう。

これによりて『大経《だいきょう》』には「易往而無人《いおうにむにん》」とこれを説《と》かれたり。この文《もん》の意《こころ》は「安心《あんじん》を取《と》りて弥陀《みだ》を一向《いっこう》にたのめば、浄土《じょうど》へは参《まい》り易《やす》けれども、信心《しんじん》をとる人稀《ひとまれ》なれば、浄土《じょうど》へは往《ゆ》き易《やす》くして人《ひと》なし」と言《い》えるは、この経文《きょうもん》の意《こころ》なり

（『御文章《ごぶんしょう》』）

「安心《あんじん》をとる」も「信心《しんじん》をとる」も、〝弥陀《みだ》に救《すく》い摂《と》られて、大悲《だいひ》の願船《がんせん》に乗ったこと〟であるから、意味はこうなる。

「弥陀《みだ》に救《すく》い摂《と》られ、大悲《だいひ》の願船《がんせん》に乗った人は、浄土《じょうど》へは『往《ゆ》き易《やす》い』けれども、大悲《だい》の願船《がんせん》に乗る人が少ないので釈尊《しゃくそん》は、『往《ゆ》き易《やす》くして、人なし』と言われているのである」

大悲《だいひ》の願船《がんせん》は、久遠《くおん》の昔から我々の眼前《がんぜん》に碇《いかり》をおろしている。船長《せんちょう》は、声をかぎりに呼《よ》びずくめなのだが、難度海《なんどかい》におぼれる私たちは、丸太《まるた》や板切《いたき》れを求めることに心をうばわれて、船長《せんちょう》の声を聞こうともしないのである。

◉足元の小川が渡れぬ者に、先の大河が渡れるはずはない

親鸞聖人の著述《ちょじゅつ》でとくに目立つのは、二度の弥陀《みだ》の救済《きゅうさい》と、今の救《すく》いの強調《きょうちょう》だ。

原因《げんいん》なくして結果《けっか》なし。平生《へいぜい》の救《すく》い（因《いん》）に遇《あ》わずして、死後の救《すく》い（果《か》）は望《のぞ》めない。足元の小川《おがわ》が渡《わた》れぬ者に、その先の大河《たいが》がどうして渡《わた》れよう。今生救《こんじょうすく》われた者だけが浄土往生《じょうどおうじょう》できるのである。

現在《げんざい》の苦悩《くのう》を救《すく》い摂《と》り（不体失往生《ふたいしつおうじょう》）、未来永遠《みらいえいえん》、幸福に生かし切る（体失往生《たいしつおうじょう》）、二つの往生《おうじょう》を誓《ちか》われた弥陀《みだ》の真意《しんい》を明《あき》らかにされたのが、体失《たいしつ》・不体失往生《ふたいしつおうじょう》の論争《ろんそう》だった（十章参照）。

現在《げんざい》の救《すく》いを抜《ぬ》きにして、死後の救《すく》いのみを弥陀《みだ》の誓願《せいがん》とした、善慧房証空《ぜんえぼうしょうくう》のあやまりを正されたのが親鸞聖人であったのだ。

永遠《えいえん》の浮沈《ふちん》は、平生《へいぜい》に決《けっ》するのである。

㉒ 心も言葉も絶えた世界

◉「不思議だなぁ、
どうしてこんな悪性《あくしょう》が救《すく》い摂《と》られたのか。
なぜ愉快なのか。恵まれるのか。生かされるのか。
どれだけ考えてもわからない。……」

誓願不思議《せいがんふしぎ》に救《すく》い摂《と》られ、無明《むみょう》の闇《やみ》が晴れると、つぎの二つのことがハッキリする。
「金輪際《こんりんざい》、地獄《じごく》ゆきと、疑《うたが》い晴れる」（機《き》の深信《じんしん》）

「極楽《ごくらく》へ、必ず往《ゆ》けると、疑《うたが》い晴れる」（法《ほう》の深信《じんしん》）
この二つが、同時に疑《うたが》い晴れている心だから、「機法二種一具の深信《きほうにしゅいちぐのじんしん》」（二種深信《にしゅじんしん》）
といわれる。
「地獄一定《じごくいちじょう》」と「極楽一定《ごくらくいちじょう》」を同時に、どうして知ることができるのか。それか、ど
うかは別として〝絶対矛盾的自己同一《ぜったいむじゅんてきじこどういつ》〟と言った有名な哲学者《てつがくしゃ》があったが、不思議《ふしぎ》と
しか言いようがなかろう。
親鸞聖人の著述《ちょじゅつ》は、「二種深信《にしゅじんしん》」の、不思議《ふしぎ》の讃嘆《さんだん》で一貫《いっかん》している。その一端《いったん》を紹《しょう》
介《かい》しよう。

五《いつ》つの不思議《ふしぎ》を説《と》くなかに
仏法不思議《ぶっぽうふしぎ》にしくぞなき
仏法不思議《ぶっぽうふしぎ》ということは
弥陀《みだ》の弘誓《ぐぜい》になづけたり

（『高僧和讃《こうそうわさん》』）

「世の中に不思議《ふしぎ》なことが五つある、中でも釈尊《しゃくそん》は、『仏法不思議《ぶっぽうふしぎ》』以上の不思議《ふしぎ》はない、と説《と》かれている。『仏法不思議《ぶっぽうふしぎ》』とは、弥陀《みだ》の救《すく》いの不思議《ふしぎ》を言われたものである」

五濁悪世《ごじょくあくせ》の衆生《しゅじょう》の
選択本願信《せんじゃくほんがんしん》ずれば
不可称不可説不可思議《ふかしょうふかせつふかしぎ》の
功徳《くどく》は行者《ぎょうじゃ》の身《み》にみてり

（『高僧和讃《こうそうわさん》』）

「不思議《ふしぎ》だなぁ、どうしてこんな悪性《あくしょう》が救《すく》い摂《と》られたのか。なぜ愉快《ゆかい》なのか。恵《めぐ》まれるのか。生かされるのか。どれだけ考えてもわからない。仏法不思議《ぶっぽうふしぎ》の世界に出れば、誰《だれ》しも体一杯《いっぱい》、生きる歓喜《かんぎ》と満足《まんぞく》で満《み》ちあふれるのだ」

聖人の、不可称《ふかしょう》・不可説《ふかせつ》・不可思議《ふかしぎ》のドキドキするような、よろこびの鼓動《こどう》が伝わってくるようだ。

◉「貴《とうと》いとか賤《いや》しいとか、僧侶とか俗人とか、男女、老少、罪の軽重、善根《ぜんごん》の多少など、大信海《だいしんかい》の拒《こば》むものは何もない。完全自由な世界である」

自利利他円満《じりりたえんまん》して
帰命方便巧荘厳《きみょうほうべんぎょうしょうごん》
心《こころ》も言葉《ことば》もたえたれば
不可思議尊《ふかしぎそん》を帰命《きみょう》せよ

（『浄土和讃《じょうどわさん》』）

「すべてが円備《えんび》されている弥陀《みだ》の救《すく》いに、親鸞、心も言葉も絶《た》え果《は》てた。はやく誓願《せいがん》不思議《ふしぎ》に遇《あ》ってもらいたい」

食べていない人に、珍味《ちんみ》をわからせようとしているような、もどかしさ、はがゆさが胸《むね》に迫《せま》ってくる『和讃《わさん》』である。満身《まんしん》あふれるよろこびを、なんとか伝えんとする聖人の、熱き心にふれる思いがする。

斯《か》かる心も言葉も絶《た》えた世界を、「大信海《だいしんかい》」と高《たか》らかに、つぎのように誉《ほ》めあげられる。

> 大信海《だいしんかい》をあんずれば、貴賤《きせん》・緇素《しそ》をえらばず、男女《なんにょ》・老少《ろうしょう》をいわず、造罪《ぞうざい》の多少《たしょう》を問《と》わず、修行《しゅぎょう》の久近《くごん》を論《ろん》ぜず
> （『教行信証《きょうぎょうしんしょう》』）

「貴《とうと》いとか賤《いや》しいとか、僧侶《そうりょ》とか俗人《ぞくじん》とか、男女、老少、罪《つみ》の軽重《けいちょう》、善根《ぜんごん》の多少など、大信海《だいしんかい》の拒《こば》むものは何もない。完全自由《かんぜんじゆう》な世界である」

と明言《めいげん》し、

つづいて「非《あら》ず」を十四回も重ねて、一切《いっさい》の人智《じんち》を否定《ひてい》される。想像《そうぞう》も言語《げんご》も絶《た》えた二種深信《にしゅじんしん》の、ギリギリの表現《ひょうげん》にちがいなかろう。

行《ぎょう》に非《あら》ず・善《ぜん》に非《あら》ず、頓《とん》に非《あら》ず・漸《ぜん》に非《あら》ず、定《じょう》に非《あら》ず・散《さん》に非《あら》ず、正観《しょうかん》に非《あら》ず・邪観《じゃかん》に非《あら》ず、有念《うねん》に非《あら》ず・無念《むねん》に非《あら》ず、尋常《じんじょう》に非《あら》ず・臨終《りんじゅう》に非《あら》ず、多《た》念《ねん》に非《あら》ず・一念《いちねん》に非《あら》ず。

ただこれ、不可思議《ふかしぎ》・不可称《ふかしょう》・不可説《ふかせつ》の信楽《しんぎょう》なり

（『教行信証《きょうぎょうしんしょう》』）

言葉の絶《た》える笑話がある。炭火《すみび》をはこぶ小僧《こぞう》がつまずいて、思わず火《ひ》の粉《こ》が足の上にこぼれた。アチチ！と飛《と》びはねる小僧《こぞう》をおもしろがって、いじわる和尚《おしょう》が問答《もんどう》しかける。「こりゃ小僧《こぞう》。アチチ！とは、いかなることか言うてみよ」「はぁ、はぁ」と返事はするが、なんとも言いようがない。「それぐらい説明《せつめい》できぬようでは、和尚《おしょう》にはなれぬぞ」と大喝《だいかつ》すると、窮《きゅう》した小僧《こぞう》、とっさに残り火を和尚《おしょう》のツルツル頭めがけてふりかけた。「アチチ！アチチ！　なにをするか、バカもん！」和尚《おしょう》たまらず怒鳴《どな》りつける。すかさず小僧《こぞう》、「和尚《おしょう》さま。アチチ！ということ説明《せつめい》してみなされ。それぐらい講釈《こうしゃく》できぬようでは、和尚《おしょう》とはいえませぬ」と打ち返したという。月並《つきな》みの体験《たいけん》

でも、その表現《ひょうげん》に困惑《こんわく》するのがよくわかる。ましてや言葉にもかからず、文字にもあらわせず、思い浮かべることさえできぬ大信海《だいしんかい》を、懸命《けんめい》に伝えようとされる聖人だが、とどのつまりは、

「ただこれ、不可思議《ふかしぎ》・不可称《ふかしょう》・不可説《ふかせつ》の信楽《しんぎょう》（信心《しんじん》）」

と言うより言いようがなかったのだ。

ただ、合掌感泣《がっしょうかんきゅう》される聖容《せいよう》が、彷彿《ほうふつ》とする。

◉金輪際《こんりんざい》　幸せとは無縁の者を、無上《むじょう》の幸福《こうふく》にする

覚如上人《かくにょしょうにん》は、弥陀《みだ》の救《すく》いの不思議《ふしぎ》さを、つぎのように言われている。

本願《ほんがん》の不思議《ふしぎ》をもって、生《う》まるべからざるものを、生《う》まれさせたればこそ、「超世《ちょうせ》の悲願《ひがん》」とも名《な》づけ、「横超《おうちょう》の直道《じきどう》」とも聞《き》こえはんべれ

（『改邪鈔《がいじゃしょう》』）

「〝金輪際《こんりんざい》幸せとは無縁《むえん》の者を、絶対《ぜったい》の幸福《こうふく》にした〟弥陀《みだ》の本願《ほんがん》（誓願《せいがん》）だからこそ、ただ不思議《ふしぎ》、不思議《ふしぎ》と仰《あお》がずにおれないのである」

「生まるべからざるもの」を「生まれさせた」本願《ほんがん》の不思議《ふしぎ》とは、どんなことであろうか。世界の産婦人科医《さんふじんかい》が「生まるべからざる」逆子《さかご》と見捨《みす》てた胎児《たいじ》を、見事《みごと》「生まれさせた」医師《いし》があれば、不思議《ふしぎ》な名医《めいい》と絶讃《ぜっさん》せずにおれないであろう。

「生まるべからざるもの」とは何か。

これこそが〝金輪際《こんりんざい》、幸せとは無縁《むえん》の者〟のこと。「生まれさせた」とは〝絶対《ぜったい》の幸福《こうふく》にした〟ことだ。「生まれさせた」と言われているのだから、死後でないのは明白《めいはく》であろう。

「生まるべからざるもの」と、絶望《ぜつぼう》のどん底《ぞこ》にたたきおとされた者が、「生まれさせられた」からこそ、不思議《ふしぎ》なるかな弥陀《みだ》の本願《ほんがん》！　人智《じんち》をこえた「超世《ちょうせ》の悲願《ひがん》」「横超《おうちょう》の直道《じきどう》」と称讃《しょうさん》せずにおれないのである。

〝えーっ、そんな世界があるなんて、ホント？〟

と目を丸くする人が多かろう。それよりも目を丸くしない者が、ほとんどだ。

〝バカな！　あるはずないよ〟
と頭から問題にしないのである。そんな人たちを聖人は、こうたしなめられている。
〝あの弥勒《みろく》でさえも、うかがい知れない世界だからなぁ〟

補処《ふしょ》の弥勒菩薩《みろくぼさつ》をはじめとして、仏智《ぶっち》の不思議《ふしぎ》をはからうべき人《ひと》はそうらわず
（『末灯鈔《まっとうしょう》』）

「もっとも仏に近い弥勒菩薩《みろくぼさつ》も、知ることのできない仏智《ぶっち》の不思議《ふしぎ》だから、わかるはずがないのだよ」

(23) 人生の目的完成すれば　どう変わる

◉雲や霧がどんなに天をおおっていても、日光で雲霧《うんむ》の下は明るいように、欲や怒り、ねたみの煩悩《ぼんのう》一杯あるがままで、心は浄土に遊んでいるように明るく愉快

人生には目的がある。無明《むみょう》の闇《やみ》が破《やぶ》られ、未来永遠《みらいえいえん》の幸せを獲得《かくとく》すること。親鸞聖人の解答《かいとう》は明《あき》らかだ。

無明《むみょう》が晴れると、どこが、どう変わるのか。つづいて聞いてみよう。

すでによく、無明《むみょう》の闇《やみ》を破《は》すといえども、
貪愛《とんあい》・瞋憎《しんぞう》の雲霧《うんむ》、
常《つね》に、真実信心《しんじつしんじん》の天《てん》を覆《おお》えり。
たとえば、日光《にっこう》の雲霧《うんむ》に覆《おお》わるれども、
雲霧《うんむ》の下《した》、明《あきら》かにして闇《やみ》なきがごとし
(『教行信証《きょうぎょうしんしょう》』)

「無明《むみょう》の闇《やみ》が破《やぶ》れると、欲《よく》や怒《いか》り、ねたみそねみの煩悩《ぼんのう》以外、何もない自己《じこ》の裸形《らぎょう》が知らされる。だが、雲《くも》や霧《きり》がどんなに天をおおっていても、日光で雲霧《うんむ》の下は明《あか》るいように、欲《よく》や怒《いか》り、ねたみの煩悩一杯《ぼんのういっぱい》あるがままで、心は浄土《じょうど》に遊んでいるように明《あか》るく愉快《ゆかい》である」

仏教では、欲《よく》や怒《いか》り、ねたみそねみ、などを煩悩《ぼんのう》といい、煩悩《ぼんのう》に目鼻《めはな》をつけたようなものが人間《にんげん》だと説《と》かれている。これを煩悩具足《ぼんのうぐそく》の凡夫《ぼんぶ》という。

私たちを構成《こうせい》している百八の煩悩《ぼんのう》を、雲《くも》や霧《きり》にたとえ、弥陀《みだ》に救《すく》い摂《と》られた世界（真実信心《しんじつしんじん》）を、天にたとえての解説《かいせつ》である。

智慧《ちえ》の太陽で無明《むみょう》の闇《やみ》が晴れると、欲《よく》や怒《いか》りで、できている、煩悩具足《ぼんのうぐそく》の私と知らされる。

「貪愛《とんあい》・瞋憎《しんぞう》の雲霧《うんむ》、常《つね》に、真実信心《しんじつしんじん》の天《てん》を覆《おお》えり」

と言われているのは、その告白《こくはく》だ。

聖人のつぎの言葉も、欲《よく》や怒《いか》りや、ねたみのほかに何もない、煩悩具足《ぼんのうぐそく》の人間《にんげん》の実態《じったい》を言われたものである（機《き》の深信《じんしん》）。

「凡夫《ぼんぶ》」というは、無明《むみょう》・煩悩《ぼんのう》われらが身《み》にみちみちて、欲《よく》もおおく、瞋《いか》り腹《はら》だち、そねみねたむ心《こころ》、多《おお》くひまなくして、臨終《りんじゅう》の一念《いちねん》にいたるまで、止《とど》まらず消《き》えず絶《た》えず

（『一念多念証文《いちねんたねんしょうもん》』）

（ここで「無明《むみょう》」といわれているものは、弥陀《みだ》の救《すく》いに遇《あ》ったときになくなる「無明《むみょう》

の闇《やみ》」のことではなく、欲《よく》や怒《いか》りのことである）

「人間《にんげん》というものは、欲《よく》や怒《いか》り、腹立《はらた》つ心、ねたみそねみなどの、かたまりである。これらは死ぬまで、静まりもしなければ減《へ》りもしない。もちろん、断《た》ち切《き》れるものではは絶対にない」

しかし、雲《くも》や霧《きり》で天がおおわれていても、日光で、雲霧《うんむ》の下は明《あか》るくて闇《やみ》がないように、どんなに煩悩《ぼんのう》におおわれていても、智慧《ちえ》の太陽で、心は明《あか》るく浄土《じょうど》に遊んでいるように楽しいのだ。

「雲霧《うんむ》の下《した》、明《あき》らかにして闇《やみ》なし」とは、その断言《だんげん》である。

だが、太陽がなければ、天をおおっている雲霧《うんむ》もわからないし、闇《やみ》も闇《やみ》とは思えない。「雲霧《うんむ》の下《した》、闇《やみ》なし」の世界など知るよしもなかろう。

同じように、智慧《ちえ》の太陽で無明《むみょう》の闇《やみ》が破《やぶ》られねば、煩悩具足《ぼんのうぐそく》の自己《じこ》もわからないし、無明《むみょう》の闇《やみ》も、闇《やみ》とはわからない。もちろん、煩悩一杯《ぼんのういっぱい》がよろこび一杯《いっぱい》の、浄土《じょうど》に遊ぶ心などわかろうはずがない。

私たちの本懐成就《ほんがいじょうじゅ》のポイントは、煩悩《ぼんのう》にあるのではなく、無明《むみょう》の闇《やみ》が晴れたか、どうかにあることを、巧《たく》みなたとえで説《と》かれている、と知られよう。

◉欲望のなくなったのが一番の幸せなら、石や屍《しかばね》が一番幸福ということになる

〝救《すく》われる〟と聞くと、「心の持ちよう」が変わり、何ごとも「プラス思考《しこう》」になるのだろう、とか、多少、苦しみにも耐《た》えられるようになるのかなぁ、と考える。

五木氏もつぎのように推測《すいそく》する。

> では、何が変わるのか。たぶん、苦しみつつも、それに耐《た》えていくことができる、ということだろうか。断定的《だんていてき》な言いかたをしないのは、真実《しんじつ》の信仰《しんこう》を得《え》たとしても、人は生きる力を失《うしな》うこともあると思うからだ。それは「わがはからいにあらず」と受けとめるしかない。
>
> （『人生の目的』）

また、我執《がしゅう》から解放《かいほう》され金や物に淡白《たんぱく》になり、ひょうひょうとした人生になるのだろう、と思う人もあるようだ。

幸福は「足《た》ることを知る」と説《と》いたのは中国の老子《ろうし》であった。日本でもバブルの反《はん》省《せい》から一時《いちじ》、『清貧《せいひん》の思想《しそう》』という本が話題になった。幸せになるには欲望《よくぼう》を抑《おさ》えねばならない、と考える人も少なくはないからであろう。中には、欲望《よくぼう》を断《た》ち切《き》らねば幸せになれないと思っている人さえある。それらの人たちをカリクレスは、欲望《よくぼう》のなくなったのが一番の幸せなら、石や屍《しかばね》が一番幸福だ、とあざわらっている。

かといって無限《むげん》の欲《よく》を満《み》たそうとすれば、死ぬまで不満は絶《た》えず、苦しまなければならないことになる。どうすれば幸せになれるのか、あらゆる哲学《てつがく》、思想《しそう》は、ここで行《ゆ》き詰《づ》まっている。

ところが親鸞聖人は、欲《よく》や怒《いか》りの煩悩《ぼんのう》を、減《へ》らしも無くもしないままで体験《たいけん》できる、驚《おどろ》くべき幸福の存在《そんざい》を、

「雲霧《うんむ》の下《した》、明《あき》かにして闇《やみ》なし」

とズバリ打ち出されている。ここでもまた、心も言葉も絶《た》えた世界を説《と》こうとする、

絶望《ぜつぼう》への挑戦《ちょうせん》であったにちがいない。言葉であらわしたものは真実《しんじつ》の救《すく》い（二種深信《にしゅじんしん》）ではないが、伝える手段《しゅだん》がないから、無理《むり》を承知《しょうち》のたとえであろう。

◉シブ柿のシブがそのまま甘味になるように、煩悩《ぼんのう》（苦しみ）一杯が、功徳《くどく》（幸せ）一杯となる

無明《むみょう》が晴れた聖人には、知らされた煩悩一杯《ぼんのういっぱい》が、「恥《は》ずべし、傷《いた》むべし」の懺悔《ざんげ》となり、そのままが「よろこばしきかな……慶喜《きょうき》いよいよいたり」の歓喜《かんぎ》となっている。苦悩《くのう》がそのまま歓喜《かんぎ》となる煩悩即菩提《ぼんのうそくぼだい》の不思議《ふしぎ》さを、つぎのようなたとえで説《と》かれている。

> 罪障功徳《ざいしょうくどく》の体《たい》となる
> 氷《こおり》と水《みず》のごとくにて

氷《こおり》多《おお》きに水《みず》多《おお》し
障《さわ》り多《おお》きに徳《とく》多《おお》し　（『高僧和讃《こうそうわさん》』）

「無明《むみょう》の闇《やみ》が破《やぶ》れると、欲《よく》や怒《いか》りの煩悩《ぼんのう》（罪障《ざいしょう》）の氷が解《と》けて、幸せよろこぶ菩提《ぼだい》の水（功徳《くどく》の体《たい》）となる。大きな氷ほど解《と》けた水が多いように、極悪最下《ごくあくさいげ》の親鸞こそが、極善無上《ごくぜんむじょう》の幸せ者だ」

シブ柿《がき》のシブがそのまま甘味《あまみ》になるように、煩悩《ぼんのう》（苦しみ）一杯《いっぱい》が功徳《くどく》（幸せ）一杯《いっぱい》となる、すごい確信《かくしん》に満《み》ちている。

主上《しゅじょう》・臣下《しんか》、法《ほう》にそむき義《ぎ》に違《い》し、忿《いかり》を成《な》し、怨《あだ》をむすぶ　（『教行信証《きょうぎょうしんしょう》』）

「天皇《てんのう》から家臣《かしん》にいたるまで、仏法《ぶっぽう》に反逆《はんぎゃく》し正義《せいぎ》を踏《ふ》みにじり、怒《いか》りにまかせて大罪《だいざい》を犯《おか》す。ああ、なんたる暴挙《ぼうきょ》ぞ」

聖人三十五歳、権力者《けんりょくしゃ》の横暴《おうぼう》で、越後流刑《えちごるけい》になったときの激怒《げきど》である。

それがどうだろう。

大師聖人《だいししょうにん》（法然上人《ほうねんしょうにん》）、もし流刑《るけい》に処《しょ》せられたまわずば、われまた配所《はいしょ》におもむかんや。もしわれ配所《はいしょ》におもむかずんば、何《なに》によりてか辺鄙《へんぴ》の群類《ぐんるい》を化《け》せん。これなお師教《しきょう》の恩致《おんち》なり
（『御伝鈔《ごでんしょう》』）

「法然上人《ほうねんしょうにん》が、もし流刑《るけい》にあわれなかったら、親鸞もまた、流罪《るざい》にならなかったであろう。もし私が流刑《るけい》にあわなければ、越後《えちご》の人々に人生の目的、伝えられなかったにちがいない。なんとありがたいことだったのか。すべては法然上人《ほうねんしょうにん》のおかげである」

嘆《なげ》き多きに歌声高し。苦悩《くのう》がそのまま歓喜《かんぎ》と変わる「転悪成善《てんあくじょうぜん》」（悪が、そのまま善となる）「煩悩即菩提《ぼんのうそくぼだい》」（煩悩《ぼんのう》が、そのまま菩提《ぼだい》となる）の大信海不思議《だいしんかいふしぎ》の実証《じっしょう》であろう。

ふかく如来《にょらい》の矜哀《こうあい》を知《し》りて、まことに師教《しきょう》の恩厚《おんこう》をあおぐ。
慶喜《きょうき》いよいよ至《いた》り、至孝《しこう》いよいよ重《おも》し。（中略）
ただ、仏恩《ぶっとん》の深《ふか》きことを念《ねん》じて、人倫《じんりん》の嘲《あざけり》を恥《は》じず
（『教行信証《きょうぎょうしんしょう》』）

「どうして、こんな幸せに救《すく》い摂《と》られたのか。よろこばずにおれない。感謝《かんしゃ》せずにいられない。ますます如来《にょらい》の深《ふか》き慈愛《じあい》を知らされて、どんなに、けなされ罵《ののし》られようとも、前進せずにおられない」

押《お》し寄《よ》せる嘲笑《ちょうしょう》、罵倒《ばとう》、弾圧《だんあつ》などが、大きければ大きいほど、如来《にょらい》への報恩感謝《ほうおんかんしゃ》のよろこびも大きく、九十年の生涯《しょうがい》、たくましい生きざまと転《てん》じている。

「衆禍《しゅうか》の波《なみ》、転《てん》ず」（苦しみが、よろこびに転《てん》じ変《か》わる）

とほほえまれる聖人が、輝《かがや》きをもって迫《せま》ってくるのである。

(24)『歎異抄《たんにしょう》』と人生の目的

⦿〝すべての人を見捨てられない幸福（摂取不捨《せっしゅふしゃ》の利益《りやく》）にせずにはおかぬ〟弥陀《みだ》の誓願《せいがん》

親鸞聖人の言葉として、多くの人に親《した》しまれている『歎異抄《たんにしょう》』は、十八章からなっている。全章は第一章におさまり、一章はまた、冒頭《ぼうとう》の「弥陀《みだ》の誓願《せいがん》不思議《ふしぎ》にたすけられ参《まい》らせて」の一言《ひとこと》におさまる。それは〝誓願不思議《せいがんふしぎ》の救《すく》い〟であり、〝二種深信《にしゅじんしん》〟

のほかにはない。
美文名文《びぶんめいぶん》として記憶《きおく》に残る『歎異抄《たんにしょう》』も、「二種深信《にしゅじんしん》」を知らねば、子供に持たせたカミソリになる恐《おそ》れのある本だから、蓮如上人《れんにょしょうにん》は、誰《だれ》にでも読ませてはならないと忠告《ちゅうこく》されている。
まず、第一章前半の原文《げんぶん》から見てみよう。

「弥陀《みだ》の誓願不思議《せいがんふしぎ》に、たすけられ参《まい》らせて、往生《おうじょう》をば遂《と》ぐるなり」と信《しん》じて、「念仏申《ねんぶつもう》さん」と、思《おも》いたつ心《こころ》の発《おこ》るとき、すなわち、摂取不捨《せっしゅふしゃ》の利益《りやく》にあずけしめ給《たも》うなり。
弥陀《みだ》の本願《ほんがん》には、老少《ろうしょう》・善悪《ぜんあく》の人《ひと》をえらばず、ただ、信心《しんじん》を要《よう》とすと知《し》るべし
（『歎異抄《たんにしょう》』一章）

「弥陀《みだ》の誓願《せいがん》は、〝すべての者を、摂取不捨《せっしゅふしゃ》の利益《りやく》（絶対《ぜったい》の幸福《こうふく》）にせずにはおかぬ〟という誓《ちか》いである。その弥陀《みだ》の誓願《せいがん》まことだったと知らされ、念仏《ねんぶつ》申さんと思いたつ

心のおきたとき、摂取不捨《せっしゅふしゃ》の利益《りやく》にあずかり〝絶対《ぜったい》の幸福《こうふく》〟になれる。善人悪人《ぜんにんあくにん》などの分《わ》け隔《へだ》ては、まったくない」

『歎異抄《たんにしょう》』を読む動機《どうき》はいろいろだろう。名文《めいぶん》だから、有名だから、親鸞聖人に関心《かんしん》があるから、などなどあろうが、やはり、ここに説《と》かれる「摂取不捨《せっしゅふしゃ》の利益《りやく》」に生きたいから、と思いたい。

「摂取不捨《せっしゅふしゃ》」とは文字通り〝摂《おさ》め取《と》って捨てぬ〟ことであり、「利益《りやく》」は〝幸福〟をいう。〝ガチッと摂《おさ》め取《と》られて、捨てられない幸福〟を「摂取不捨《せっしゅふしゃ》の利益《りやく》」と言われる。

私たちは、健康から、子供から、恋人から、友人から、会社から、金や財から、名《めい》誉《よ》や地位から、捨てられないかと戦々恐々《せんせんきょうきょう》としてはいないだろうか。幸福に見捨《みす》てられるのではなかろうかと、薄氷《はくひょう》を踏《ふ》むようにいつも不安におびえている。捕《と》らえたと思った楽しみも一夜《いちや》の夢《ゆめ》、握《にぎ》ったと信じた幸福も一朝《いっちょう》の幻《まぼろし》、線香花火《せんこうはなび》のように儚《はかな》いものだと知っているからである。たとえしばらくあったとしても、やがて、すべてから見放《みはな》されるときが来る。

蓮如上人《れんにょしょうにん》の遺訓《いくん》を聞いてみよう。

まことに死《し》せんときは、かねてたのみおきつる妻子《さいし》も財宝《ざいほう》も、わが身《み》には一《ひと》つも、相添《あいそ》うことあるべからず。されば、死出《しで》の山路《やまじ》の末《すえ》・三途《さんず》の大河《たいが》をば、ただ一人《ひとり》こそ行《ゆ》きなんずれ　（『御文章《ごぶんしょう》』）

「いままで頼《たよ》りにし、力にしてきた妻子や金や物も、いよいよ死んでゆくときは、何一つ頼《たよ》りになるものはない。すべてから見放《みはな》されて、一人でこの世を去らねばならない。丸裸《まるはだか》でいったい、どこへゆくのだろうか」

咲《さ》き誇《ほこ》った花も散《ち》るときが来るように、死の巌頭《がんとう》に立てば、必死《ひっし》にかき集めた財宝《ざいほう》も、名誉《めいよ》も地位も、すべてわが身から離散《りさん》し、一人で地上《ちじょう》を去らねばならぬ。

これほどの不幸があるだろうか。こんな大悲劇《だいひげき》に向かっている人類《じんるい》に、絶対《ぜったい》の幸福《こうふく》の厳存《げんぞん》を明示《めいじ》されているのが、親鸞聖人である。絶対捨てられない身にガチッと摂《おさ》め取《と》られて、

「人身《じんしん》受《う》け難《がた》し、今《いま》すでに受《う》く」（釈尊）

〝よくぞ人間《にんげん》に生まれたものぞ〟と、ピンピン輝《かがや》く摂取不捨《せっしゅふしゃ》の幸福《こうふく》こそ、万人《ばんにん》の求めるものであり、人生の目的なのだ。

◉念仏《ねんぶつ》を称《とな》えたときに救われるのでもなければ、称《とな》えていれば助かるのでもない。〝称《とな》えよう〟と思いたつ心の、おきたときである

『歎異抄《たんにしょう》』の愛読者《あいどくしゃ》は多いが、〝摂取不捨《せっしゅふしゃ》の利益《りやく》にあずかること〟が人生の目的と知る人は少ないのではなかろうか。山に入って山が見えないのかもしれないが、「摂取《せっしゅ》不捨《ふしゃ》の利益《りやく》」を得《え》て人生の目的を成就《じょうじゅ》した人を「念仏者《ねんぶつしゃ》」といい、その至福《しふく》の世界を「無碍《むげ》の一道《いちどう》」(『歎異抄《たんにしょう》』七章)と説《と》かれている。

「無碍《むげ》の一道《いちどう》」については、次の章で詳《くわ》しく述《の》べるが、まず、どうすれば「摂取不捨《せっしゅふしゃ》の利益《りやく》」にあずかるかを聞いてみよう。答えは次の文章である。

「『念仏申《ねんぶつもう》さん』と思《おも》いたつ心《こころ》の発《おこ》るとき、すなわち、摂取不捨《せっしゅふしゃ》の利益《りやく》に、あずけしめ給《たも》うなり」

摂取不捨《せっしゅふしゃ》の幸福になれるのは、〝念仏称《ねんぶつとな》えようと、思いたつ心の、おきたとき〟と明言《めいげん》されている。念仏称《ねんぶつとな》えたときに摂取不捨《せっしゅふしゃ》の幸福になるのでもなければ、称《とな》えていればなるのでもない。念仏称《ねんぶつとな》える前のことである。南無阿弥陀仏《なむあみだぶつ》の「な」も言わない前の〝称《とな》えよう〟と思いたつ心の、おきたときなのだ。

〝念仏称《ねんぶつとな》えよう〟と思いたつ心のおきたとき、といっても、いろいろの場合が考えられる。

夜中《よなか》に一人で、墓場《はかば》の近くを歩いているときに称《とな》えようと思う念仏《ねんぶつ》もあろう。無意識《むいしき》であっても、魔《ま》よけの心が働《はたら》いているのかもしれない。肉親《にくしん》の死にあって、悲しみに暮《く》れて称《とな》える念仏《ねんぶつ》もあろう。台本《だいほん》にあるから仕方《しかた》なしに称《とな》える俳優《はいゆう》の念仏《ねんぶつ》もあるだろう。〝念仏称《ねんぶつとな》えようと思いたつ心〟といっても、さまざまである。

◉「『念仏申さん』と思いたつ心」＝「他力《たりき》の信心」他力《たりき》とは〝弥陀《みだ》より賜《たまわ》ること〟

そうなると摂取不捨《せっしゅふしゃ》の利益《りやく》にあずかる、「『念仏《ねんぶつ》申さん』と思いたつ心」とはどんな心か。俄然《がぜん》、大問題となってくる。この「心」ひとつが、摂取不捨《せっしゅふしゃ》の幸福になれるか、どうか、人生の目的果《は》たせるか、否《いな》かのカギになるからである。

その心の表明《ひょうめい》こそが、第一章冒頭《ぼうとう》の、

「弥陀《みだ》の誓願不思議《せいがんふしぎ》に、たすけられ参《まい》らせて、往生《おうじょう》をば遂《と》ぐるなりと信《しん》じて」

の言葉なのだ。

「弥陀《みだ》の誓願不思議《せいがんふしぎ》にたすけられ参《まい》らせて」とは、〝摂取不捨《せっしゅふしゃ》の利益《りやく》にあずかって、弥陀《みだ》の誓願不思議《せいがんふしぎ》だった〟と知らされたこと。

「往生《おうじょう》をば遂《と》ぐるなりと信《しん》じて」とは、〝必ず浄土《じょうど》へ往《ゆ》ける〟と、往生《おうじょう》が本決《ほんぎ》まりになった後生明《ごしょうあか》るい心《こころ》である。

言葉に前後があるが、「弥陀《みだ》の誓願不思議《せいがんふしぎ》にたすけられ参《まい》らせた」も、「往生《おうじょう》をば遂《と》ぐるなりと信《しん》じた」も、「念仏申《ねんぶつもう》さんと思《おも》いたつ心《こころ》」「摂取不捨《せっしゅふしゃ》の利益《りやく》」も同じ心だが、同時に書いたり、言ったりはできないから、前後のできるのは仕方《しかた》がない。

これらは弥陀《みだ》より賜《たまわ》る心であるから、「摂取不捨《せっしゅふしゃ》の利益《りやく》にあずけしめたもう」といわれている。弥陀《みだ》よりあずけしめたもう心であるから、「他力《たりき》の信心《しんじん》」といわれる。「他力《たりき》」とは、〝弥陀《みだ》より賜《たまわ》ること〟である。

◉摂取不捨《せっしゅふしゃ》の幸福になるには、老若男女、慈善家、殺人犯、頭の良し悪しなどは関係ない。他力の信心ひとつが肝要《かんよう》

「他力《たりき》の信心《しんじん》を得《え》た」とは、摂取不捨《せっしゅふしゃ》の利益《りやく》にあずかったことをいうのだと、聖人はつぎのように言われている。

> 信心《しんじん》の定《さだ》まると申《もう》すは、摂取《せっしゅ》にあずかる時《とき》にて候《そうろう》なり。その後《のち》は、正定聚《しょうじょうじゅ》の位《くらい》にて、まことに浄土《じょうど》へ生《うま》るるまでは候《そうろう》べし
> （『末灯鈔《まっとうしょう》』）

「〝信心《しんじん》が定《さだ》まる〟とは、摂取不捨《せっしゅふしゃ》の幸福を獲得《かくとく》したときだ。それからは死ぬまで、

必ず浄土《じょうど》へ往《ゆ》ける大安心・大満足《だいまんぞく》の、正定聚《しょうじょうじゅ》といわれる身になるのである」「信心《しんじん》の定《さだ》まる」ことを聖人は、「信心《しんじん》の決定《けつじょう》」とも「信心《しんじん》の獲得《ぎゃくとく》」とも言われている。

「信心《しんじん》」といっても、一般《いっぱん》に使われているような、金が儲《もう》かる、病気がなおる、ゴリヤクがあるから信じる信心《しんじん》とは、まったく異《こと》なる。

聖人の説《と》かれる信心《しんじん》は、〝念仏申《ねんぶつもう》さんと思《おも》いたつ心《こころ》のおきた〟瞬間《しゅんかん》に、摂取不捨《せっしゅふしゃ》の幸福を得《え》て人生の目的が完成《かんせい》する「二種深信《にしゅじんしん》」であり、「他力《たりき》の信心《しんじん》」のことである。『教行信証《きょうぎょうしんしょう》』には、この他力《たりき》の信心《しんじん》以外に説《と》かれていないから、聖人の教えを「唯信《ゆいしん》独達《どくだつ》の法門《ほうもん》」といわれる。〝他力《たりき》の信心《しんじん》一つで人生の目的が完成《かんせい》する〟ことである。

『歎異抄《たんにしょう》』一章では、それを、

「弥陀《みだ》の本願《ほんがん》には、老少《ろうしょう》・善悪《ぜんあく》の人《ひと》をえらばず、ただ、信心《しんじん》を要《よう》とすと知《し》るべし」

摂取不捨《せっしゅふしゃ》の幸福になるには、老若男女《ろうにゃくなんにょ》、慈善家《じぜんか》、殺人犯《さつじんはん》、頭の良《よ》し悪《あ》しなどは関係ないが、他力《たりき》の信心《しんじん》ひとつが肝要《かんよう》と、目釘《めくぎ》がさしてある。

では「念仏《ねんぶつ》」とは何であろうか。

摂取不捨《せっしゅふしゃ》の利益《りやく》に生かされてからの念仏《ねんぶつ》は、すべて、人生の目的達成《たっせい》できたうれしさに、称《とな》えずにおれない報恩感謝《ほうおんかんしゃ》の念仏《ねんぶつ》となる、と聖人は説《と》かれている。蓮如上人《れんにょしょうにん》も一貫《いっかん》して変わらない。

「摂取不捨《せっしゅふしゃ》」というは、おさめとりて捨《す》てたまわずというこころなり。このこころを、信心《しんじん》を獲《え》たる人《ひと》とは申《もう》すなり。さてこの上《うえ》には、寝《ね》ても覚《さ》めても立《た》ても居《い》ても、南無阿弥陀仏《なむあみだぶつ》と申《もう》す念仏《ねんぶつ》は、弥陀《みだ》に、はやたすけられまいらせつる、かたじけなさの弥陀《みだ》のご恩《おん》を、南無阿弥陀仏《なむあみだぶつ》と称《とな》えて報《ほう》じ申《もう》す念仏《ねんぶつ》なりと心得《こころう》べきなり

（『御文章《ごぶんしょう》』）

「『摂取不捨《せっしゅふしゃ》』と救《すく》い摂《と》られたうれしさに、称《とな》えずにおれない念仏《ねんぶつ》は、感謝一杯《かんしゃいっぱい》のお礼である」

それがどうしたことか、学校の教科書までが「念仏《ねんぶつ》を称《とな》えたら、極楽《ごくらく》へ往《ゆ》けると教えたのが親鸞聖人」となっている。カミソリ聖教《しょうぎょう》の異名《いみょう》を持つ『歎異抄《たんにしょう》』の誤解《ごかい》から

負けている
人を弱しと
思うなよ
忍ぶ心の
強きゆゑなり

とすれば恐《おそ》ろしい。

◉悪人が、どうして無上の幸福者になれるのか、もっとも罪の重い人を救うための本願《ほんがん》だからだ

大人には重宝《ちょうほう》なカミソリでも、子供が持てば凶器《きょうき》にもなる。『歎異抄《たんにしょう》』には、そんな言葉が散在《さんざい》するので、たとえられるのもうなずける。

一章後半の、つぎの文章も、カミソリのようだといわれている。

> そのゆえは、罪悪深重《ざいあくじんじゅう》・煩悩熾盛《ぼんのうしじょう》の衆生《しゅじょう》を、たすけんがための願《がん》にてまします。しかれば、本願《ほんがん》を信《しん》ぜんには、他《た》の善《ぜん》も要《よう》にあらず、念仏《ねんぶつ》にまさるべき善《ぜん》なきが故《ゆえ》に、悪《あく》をもおそるべからず、弥陀《みだ》の本願《ほんがん》をさまたぐるほどの悪《あく》なきが故《ゆえ》に、と云々《うんぬん》
>
> （『歎異抄《たんにしょう》』一章）

「悪人《あくにん》が、どうして無上《むじょう》の幸福者になれるのか、といえば、もっとも罪《つみ》の重い人を救《すく》うための本願《ほんがん》だからである。してみれば、弥陀《みだ》の本願《ほんがん》に救《すく》い摂《と》られたならば、一切《いっさい》の善に用事はないし、どんな悪も恐《おそ》れはしない。弥陀《みだ》に救《すく》い摂《と》られた以上のよろこびはないし、その幸せを崩《くず》せる悪もないからである」

〝悪人《あくにん》が正客《しょうきゃく》だそうだから善には用事がない、悪いことを沢山《たくさん》すればよいのだ〟とまでは思わなくとも、そんな気分になる人は少なくないのではなかろうか。ここも二種《にしゅ》深信《じんしん》を知らねば大ケガするところと、指摘《してき》しておかねばならないであろう。

◉「こんな私は、救われないのではなかろうか」と悪を恐れるのは、〝絶対助からぬ極悪人《ごくあくにん》〟と、知らされていないから

「他《た》の善《ぜん》も要《よう》にあらず、念仏《ねんぶつ》にまさるべき善《ぜん》なきが故《ゆえ》に」

とは、たとえば、苦しんできた難病《なんびょう》が、特効薬《とっこうやく》で完治《かんち》した人に、薬を探《さが》すことがある

だろうか。他の薬が欲《ほ》しいのは、全快《ぜんかい》していないからである。ハッキリ救《すく》い摂《と》られた念仏者《ねんぶつしゃ》に、救《すく》われるために励《はげ》む善などあろうはずがないのだ。善が欲《ほ》しいのは救《すく》われていない証《あか》しである。

摂取不捨《せっしゅふしゃ》の幸福に生かされ、人生の目的を達成《たっせい》すれば、一息《ひといき》一息に生命《せいめい》の尊厳《そんげん》さが知らされ、報恩感謝《ほうおんかんしゃ》に全力（善）つくさずにおれなくなるが、〝人生の目的成就《じょうじゅ》のため〟にする心は微塵《みじん》もない、との確言《かくげん》である。

「悪《あく》をもおそるべからず、弥陀《みだ》の本願《ほんがん》をさまたぐるほどの悪《あく》なきが故《ゆえ》に」

とあるのは、無類《むるい》の極悪人《ごくあくにん》であったと照《て》らされて（機《き》の深信《じんしん》）、それが弥陀《みだ》の正客《しょうきゃく》だったと驚《おどろ》いた（法《ほう》の深信《じんしん》）念仏者《ねんぶつしゃ》に、恐《おそ》れる悪などあろうはずがない、ということだ。

「こんな私は、救《すく》われないのではなかろうか」

と悪を恐《おそ》れるのは、〝絶対助からぬ極悪人《ごくあくにん》〟と知らされていないからである。

罪悪深重《ざいあくじんじゅう》、煩悩熾盛《ぼんのうしじょう》の極悪人《ごくあくにん》と照《て》らし抜《ぬ》かれ、救《すく》い摂《と》られた念仏者《ねんぶつしゃ》なら、善も欲《ほ》しからず悪も恐《おそ》れずの、善悪《ぜんあく》を超越《ちょうえつ》した世界で大満足《だいまんぞく》しているのだよ、と親鸞聖人は言われているのである。

(25) 人生の目的は「無碍《むげ》の一道《いちどう》」

◉「我に自由を与えよ　しからずんば死を！」
――真の自由はいずこに

「智《ち》に働《はたら》けば角《かど》が立つ。情《じょう》に棹《さお》させば流される。意地《いじ》を通せば窮屈《きゅうくつ》だ。とかくに人の世は住みにくい」

（夏目漱石『草枕』）

「人間《にんげん》は自由なものとして生まれたが、しかし、いたる所で鎖《くさり》につながれている」

（ルソー『社会契約論』）

古今東西《ここんとうざい》、変わらぬ嘆《なげ》きではなかろうか。

親の期待《きたい》にがんじがらめにされる子供。夫は職場《しょくば》にしばられ、妻は家庭にしばられる。老《お》いては暗い六畳間《ろくじょうま》に幽閉《ゆうへい》される。自由を願いながら、どこにも自由はないようである。

そんな中、親鸞聖人は、さえぎるものなき「無碍《むげ》の一道《いちどう》」のあることを、宣言《せんげん》されるのだ。『歎異抄《たんにしょう》』では、第七章である。

> 念仏者《ねんぶつしゃ》は、無碍《むげ》の一道《いちどう》なり。そのいわれ如何《いかん》とならば、信心《しんじん》の行者《ぎょうじゃ》には、天神《てんじん》・地祇《ちぎ》も敬伏《きょうぶく》し、魔界《まかい》・外道《げどう》も障碍《しょうげ》することなし。罪悪《ざいあく》も業報《ごうほう》を感《かん》ずることあたわず、諸善《しょぜん》も及《およ》ぶことなきゆえに、無碍《むげ》の一道《いちどう》なり、と云々《うんぬん》
>
> （『歎異抄《たんにしょう》』七章）

平易《へいい》にいえばこうである。

「摂取不捨《せっしゅふしゃ》の利益《りやく》を得《え》た念仏者《ねんぶつしゃ》は、一切《いっさい》のさわりがさわりにならぬ、素晴《すば》らしい世界

に生かされる。それはどうしてかといえば、他力《たりき》の信心《しんじん》を得《え》た行者《ぎょうじゃ》には、天地《てんち》の神々《かみがみ》も敬《うやま》って頭を下げ、魔界外道《まかいげどう》も恐《おそ》れ入《い》ってしまうからだ。どんな悪報《あくほう》も苦にならないし、いかに優《すぐ》れた人の努力（諸善《しょぜん》）の結果《けっか》も及《およ》ばない、まったく放《はな》たれた自由人《じゆうじん》となるからである」

まず驚《おどろ》くのは、「念仏者《ねんぶつしゃ》は、無碍《むげ》の一道《いちどう》なり」の断言《だんげん》だろう。

念仏者《ねんぶつしゃ》と聞くと〝南無阿弥陀仏《なむあみだぶつ》〟と称《とな》えている、すべての人と思うだろうが、称《とな》え心《ごころ》はまちまちだ。科学的に分析《ぶんせき》すれば同じ涙《なみだ》でも、〝うれし涙《なみだ》〟やら〝悲し涙《なみだ》〟〝くやし涙《なみだ》〟など、心はいろいろあるように、口では同じく南無阿弥陀仏《なむあみだぶつ》と称《とな》えていても、〝念仏《ねんぶつ》も善の一つ〟ぐらいに思っている人もあれば、〝ずば抜《ぬ》けた善だ〟と信じて称《とな》えている人もいよう。

だが、無碍《むげ》の一道《いちどう》に生かされた〝うれしさ〟に、称《とな》えずにおれない念仏者《ねんぶつしゃ》もあるのだ。ここでいわれるのは、まさにその念仏者《ねんぶつしゃ》であって、前章で述《の》べた、摂取不捨《せっしゅふしゃ》の至《し》福《ふく》の身になった、他力《たりき》の信心《しんじん》を獲得《ぎゃくとく》した人のことである。すぐあとに「信心《しんじん》の行者《ぎょうじゃ》」と言いかえられていることからも、それは明白《めいはく》であろう。

⦿〝雨がやまないように〟〝山がもっとさびしければ〟〝村がもっと遠ければいい〟……。恨んでいた道の遠さも、今は少しも苦にならない

さわりだらけの世界のさわりのままで、自由に生きられるなんて、本当なのか。誰《だれ》にでも納得《なっとく》できるような説明《せつめい》は困難《こんなん》だが、こんなたとえででも想像《そうぞう》してもらおう。

少年は山ひとつ越《こ》えた学校へ、一人で通学《つうがく》しなければならなかった。課外活動《かがいかつどう》で遅《おそ》くなった帰路《きろ》などは、どきっとするようなさびしい山道もある。夏はジリジリ照《て》りつける太陽に焼かれ、冬は容赦《ようしゃ》なくたたきつける吹雪《ふぶき》に、しゃがみこむこともあった。雨がふると、たちまち坂道《さかみち》が滝《たき》になる。

「ああ、もっと学校が近ければ……。この山さえなかったら……」

いつも山と道とが、恨《うら》めしかった。

やがて学校に、美しい少女が転校《てんこう》してきた。なんと彼女は同じ村ではないか。以来、しばしば一緒《いっしょ》に通学《つうがく》し、遠い学校のこと、さびしい山道のことなども語《かた》りあう、親《した》しい仲になっていた。

ある日、学校を出てしばらくすると、にわか雨におそわれた。なかなかやみそうにない。傘《かさ》は少女の一本だけ。思いがけずに相合傘《あいあいがさ》になった少年は、村に着くまでひそかに願った。

〝雨がやまないように〟〝山がもっとさびしければ〟〝村がもっと遠ければいい〟

〝苦しめるもの〟と、あんなに恨《うら》んでいた道の遠さも、山のさびしさも、変わってはいないのに、今は少しも苦にならない。〝さわり〟がかえって楽しみになっているようなのだ。一時的《いちじてき》にしろ、誰《だれ》にでも、身に覚《おぼ》えのあることではなかろうか。

◉不自由の中に　自在の自由を満喫《まんきつ》する「無碍《むげ》の一道《いちどう》」

再《ふたた》び『歎異抄《たんにしょう》』七章の、原文《げんぶん》にかえろう。

「天神地祇《てんじんちぎ》も敬伏《きょうぶく》し」

とは、天地《てんち》の神々《かみがみ》までもが敬伏《きょうぶく》するのだから、念仏者《ねんぶつしゃ》をすべての人が尊敬《そんけい》する、ということではない。念仏者《ねんぶつしゃ》の聖人が、生涯《しょうがい》、非難中傷《ひなんちゅうしょう》の渦中《かちゅう》であったことを知れば、おのずと明《あき》らかであろう。

では、なぜ諸神《しょじん》も敬伏《きょうぶく》すると言われたのか。苦悩の根元《こんげん》（無明《むみょう》の闇《やみ》）を破《やぶ》る弥陀《みだ》の誓願《せいがん》の不思議《ふしぎ》さと、その誓願《せいがん》を開顕《かいけん》する念仏者《ねんぶつしゃ》の信念《しんねん》に、〝天神地祇《てんじんちぎ》も敬伏《きょうぶく》する〟と言われているのである。

「魔界外道《まかいげどう》も障碍《しょうげ》することなし」

といっても、不幸や災難《さいなん》がおきなくなるとか、外道《げどう》や邪教徒《じゃきょうと》からの非難攻撃《ひなんこうげき》がなくなることではない。

〝人間《にんげん》に生まれてよかった〟の大生命《だいせいめい》の歓喜《かんぎ》を得《う》れば、どんなにあざけり笑われ、攻撃《こうげき》されようとも、誓願不思議《せいがんふしぎ》を伝え切る念仏者《ねんぶつしゃ》の前進《ぜんしん》を、何者《なにもの》もさまたげることはできない、ということだ。

「ただ、仏恩《ぶっとん》の深《ふか》きことを念《ねん》じて、人倫《じんりん》の嘲《あざけり》を恥《は》じず」（『教行信証《きょうぎょうしんしょう》』）

四面楚歌《しめんそか》の九十年、独《ひと》り突《つ》き進《すす》まれた聖人の、激《はげ》しさ、厳《きび》しさ、たくましさの秘密《ひみつ》を知る思いがする。

「罪悪《ざいあく》も、業報《ごうほう》を感《かん》ずることあたわず」

とは、悪い結果《けっか》があらわれて苦しむときは〝まかぬ種《たね》は生《は》えぬ〟みんなわが身のまいたタネ、どんな報《むく》いを受けても文句《もんく》の言えない極悪人《ごくあくにん》が、摂取不捨《せっしゅふしゃ》の幸福者とは不思《ふし》議《ぎ》の中の不思議《ふしぎ》、

「弥陀《みだ》の誓願《せいがん》をよくよく案《あん》ずれば、ひとえに親鸞一人《しんらんいちにん》がため」

と、懺悔《ざんげ》と歓喜《かんぎ》に転《てん》じたからである。

いかなる振《ふ》る舞《ま》いもする「地獄一定《じごくいちじょう》」の自己《じこ》と、そのまま「極楽一定《ごくらくいちじょう》」にする弥陀《みだ》の誓願《せいがん》を、同時に知らされていた聖人であったからこそ、言えたことであろう。

悲しみもよろこびも、不安も安心も、災難《さいなん》も幸福も、すべてが、命一杯《いっぱい》生きとげる純全《じゅんぜん》な輝《かがや》きに、転《てん》じ変《か》わってしまうのである。

人間《にんげん》の努力が生み出す、どんな結果《けっか》も及《およ》ばない世界だから、

「諸善《しょぜん》もおよぶことなき無碍《むげ》の一道《いちどう》」

と言われている。

不自由の中に自在の自由を満喫《まんきつ》する「無碍《むげ》の一道《いちどう》」こそが、すべての人の求めてやまない究極《きゅうきょく》の目的なのだ。

(26) 人生の目的も「みんなちがって　みんないい」のか

◉いつでもどこでも　いわれていること

「人生の目的は、人それぞれ」

「万人共通《ばんにんきょうつう》の人生の目的などあるはずがない」

などと聞くと、親鸞学徒ならば一つの論争《ろんそう》を思い出すにちがいない。

それは親鸞聖人が、法然上人《ほうねんしょうにん》の弟子であったときのことである。

法然門下《ほうねんもんか》の高弟《こうてい》といわれていた聖信房《しょうしんぼう》・勢観房《せいかんぼう》・念仏房《ねんぶつぼう》を相手に、同じ問題で争《あらそ》われたことが伝えられているからだ。

聖信房《しょうしんぼう》・勢観房《せいかんぼう》・念仏房《ねんぶつぼう》らの主張《しゅちょう》は、こうである。

「法然上人《ほうねんしょうにん》の信心《しんじん》と、われわれの信心《しんじん》が同じになれるはずがない。異《こと》なって当然《とうぜん》だろう。智恵第一《ちえだいいち》の法然房《ほうねんぼう》と称讃《しょうさん》されるお師匠《ししょう》さまと、どうして同じ信心《しんじん》になれようぞ」

彼らがいかに法然上人《ほうねんしょうにん》を尊敬《そんけい》していたかは、よくわかる。

そんな法友《ほうゆう》たちの意見《いけん》を、真《ま》っ向《こう》から否定《ひてい》されたのが聖人だった。

「法然上人《ほうねんしょうにん》の信心《しんじん》と親鸞の信心《しんじん》は同じでございます。それは決《けっ》して、お師匠《ししょう》さまと智《ち》恵《え》や学問《がくもん》、才覚《さいかく》が同じだというのではありません。信心《しんじん》のことを言っているのです」

この発言《はつげん》に、彼らは驚《おどろ》きとまどい、やがては師匠《ししょう》を冒瀆《ぼうとく》する高慢野郎《こうまんやろう》と強い不快感《ふかいかん》をあらわにした。

聖信房《しょうしんぼう》・勢観房《せいかんぼう》・念仏房《ねんぶつぼう》らには、智恵《ちえ》や学問《がくもん》、経験《けいけん》などと無関係な信心《しんじん》など、到底《とうてい》考えられなかったからであろう。

こんなことでおきた論争《ろんそう》なので「信心同異《しんじんどうい》の諍論《じょうろん》」といわれ、聖人の三大諍論《さんだいじょうろん》の一つになっている。

なぜこの論争《ろんそう》を、ここで想起《そうき》するかといえば、つぎに説明《せつめい》するように、「信心《しんじん》は人それぞれ」という主張《しゅちょう》と「人生の目的は人それぞれ」とは、まったく同じことだからである。

◉「人生の目的は、法然上人も親鸞もまったく同じ。人として生まれてきた目的のことを言っているのだ」

「信心《しんじん》」と聞くと、無宗教《むしゅうきょう》の自分とは、なんの関係もないように思う人があるかもしれないが、ひろくいえば、仏や神を信ずるだけが信心《しんじん》ではなかろう。私たちは、命や健康、金や財産、名誉《めいよ》や地位、子供は親を、妻は夫を、何かを信じなければ生きてはゆけない。生きるとは信ずることだといえよう。

明日もあるという命の信心《しんじん》、達者《たっしゃ》でおれると思っている健康信心《けんこうしんじん》、金《かね》の信心《しんじん》やら、財《ざい》の信心《しんじん》、権力信心《けんりょくしんじん》やら名誉信心《めいよしんじん》、地位信心《ちいしんじん》、科学信心《かがくしんじん》、医学信心《いがくしんじん》、思想信心《しそうしんじん》など、信じているものはいろいろある。

〝何を〟命として信ずるか、また、〝その信じ方〟も、智恵《ちえ》や学問《がくもん》、経験《けいけん》などの違《ちが》いで人それぞれだから、「信心《しんじん》は人それぞれ」となるのも当然《とうぜん》である。各人が命として信じていることが、「人生の目的」のようにいわれているので、「人生の目的」も人それぞれと言われるのもうなずける。

聖信房《しょうしんぼう》・勢観房《せいかんぼう》・念仏房《ねんぶつぼう》たちの意見《いけん》を、言いかえればこうなろう。

「法然上人《ほうねんしょうにん》の人生の目的と、われわれの目的は異《こと》なって当たり前。智恵第一《ちえだいいち》と称讃《しょうさん》されるお師匠《ししょう》さまと、同じ目的がどうして果《は》たせようぞ」

人生の目的を、〝人それぞれ〟という主張《しゅちょう》を認《みと》めぬ聖人は、真《ま》っ向《こう》から対立される。

「人生の目的は、法然上人《ほうねんしょうにん》も親鸞もまったく同じ。それは智恵《ちえ》や学問《がくもん》、経験《けいけん》などが同一ということではない。人として生まれてきた目的のことを言っているのだ」

◉「自力の信心」に、万人共通などあろうはずがない

このときの判決文《はんけつぶん》ともいうべき、法然上人《ほうねんしょうにん》の言葉がのこっている。

信心《しんじん》の、かわると申《もう》すは、自力《じりき》の信《しん》にとりての事《こと》なり。すなわち、智慧《ちえ》各《かく》別《べつ》なるが故《ゆえ》に信《しん》また各別《かくべつ》なり。
他力《たりき》の信心《しんじん》は、善悪《ぜんあく》の凡夫《ぼんぶ》、ともに仏《ぶつ》の方《かた》よりたまわる信心《しんじん》なれば、源空《げんくう》が信心《しんじん》も善信房《ぜんしんぼう》の信心《しんじん》も更《さら》にかわるべからず。ただ一《ひと》つなり。我《わ》が賢《かしこ》くて信《しん》ずるにあらず。
信心《しんじん》の、かわりおうておわしまさん人々《ひとびと》は、我《わ》が参《まい》らん浄土《じょうど》へは、よも参《まい》りたまわじ。よくよく心得《こころえ》らるべき事《こと》なり
（『御伝鈔《ごでんしょう》』）

信心《しんじん》が同一でないのは、「自力《じりき》の信心《しんじん》」であるからだ。そのものズバリの法然上人《ほうねんしょうにん》の言葉に驚《おどろ》く。「自力《じりき》の信心《しんじん》」とは、やがて必ず崩《くず》れ去《さ》る、智恵《ちえ》や学問《がくもん》、経験《けいけん》などで固《かた》めたものをいうからだ。
それにしても世の中なんと不公平《ふこうへい》なことか。賢《かしこ》い人、愚《おろ》かな人、善《よ》い人、悪《わる》い人、背の高い人、低い人、同じ人はないように、学問《がくもん》や才能《さいのう》、経験《けいけん》なども、千差万別《せんさばんべつ》、億《おく》

差兆別《さちょうべつ》である。それらのもので「間違《まちが》いない」と信《しん》じ固《かた》めた「自力《じりき》の信心《しんじん》」に、万人《ばんにん》共通《きょうつう》などあろうはずがない。

昔、飛騨《ひだ》の高山《たかやま》と、伊豆《いず》の大島《おおしま》から江戸見物に行った男らが、同宿《どうしゅく》して争《あらそ》っている。「断然《だんぜん》、太陽は山から出て、山へ入るものだ」と、高山《たかやま》の男は言う。「バカを言え。太陽は海から出て、海へ入るもの。この目でいつも見ていることだ」と、一歩も引かないのは大島《おおしま》の男。そこへ宿屋《やどや》の主人がやって来て、「そりゃ、お二人とも大間違《おおまちが》いじゃ。太陽は屋根《やね》から出て屋根《やね》へ入るもの」と笑ったという。

同じ時計《とけい》の音でも、金まわりのいい人には、「チョッキン、チョッキン、貯金《ちょきん》せよ」と聞こえるそうだが、借金《しゃっきん》に追われている者には、「シャッキン、シャッキン、あの借金《しゃっきん》どうするんだ」と時計《とけい》までが催促《さいそく》するという。一つの音でも思いが違《ちが》うと受け取り方が変わるように、各人各別《かくじんかくべつ》の智恵《ちえ》や才能《さいのう》、経験《けいけん》で固《かた》めた自力《じりき》の信心《しんじん》は、異《こと》なるのが特徴《とくちょう》なのである。

「信心《しんじん》のかわると申《もう》すは、自力《じりき》の信《しん》にとりての事《こと》なり。すなわち、智慧各別《ちえかくべつ》なるが故《ゆえ》に信《しん》また各別《かくべつ》なり」

一般《いっぱん》に「信心《しんじん》」といわれているのは「自力《じりき》の信心《しんじん》」だから、〝信心《しんじん》は人それぞれ〟が常識《じょうしき》であり、みんなが同一になれる信心《しんじん》など誰《だれ》も知らない。想像《そうぞう》もできないことなのである。同様《どうよう》に万人共通《ばんにんきょうつう》の人生の目的（信心《しんじん》）など、あるはずがないと考えるのは決《けっ》しておかしくないのだ。良識《りょうしき》を自負《じふ》する人ほど「人それぞれ」「みんなちがってみんないい」と言うのも納得《なっとく》できよう。

◉「自力の信心」と「他力の信心」はまったく異なる——法然上人の判決

ところがここで、万人共通《ばんにんきょうつう》の驚《おどろ》くべき「信心《しんじん》」の厳存《げんぞん》を、法然上人《ほうねんしょうにん》は喝破《かっぱ》されるのだ。

みずからのことを「源空《げんくう》」と言い、親鸞聖人が「善信房《ぜんしんぼう》」と名乗《なの》られていたときのことだから、つぎのように言われている。

「他力《たりき》の信心《しんじん》は、善悪《ぜんあく》の凡夫《ぼんぶ》、ともに仏《ぶつ》の方《かた》よりたまわる信心《しんじん》なれば、源空《げんくう》（法然《ほうねん》）が信心《しんじん》も善信房《ぜんしんぼう》（親鸞《しんらん》）の信心《しんじん》も、更《さら》にかわるべからず。ただ一《ひと》つなり」

万人《ばんにん》が同一になれる信心《しんじん》とは、「他力《たりき》の信心《しんじん》」のことである。「他力《たりき》の信心《しんじん》」とは、智恵《ちえ》や才能《さいのう》、学問《がくもん》や経験《けいけん》、善人悪人《ぜんにんあくにん》などとは関係なく、阿弥陀仏《あみだぶつ》からたまわる信心《しんじん》であることを、まず明示《めいじ》して、こう断定《だんてい》されている。

「慈悲平等《じひびょうどう》の、仏からたまわった信心《しんじん》に、相違《そうい》があろうはずがない。法然《ほうねん》の信心《しんじん》も親鸞の信心《しんじん》も、ともに他力《たりき》の信心《しんじん》、まったく違《ちが》いはない。同じである」

テレビ局が同じなら、各家庭のテレビが、大《だい》・小《しょう》、新《しん》・旧《きゅう》、異《こと》なっても、放送内容《ほうそうないよう》が変わるはずがない、のにたとえられよう。

「他力《たりき》の信心《しんじん》」が語《かた》られるとき、「獲得《ぎゃくとく》する」とか「獲《う》る」「得《え》た」などと表現《ひょうげん》されるのも、阿弥陀仏《あみだぶつ》からたまわる信心《しんじん》だからである。

誤《あやま》りやすいところを最後に、こう懇《ねんご》ろにさとされる。

「この法然《ほうねん》の信心《しんじん》は、智恵《ちえ》や学問《がくもん》などとは関係ない他力《たりき》の信心《しんじん》なのだ。自力《じりき》の信心《しんじん》の人は私の参《まい》る浄土《じょうど》へは往《ゆ》けないであろう。〝自力《じりき》の信心《しんじん》〟と〝他力《たりき》の信心《しんじん》〟の違《ちが》いを、よくよく心得《こころえ》ていなければならないよ」

苦悩《くのう》の根元《こんげん》が打《う》ち破《やぶ》られて〝よくぞ人間《にんげん》に生まれたものぞ〟と、人生の目的が達成《たっせい》できるのは、ひとえに弥陀《みだ》よりたまわる信心《しんじん》による、と知らされる。論争《ろんそう》までして勇《ゆう》敢《かん》に、「他力信心《たりきしんじん》」の世界を露出《ろしゅつ》された聖人は、つぎのようにも記《しる》される。

凡《ぼん》・聖《しょう》・逆《ぎゃく》・謗《ほう》、ひとしく廻入《えにゅう》すれば、
衆水《しゅうすい》の海《うみ》に入《い》りて一味《いちみ》なるがごとし
（『教行信証《きょうぎょうしんしょう》』）

「他力《たりき》の信心《しんじん》を獲得《ぎゃくとく》（ひとしく廻入《えにゅう》）し、人生の目的が完成《かんせい》すれば、万川《ばんせん》の水が海に入って一味《いちみ》になるように、才能《さいのう》の有無《うむ》、健常者《けんじょうしゃ》・障害者《しょうがいしゃ》、人種《じんしゅ》や職業《しょくぎょう》・貧富《ひんぷ》の違《ちが》いなどとは関係なく、すべての人が、同じよろこびの世界に共生《きょうせい》できるのだよ」

人生の目的は万人共通《ばんにんきょうつう》である、と説《と》く親鸞聖人の明白《めいはく》な言葉であろう。

(27) 「人生の目的」と「生きる手段」のけじめ
——峻別《しゅんべつ》された親鸞聖人

◉あと一秒しか命のない人に、三秒かかるようでは救えない

親鸞聖人が「一念《いちねん》」と言われる言葉には、二つの意味がある。

十一章から述《の》べてきた、人生の目的を成就《じょうじゅ》した「無碍《むげ》の一道《いちどう》」を「一念《いちねん》」と言われるときと、その弥陀《みだ》の救《すく》いの速さを「一念《いちねん》」と説《と》かれるときである。弥陀《みだ》の救《すく》いを聖人は「極速円融《ごくそくえんにゅう》」と言われている。

「極速《ごくそく》」とは〝きわめて速い〟こと、「円融《えんにゅう》」とは〝完全無欠《かんぜんむけつ》〟ということだ。救《すく》いに時間がかかっては「極速《ごくそく》」と言えないし、完成《かんせい》がなければ「円融《えんにゅう》」とは言われない。

「一念《いちねん》」とは、これ信楽開発《しんぎょうかいほつ》の、時尅《じこく》の極促《ごくそく》をあらわす
（『教行信証《きょうぎょうしんしょう》』）

「『一念《いちねん》』とは、人生の目的が完成《かんせい》する、何億分《なんおくぶん》の一秒よりも速い時《とき》をいう」

〝人間《にんげん》に生まれたのは、これ一つであった〟と、人生の目的が成就《じょうじゅ》したのを「信楽開《しんぎょうかい》発《ほっ》」と言い、その分秒《ふんびょう》にかからぬ速さを「時尅《じこく》の極促《ごくそく》」と言われている。まさに極速《ごくそく》円融《えんにゅう》といわれるゆえんであろう。

では、なぜ弥陀《みだ》の救《すく》いは、こんなに速いのか。

覚如上人《かくにょしょうにん》は、こう明《あ》かされている。

如来《にょらい》の大悲《だいひ》、短命《たんみょう》の根機《こんき》を本《ほん》としたまえり。もし、多念《たねん》をもって本願《ほんがん》とせば、いのち一刹那《いっせつな》につづまる無常迅速《むじょうじんそく》の機《き》、いかでか本願《ほんがん》に乗《じょう》ずべきや。さ

れば真宗《しんしゅう》の肝要《かんよう》、一念往生《いちねんおうじょう》をもって淵源《えんげん》とす
（『口伝鈔《くでんしょう》』）

「弥陀《みだ》の悲願《ひがん》は徹底《てってい》しているから、一刹那《いっせつな》に臨終《りんじゅう》の迫《せま》っている、最悪の人を眼目《がんもく》とされている。もしあと一秒しか命のない人に、三秒かかるようでは救《すく》えない。一念《いちねん》の救《すく》いこそが、弥陀《みだ》の本願《ほんがん》（誓願《せいがん》）の主眼《しゅがん》であり、本領《ほんりょう》なのだ」いかに一念《いちねん》の救《すく》い（一念往生《いちねんおうじょう》）を親鸞聖人は強調《きょうちょう》されたか。

「真宗《しんしゅう》の肝要《かんよう》、一念往生《いちねんおうじょう》をもって、淵源《えんげん》とす」とまで言われている。「肝要《かんよう》」も「淵源《えんげん》」も、これ以上重い表現《ひょうげん》はないからである。

◉「散るときが　浮かぶときなり　蓮《はす》の花」

古来《こらい》、この「一念《いちねん》」の切れ味をあらわすのに、

「明来闇去《みょうらいあんこ》　闇去明来《あんこみょうらい》」

といわれている。明《あ》かりが来たのが先か、闇《やみ》が去ったのが後《あと》か、闇《やみ》がなくなったのが

先か、明《あか》るくなったのが後《あと》か。どちらも正しくないが、いずれともいえる。筆舌《ひつぜつ》では同時に表現《ひょうげん》できないからである。

それで聖人は、仮《かり》に一念《いちねん》を「前念《ぜんねん》」と「後念《ごねん》」に分《わ》けられて、前の命が死に、後《あと》の命が生まれるとき、とつぎのように説《と》かれている。

本願《ほんがん》を信受《しんじゅ》するは、前念命終《ぜんねんみょうじゅう》なり。
即得往生《そくとくおうじょう》は、後念即生《ごねんそくしょう》なり　（『愚禿鈔《ぐとくしょう》』）

「助かるだろうか」の後生暗《ごしょうくら》い心《こころ》が死んだ時《とき》（前念命終《ぜんねんみょうじゅう》）、「救《すく》われたことの不思議《ふしぎ》させよ」と後生明《ごしょうあか》るい心《こころ》が生まれる（後念即生《ごねんそくしょう》）。「心の、臨終《りんじゅう》と誕生《たんじょう》の同時体験《どうじたいけん》」させられる時《とき》、と言われている。

「散《ち》るときが　浮《う》かぶときなり　蓮《はす》の花《はな》」

などともいわれているが、不可称《ふかしょう》・不可説《ふかせつ》・不可思議《ふかしぎ》の体験《たいけん》としか言いようがなかろう。

帰命《きみょう》の一念《いちねん》を発得《ほっとく》せば、そのときをもって、娑婆《しゃば》のおわり臨終《りんじゅう》とおもうべし
（『執持鈔《しゅうじしょう》』）

「無明《むみょう》の闇《やみ》の破《やぶ》れたときが、心の臨終《りんじゅう》、葬式《そうしき》である」
弥陀《みだ》の救《すく》いの一念《いちねん》を表現《ひょうげん》された、覚如上人《かくにょしょうにん》の言葉である。
後生明《ごしょうあか》るい心《こころ》の生まれたときを、「帰命《きみょう》の一念発得《いちねんほっとく》」と言い、その時《とき》に、苦しめてきた後生暗《ごしょうくら》い心《こころ》が死んでしまうから、「娑婆《しゃば》のおわり臨終《りんじゅう》」と言われている。
長らく苦しめてきた親玉《おやだま》を「生死流転《しょうじるてん》の本源《ほんげん》」と言い、無明《むみょう》の闇《やみ》を「自力《じりき》の迷情《めいじょう》」と言いかえて、鮮《あざ》やかな一念《いちねん》の救済《きゅうさい》を、見事《みごと》な筆致《ひっち》でこうも記《しる》される。

この、娑婆生死《しゃばしょうじ》の五蘊所成《ごうんしょじょう》の肉身《にくしん》、いまだ破《やぶ》れずといえども、生死流転《しょうじるてん》の本源《ほんげん》をつなぐ自力《じりき》の迷情《めいじょう》、共発金剛心《ぐうほつこんごうしん》の一念《いちねん》にやぶれて、知識伝持《ちしきでんじ》の仏語《ぶつご》に

帰属《きぞく》するをこそ、「自力《じりき》を捨《す》てて他力《たりき》に帰《き》する」ともなづけ、また「即得往生《そくとくおうじょう》」ともならいはんべれ
（『改邪鈔《がいじゃしょう》』）

「肉体の生きている時《とき》に、遠い過去《かこ》から苦しめてきた『自力《じりき》の迷情《めいじょう》』が、他力《たりき》の信心《しんじん》を得《え》た一念《いちねん》に死滅《しめつ》して、〝弥陀《みだ》の誓願《せいがん》まことだった〟と知らされたのを、〝仏法《ぶっぽう》を聞いた〟というのである。その時《とき》を『自力《じりき》を捨《す》てて、他力《たりき》に帰《き》した』とも、『往生《おうじょう》を得《え》た』ともいわれるのだ」

◉真《しん》（なぜ生きる＝人生の目的）と仮《け》（どう生きる＝生きる手段）が明らかになるのは同時

摩訶不思議《まかふしぎ》なこの一念《いちねん》を、聖人は、「生きる目的」と「生きる手段《しゅだん》」を峻別《しゅんべつ》する、分水嶺《ぶんすいれい》だと喝破《かっぱ》されている。

真《しん》・仮《け》を知《し》らざるによりて、如来広大《にょらいこうだい》の恩徳《おんどく》を迷失《めいしつ》す
（『教行信証《きょうぎょうしんしょう》』）

「本当の人生の目的を知らないから、〝よくぞ人間《にんげん》に生まれたものぞ〟の生命《せいめい》の歓喜《かんぎ》がないのである」

〝真《しん》〟とは「人生の目的」であり、〝仮《け》〟とは、生きがいや趣味《しゅみ》、目標などの「生きる手段《しゅだん》」のことだ。

「目的」と「手段《しゅだん》」のケジメのつかぬのを、「真仮《しんけ》を知らざる」と言い、生命《せいめい》の大歓《だいかん》喜《ぎ》のないのを「如来広大《にょらいこうだい》の恩徳《おんどく》を迷失《めいしつ》す」と言われている。

「真《しん》」と「仮《け》」の区別《くべつ》は、無明《むみょう》の闇《やみ》が「死」んで、真仮《しんけ》を知る心の「生」まれる「一《いち》念《ねん》」のときでなければ分《わ》からない。

たとえば、夢《ゆめ》で火災《かさい》にあい、必死《ひっし》に逃《に》げる。ビルの屋上《おくじょう》に追いつめられて、もうだめ！と覚悟《かくご》したとき、汗《あせ》びっしょりで目がさめる。なあんだユメだったのかと知るのは夢《ゆめ》さめたときである。夢《ゆめ》の中では、ユメがユメと分《わ》からない。ましてや、さめた世

界など知るよしもない。夢《ゆめ》さめたとき、夢《ゆめ》と現実《げんじつ》が同時に明《あき》らかになる。〝夢《ゆめ》〟を〝夢《ゆめ》〟と知るのは、夢《ゆめ》さめたときであるように、〝仮《け》〟を〝仮《け》〟と知らされるのは、〝真《しん》〟が明《あき》らかに知らされたときである。真《しん》と仮《け》が明《あき》らかになるのは同時なのだ。

如来広大《にょらいこうだい》の恩徳《おんどく》に生かされ、生命《せいめい》の大歓喜《だいかんぎ》を得《え》た一念《いちねん》に、〝人身受《じんしんう》け難《がた》し、今《いま》すでに受《う》く〟の「人生の目的」が知らされる。同時に、生きがいや趣味《しゅみ》、目標は、この「目的」を果《は》たす「手段《しゅだん》」であった、とハッキリするのである。

臓器移植《ぞうきいしょく》までして、なぜ生きるのか。苦しくともなぜ自殺《じさつ》してはならぬのか。人命《じんめい》は地球より重いといわれるのはなぜか。数多い人生論《じんせいろん》が曖昧模糊《あいまいもこ》で終わるのは、生きる「目的」と「手段《しゅだん》」が峻別《しゅんべつ》できないだけである。
真仮《しんけ》の人生を一念《いちねん》で截《た》つ「弥陀《みだ》の誓願《せいがん》」は、まさに利剣《りけん》というにふさわしい。

この一念《いちねん》で、真《しん》（なぜ生きる＝人生の目的）と仮《け》（どう生きる＝生きる手段《しゅだん》）を判《はん》然《ぜん》と知らされた聖人は、如来広大《にょらいこうだい》の恩徳《おんどく》に感泣《かんきゅう》しつつ、かのたくましい生涯《しょうがい》を貫《つらぬ》かれたのである。

(28) 人生の目的完成してからの　親鸞聖人の生きざま

◉三十一歳で、肉食妻帯《にくじきさいたい》を断行。
激しさ、厳しさは、言動に顕著《けんちょ》にあらわれ、
文字はカミソリで書いたように鋭《するど》い

親鸞聖人の実像《じつぞう》は、つねに隠《かく》され、教えは大きく誤解《ごかい》されてきた。右翼《うよく》の評論家《ひょうろんか》から左翼《さよく》の思想家《しそうか》まで、宗派《しゅうは》や党派《とうは》を問わず称讃《しょうさん》するが、はたして正しく評価《ひょうか》されてのことだろうか、と親鸞学徒は危惧《きぐ》する。人々は、柔和《にゅうわ》でやさしい聖人像をイメージし

ているようだが、それは、聖人の全貌《ぜんぼう》ではない。

聖人は、抗《こう》しがたい魅力《みりょく》を持っておられるけれども、その言動は、あまりにも潔癖《けっぺき》で妥協《だきょう》のないものだった。

肖像《しょうぞう》は、風雪《ふうせつ》に耐《た》え抜《ぬ》いた風貌《ふうぼう》をあらわし、文字はカミソリで書いたように鋭《するど》い。

これらは聖人の気性《きしょう》を端的《たんてき》にあらわしていると思われる。その激《はげ》しさ、厳《きび》しさは、言動にもっとも顕著《けんちょ》にあらわれているが、世間《せけん》には、ほとんど知らされてはいない。否《いな》、隠《かく》されているとさえ思われる。

三十一歳の肉食妻帯《にくじきさいたい》の断行《だんこう》は、僧侶《そうりょ》の結婚《けっこん》を禁《きん》じる伝統《でんとう》の否定《ひてい》であった。当然《とうぜん》、仏教界の嵐《あらし》を呼《よ》んだ。

「この世《よ》の本寺《ほんじ》・本山《ほんざん》の、いみじき僧《そう》ともうすも、法師《ほうし》ともうすも、うきことなり」とは、彼らに対する聖人の反応《はんのう》である。

この世で名門とされる、大きな寺の名僧高僧《めいそうこうそう》などといわれるものは、私にはイヤでたまらぬ連中《れんちゅう》である、と直言《ちょくげん》してはばからない。

聖人は、平生《へいぜい》はたいへん柔和《にゅうわ》であったが、ひとたび仏法《ぶっぽう》が曲げられ、多生永劫《たしょうようごう》にかかわる問題には、断固《だんこ》とした態度《たいど》をとられた。その激《はげ》しい信念《しんねん》は、しばしば法友《ほうゆう》との大論争《だいろんそう》を惹起《じゃっき》した。法然門下《ほうねんもんか》のとき、法友《ほうゆう》の善慧房《ぜんえぼう》と、肉体を持ったままで往生《おうじょう》できるか、どうかで論戦《ろんせん》され、断固《だんこ》、生きたままの往生《おうじょう》を貫《つらぬ》かれている。三大諍論《さんだいじょうろん》の一つとして今に伝えられる。以後、うらみを抱《いだ》いた法友《ほうゆう》たちは、師匠《ししょう》に背《そむ》き、自説《じせつ》を立てる、背師自立《はいしじりゅう》の横着者《おうちゃくもの》と非難《ひなん》し、聖人を孤立《こりつ》へと追いやった。

◉越後流刑《えちごるけい》の原因は何か――知られざる真因

三十五歳の、越後流罪《えちごるざい》は周知《しゅうち》のことだが、その真因《しんいん》を知る人は少ない。

一切《いっさい》の諸仏《しょぶつ》、菩薩《ぼさつ》、諸神《しょじん》を捨てて、〝阿弥陀仏一仏《あみだぶついちぶつ》に向かえ〟という、「一向専念《いっこうせんねん》　無量寿仏《むりょうじゅぶつ》」の釈迦《しゃか》の本懐《ほんがい》の強調《きょうちょう》が、最大《さいだい》の理由であった。とくに諸神《しょじん》の排斥《はいせき》は、社会の秩序《ちつじょ》をみだす悪魔《あくま》として、日本を神の国とする権力者《けんりょくしゃ》や、それらと結託《けったく》する者たちの逆鱗《げきりん》に触《ふ》れ、死刑になるところを、関白九条公《かんぱくくじょうこう》の工作によって遠流《おんる》になったといわれる。

主上《しゅじょう》・臣下《しんか》、法《ほう》にそむき、義《ぎ》に違《い》し、忿《いかり》をなし、怨《あだ》を結《むす》ぶ（『教行信証《きょうぎょうしんしょう》』）

「天皇《てんのう》から家臣《かしん》にいたるまで、仏法《ぶっぽう》に反逆《はんぎゃく》し正義《せいぎ》を蹂躙《じゅうりん》し、怒《いか》りにまかせて見当違《けんとうちが》いの大罪《だいざい》を犯《おか》す。ああ、なんたることか」

この烈々《れつれつ》たる批判《ひはん》は、身勝手《みがって》な後鳥羽上皇《ごとばじょうこう》らによって、恩師《おんし》・法然上人《ほうねんしょうにん》が流刑《るけい》になり、法友《ほうゆう》らが死罪《しざい》になったときの、怒《いか》りの爆発《ばくはつ》である。

上皇《じょうこう》が熊野詣《くまのもう》での留守中《るすちゅう》、仏法《ぶっぽう》にかこつけて御所《ごしょ》に入り、女と密通《みっつう》したという私憤《しふん》で、法友《ほうゆう》の安楽房《あんらくぼう》らが糾弾《きゅうだん》された。安楽房《あんらくぼう》はそのとき、上皇《じょうこう》たちを面罵《めんば》した。

「いま不幸なのは私でない。真実《しんじつ》の仏法《ぶっぽう》に生きる私を責《せ》めている者たちだ。必ず地獄《じごく》に堕《お》ち、永遠《えいえん》に責《せ》め苦《く》を受けるであろう」

憤怒《ふんぬ》した上皇《じょうこう》は、六条河原《ろくじょうがわら》で安楽房《あんらくぼう》らの首を刎《は》ねさせたのである。

〝たとえ事実にせよ、多くの女性に奉仕《ほうし》させてきた者に、それを怒《いか》る資格《しかく》がどこにあろう。安楽房《あんらくぼう》の怒《いか》りは当然《とうぜん》だ〟

聖人の眼中《がんちゅう》には、どんな権威《けんい》もありえなかった。このとき、権力者《けんりょくしゃ》から与えられたものは、紫衣《むらさきのころも》でもなければ大師号《だいしごう》でもなかった。流刑《るけい》の衣《ころも》であり、流罪前歴人《るざいぜんれきにん》としての汚名《おめい》であった。

余《よ》の人々《ひとびと》（為政者《いせいしゃ》）を縁《えん》として、念仏《ねんぶつ》をひろめんと、はからいあわせ給《たも》うこと、ゆめゆめあるべからず候《そうろう》（『御消息集《ごしょうそくしゅう》』）

「為政者《いせいしゃ》の力を借《か》りて仏法《ぶっぽう》をひろめようなどとは、決《けっ》して考えてはならないぞ」権力者嫌《けんりょくしゃぎら》いの聖人が、晩年《ばんねん》の手紙の中によくあらわれている。よほど彼らの実態《じったい》に、目に余《あま》るものがあったのであろう。

配処《はいしょ》の五年の風雪《ふうせつ》に耐《た》え、関東へ移られると、不倶戴天《ふぐたいてん》の敵《かたき》と、聖人をねらう山伏《やまぶし》の弁円《べんねん》が、板敷山《いたじきやま》で待ちつづけても聖人を討《う》てず、ついに稲田《いなだ》の草庵《そうあん》に押《お》しかけた。

「聖人《しょうにん》、左右《そう》なく出《い》であいたまいけり」

と『御伝鈔《ごでんしょう》』にあるように、剣《つるぎ》の前にも無造作《むぞうさ》に出会っておられる。いかに豪胆《ごうたん》な激《はげ》しい気性《きしょう》であったか、この一事《いちじ》でもうかがえる。

「私が弁円《べんねん》の立場にいたら、同じく殺しにゆくにちがいない。殺すも殺されるも、怨《うら》むも怨《うら》まれるも、ともに仏法《ぶっぽう》を弘《ひろ》める因縁《いんねん》になるのだ」

と相手をあわれむ偉大《いだい》な信念《しんねん》に、弁円《べんねん》はついに救《すく》い摂《と》られ、明法房《みょうほうぼう》と生まれ変わっている。

◉「私が死んだら、賀茂河《かもがわ》に捨てて魚に食べさせるがよかろう」

聖人を尊敬《そんけい》する人は多いが、外道《げどう》や邪教《じゃきょう》、仏教諸宗《ぶっきょうしょしゅう》の者たちまでも、破《やぶ》られたことを知る人は少ないようだ。

「他人の信仰批判《しんこうひはん》を、嫌《きら》ったのが親鸞聖人」

という人が多いからである。

九十五種《くじゅうごしゅ》世《よ》をけがす、唯仏一道《ゆいぶついちどう》清《きよ》くます
（『正像末和讃《しょうぞうまつわさん》』）

「多くの教えがあっても、世をけがすものばかり。ただ仏法《ぶっぽう》のみが真実《しんじつ》である」

すべての宗教《しゅうきょう》を「九十五種《くじゅうごしゅ》」といい、「世《よ》をけがす」と斬《き》り捨《す》て、仏法《ぶっぽう》のみが真《しん》実《じつ》であると、まことに痛烈《つうれつ》である。こんな断言《だんげん》は、

「外教邪偽《げきょうじゃぎ》の異執《いしゅう》を教誡《きょうかい》せば」（世間《せけん》の宗教《しゅうきょう》の誤《あやま》りを批判《ひはん》しよう）

など『教行信証《きょうぎょうしんしょう》』には数多いが、誰《だれ》も語《かた》ろうとはしない。

聖人の厳《きび》しい目は、外道邪教《げどうじゃきょう》のみならず仏教諸宗《ぶっきょうしょしゅう》にも向けられている。

しかるに、末代《まつだい》の道俗《どうぞく》・近世《ごんせ》の宗師《しゅうし》、自性唯心《じしょうゆいしん》に沈《しず》んで、浄土《じょうど》の真証《しんしょう》を貶《へん》す
（『教行信証《きょうぎょうしんしょう》』）

「しかるに、一宗一派《いっしゅういっぱ》を開いた者（伝教《でんぎょう》、弘法《こうぼう》、道元《どうげん》、日蓮《にちれん》）たちまでもが、『阿弥《あみ》陀仏《だぶつ》もその浄土《じょうど》も、われらの心のほかにはない。心のほかに弥陀《みだ》や浄土《じょうど》を説《と》くのは、

幼稚《ようち》な教え』と見くだし、真実《しんじつ》の仏法《ぶっぽう》をけなしている」と、峻烈《しゅんれつ》な批判《ひはん》がなされる。

比叡山《ひえいざん》や南都《なんと》（奈良）の、華厳《けごん》・天台《てんだい》・真言宗《しんごんしゅう》はいうまでもなく、法然上人《ほうねんしょうにん》を攻撃《こうげき》した栂尾《とがのお》の明恵《みょうえ》、笠置《かさぎ》の解脱《げだつ》をはじめ、禅宗《ぜんしゅう》の栄西《えいさい》など、当時の仏教界の指導者《しどうしゃ》を総《そう》括《かつ》して「真実《しんじつ》の仏教を知らざる輩《やから》」と斬《き》り落《お》とされている。

返す刃《やいば》もまた仮借《かしゃく》がない。

「今日《こんにち》の仏教は、まったくすたれきっている。寺も僧《そう》もたくさんいるが、仏教のイロハもわからぬ者ばかり。儒教《じゅきょう》をやっている者も多いが、正道邪道《しょうどうじゃどう》のケジメさえもわかってはいない。浄土《じょうど》の真宗《しんしゅう》のみが盛《さか》んではないか」

と、つぎのように記《しる》されている。

ひそかにおもんみれば、聖道《しょうどう》の諸教《しょきょう》は、行証久《ぎょうしょうひさ》しく廃《すた》れ、浄土《じょうど》の真宗《しんしゅう》は、証道《しょうどう》いま盛《さかん》なり。しかるに諸寺《しょじ》の釈門《しゃくもん》、教《きょう》に昏《くら》くして、真仮《しんけ》の門戸《もんこ》を知《し》らず、洛都《らくと》の儒林《じゅりん》、行《ぎょう》に迷《まよ》うて、邪正《じゃしょう》の道路《どうろ》をわきまうることなし

（『教行信証《きょうぎょうしんしょう》』）

それだけではない。阿弥陀仏一仏《あみだぶついちぶつ》に向かい、念仏《ねんぶつ》に専念《せんねん》する法然門下《ほうねんもんか》の法友《ほうゆう》たちにも、秋月《しゅうげつ》のような批判《ひはん》の霊光《れいこう》がひらめく。

定散《じょうさん》の自心《じしん》に迷《まよ》うて、金剛《こんごう》の真信《しんしん》に昏《くら》し
（『教行信証《きょうぎょうしんしょう》』）

「念仏《ねんぶつ》を称《とな》えていても、無明《むみょう》の闇《やみ》が晴れてないから、あざやかな真実《しんじつ》の信心《しんじん》がわからないのだ」

晩年《ばんねん》の京都の聖人に、身命《しんめい》を顧《かえり》みずやってきた関東の同朋《どうぼう》たちにも、

「念仏《ねんぶつ》して地獄《じごく》に堕《お》ちたりとも、更《さら》に後悔《こうかい》すべからず」

と鮮明不動《せんめいふどう》の信念《しんねん》をぶちまけて、

この上《うえ》は、念仏《ねんぶつ》をとりて信《しん》じたてまつらんとも、また棄《す》てんとも、面々《めんめん》の御《おん》はからいなり
（『歎異抄《たんにしょう》』）

念仏《ねんぶつ》を捨てようとも、信じたてまつろうとも、おのおの方《がた》の勝手になさるがよかろう、と突《つ》っぱねられている。殺気《さっき》さえも覚《おぼ》える。

聖人の純真《じゅんしん》に向かう非情《ひじょう》さは、臨終《りんじゅう》まで変わらなかったようだ。

親鸞閉眼《しんらんへいがん》せば、賀茂河《かもがわ》に入《い》れて魚《さかな》に与《あた》うべし　（『改邪鈔《がいじゃしょう》』）

「私が死んだら、賀茂河《かもがわ》に捨てて魚に食べさせるがよかろう」

⦿ 独《ひと》り生《うま》れ　独り死ぬ
独り来て　独り去る
独りゆかれた　親鸞聖人

外からは肉食妻帯《にくじきさいたい》の堕落坊主《だらくぼうず》。権力者《けんりょくしゃ》からは越後流罪《えちごるざい》。内からは、背師自立《はいしじりゅう》の高慢《こうまん》坊主《ぼうず》。弁円《べんねん》からは仇敵《かたき》とねらわれた聖人だが、降《ふ》りかかる火《ひ》の粉《こ》は払《はら》わねばならぬ。

「法にそむく権力者《けんりょくしゃ》」

「仏法《ぶっぽう》知らぬ僧《そう》たち」

「善悪《ぜんあく》わからぬ儒者《じゅしゃ》」

「金剛《こんごう》の真信《しんしん》に昏《くら》い者」

と反撃《はんげき》し、

「浄土《じょうど》の真宗《しんしゅう》いま盛《さかん》なり」

と、はなはだ意気軒昂《いきけんこう》である。

なんという厳《きび》しさと自信、何者をも恐《おそ》れぬ勇気。

他力《たりき》とは、如来《にょらい》の威神力《いじんりき》不思議《ふしぎ》なり。

とかく多忙《たぼう》な現代人《げんだいじん》は、現実《げんじつ》から逃避《とうひ》して行雲流水《こううんりゅうすい》、ひょうひょうとした生き方を望《のぞ》むが、こんな生きざまを知ると、たくましき親鸞、と驚《おどろ》くのかもしれない。

しかし、このためにまた、世をあげての非難《ひなん》を一身《いっしん》に受けられる結果《けっか》となる。

仏教の怨敵《おんてき》、破戒坊主《はかいぼうず》、悪魔《あくま》、狂人《きょうじん》とののしられ、法友《ほうゆう》からも背師自立《はいしじりゅう》の恩知らずと非難《ひなん》され、ついに、流刑《るけい》にまであわれねばならなかった。

だが聖人にとっては、弥陀《みだ》の本願《ほんがん》だけが生命《いのち》であり、純正《じゅんせい》な布教《ふきょう》がすべてであった。自宅の全焼《ぜんしょう》という悲運《ひうん》にあいながら、長子《ちょうし》の善鸞《ぜんらん》義絶《ぎぜつ》は、もっとも聖人の護法精神《ごほうせいしん》をむき出しにされた事件といえよう。

建長《けんちょう》八年五月二十九日、八十四歳の聖人が、遠く関東で布教《ふきょう》する五十歳の善鸞《ぜんらん》に、絶縁状《ぜつえんじょう》を送られねばならなくなったのである。

「私は、父から真夜中《まよなか》に、一人秘法《ひほう》を伝授《でんじゅ》されたのだ」

と言いふらし、そのうえ神につかえて祈祷《きとう》し、吉凶《きっきょう》を占《うらな》ったりして仏法《ぶっぽう》を蹂躙《じゅうりん》するわが子を、断《だん》じてゆるされはしなかった。たび重《かさ》なるいさめにも一向《いっこう》に改《あらた》めぬ善鸞《ぜんらん》に、断腸《だんちょう》の決断《けつだん》がくだされる。

あさましさ、申《もう》すかぎりなければ、いまは親《おや》ということあるべからず。子《こ》と思《おも》うこと、おもい切《き》りたり、悲《かな》しきことなり

（『義絶状《ぎぜつじょう》』）

「情《なさ》けなさ、言うに及《およ》ばないけれども、今からはお前の親ではない。子とも思わない。

悲しいかぎりである」

大地に悩《なや》める聖人の、殉教的義絶状《じゅんきょうてきぎぜつじょう》に、感動する人は少なくないのではなかろうか。

これまでの非難《ひなん》に加えて、今また、

「家庭を破壊《はかい》してなんの仏法《ぶっぽう》か」

「生んだわが子さえ導《みちび》けない親鸞が、他人を救《すく》うなど笑止千万《しょうしせんばん》」

嘲笑《ちょうしょう》、罵倒《ばとう》は嵐《あらし》のごとくわき上がろう。

もっともかもしれない。家庭破壊《かていはかい》の張本人《ちょうほんにん》として、世人《せじん》のひんしゅくを買うことは、充分《じゅうぶん》わかっていたはずだ。

このような潔癖《けっぺき》さ非妥協性《ひだきょうせい》は、老成円熟《ろうせいえんじゅく》されても一向《いっこう》に変わらなかった。寛容《かんよう》こそ美徳《びとく》とする人々には、我慢《がまん》のできないほどのものがあったにちがいない。

だがもし、親子の恩愛《おんあい》にひかれて善鸞《ぜんらん》の言動を黙認《もくにん》されていたら、幾億兆《いくおくちょう》の人々の真実《しんじつ》の救《すく》いはなかったであろう。

「たとい身《み》を、もろもろの苦毒《くどく》の中《うち》におわるとも、わが行《ぎょう》は精進《しょうじん》にして、忍《しの》びてついに悔《く》いじ」（たとえどんな苦難《くなん》にあおうとも、決《けっ》して後悔《こうかい》はしないであろう）

の厳《きび》しさ激《はげ》しさは、ひとえに、万人共通《ばんにんきょうつう》の人生の目的ひとつを果《は》たさせる忍従《にんじゅう》だった、と親鸞学徒は感泣《かんきゅう》せずにおれない。

思えば、聖人ほど孤独《こどく》な一生を送られた方はなかったろう。文字通り、「独生独死《どくしょうどくし》　独去独来《どっこどくらい》」（独《ひと》り生《う》まれ　独《ひと》り死《し》ぬ　独《ひと》り来《き》て　独《ひと》り去《さ》る）の生涯《しょうがい》だった。

かくて、弘長《こうちょう》二年十一月二十八日、京都の中ほど、万里小路東《までのこうじひがし》で浄土《じょうど》に還帰《げんき》されたのである。九十歳であった。臨終《りんじゅう》には、弟子の顕智《けんち》と専信《せんしん》、肉親《にくしん》は第五子の益方《ますかた》と第七子の覚信尼《かくしんに》のみが臨《のぞ》んだといわれる。

まことに独《ひと》りゆかれた親鸞聖人に、ふさわしい臨終《りんじゅう》であったともいえよう。

合掌

あとがき

なぜ生きる。

人生の目的は何か。

親鸞聖人の答えは、簡潔《かんけつ》で明快《めいかい》だ。

「生きる目的は、金でもなければ財でもない。名誉《めいよ》でもなければ地位でもない。人生苦悩《くのう》の根元《こんげん》を断《た》ち切《き》られ、〝よくぞ人間《にんげん》に生まれたものぞ〟と生命《せいめい》の歓喜《かんぎ》を得《え》て、未《み》来永遠《らいえいえん》の幸福に生きること」である。

これを「摂取不捨《せっしゅふしゃ》の利益《りやく》を得《う》る」とも「無碍《むげ》の一道《いちどう》」ともいわれている。

「よろこばしきかな」で始まり、「よろこばしきかな」で終わる『教行信証《きょうぎょうしんしょう》』の、ピンピン輝《かがや》く生命《いのち》の歓喜《かんぎ》は、この目的を達成《たっせい》した聖人の、熱火《ねっか》の法悦《ほうえつ》である。

「なぜ人を殺してはいけないのか」の問いに、大人たちはギクリとたじろいだ。大人も子供も不幸なのは、生きるよろこびを感じられないところにある。

「人生には意味があるのか」

「苦しくとも生きる価値《かち》があるのか」

人類《じんるい》は、混迷《こんめい》の度《ど》を深《ふか》めている。

そんな中、〝なんと生きるとは素晴《すば》らしいことなのか……〟親鸞聖人は、高《たか》らかに叫《さけ》びあげられる。こんな生命《せいめい》の尊厳《そんげん》さを知れば、臓器移植《ぞうきいしょく》までしてなぜ生きるのか、なぜ自殺《じさつ》してはならぬのか、なぜ人命《じんめい》は地球より重いのか、人間存在《にんげんそんざい》の疑団《ぎだん》が氷解《ひょうかい》し、諸問題《しょもんだい》の解決《かいけつ》に、たくましく前進できるのではなかろうか。

当然《とうぜん》、その道程《どうてい》も説《と》かれているが、本書は特《とく》に聖人の、人生の目的に視点《してん》をおいたので、そこまで述《の》べるゆとりはなかった。ご諒承《りょうしょう》願いたい。

ただ、一言《ひとこと》触《ふ》れるとするならば、真《しん》の人生の目的を知ったとき、一切《いっさい》の悩《なや》みも苦しみも意味を持ち、それに向かって生きるとき、すべての努力は報《むく》われるということだ。

平成十三年早春　　監修者識《しる》す

〈付　記〉

（一）つぎの引用は、主に『真宗聖典《しんしゅうせいてん》』（法蔵館）に依《よ》った。

◎親鸞聖人《しんらんしょうにん》……『教行信証《きょうぎょうしんしょう》』『和讃《わさん》』『唯信鈔文意《ゆいしんしょうもんい》』『尊号真像銘文《そんごうしんぞうめいもん》』『末灯鈔《まっとうしょう》』『一念多念証文《いちねんたねんしょうもん》』『愚禿鈔《ぐとくしょう》』『御消息集《ごしょうそくしゅう》』

◎覚如上人《かくにょしょうにん》……『口伝鈔《くでんしょう》』『改邪鈔《がいじゃしょう》』『執持鈔《しゅうじしょう》』『御伝鈔《ごでんしょう》』

◎存覚上人《ぞんかくしょうにん》……『歎徳文《たんどくもん》』

◎蓮如上人《れんにょしょうにん》……『御文章《ごぶんしょう》』

（一）読みやすくするため、漢字をひらがなに、かなを漢字にしたところもある。

（一）句読点《くとうてん》や、ふりがなも多めにつけた。

（一）旧仮名《かな》づかいは、新仮名《かな》づかいにした。

（一）旧字は、新字にあらためた。

（一）現代語で書きくだしたものもある。

《書》木村泰山

《装幀》遠藤和美

《写真》

◆P64／P65
東京都新宿区（撮影：矢萩和巳）

◆P128／P129
秋田県由利本荘市（撮影：大沢　斉）

◆P176／P177
東京都新宿区（撮影：佐藤　尚）

◆P224／P225
京都府・円山公園の夜桜（撮影：岡田克敏）

◆P272／P273
滋賀県木之本町（撮影：佐藤　尚）
提供：セブンフォト

◆P320／P321
富山県射水市（撮影：山本哲志）

〈監修〉

高森 顕徹（たかもり けんてつ）
昭和４年、富山県生まれ。龍谷大学卒業。
日本各地や海外で講演、執筆など。
著書『なぜ生きる２』『光に向かって100の花束』
『歎異抄をひらく』『親鸞聖人の花びら』など多数。

〈著者〉

明橋 大二（あけはし だいじ）
昭和34年、大阪府生まれ。京都大学　医学部卒業。精神科医。
著書『子育てハッピーアドバイス』
『家族と生きる ハッピーアドバイス』など。

伊藤 健太郎（いとう けんたろう）
昭和44年、東京都生まれ。
東京大学　大学院修士課程修了（専攻　科学哲学）。哲学者。
著書『親鸞聖人を学ぶ』(共著)『運命を切り開く因果の法則』
『人は、なぜ、歎異抄に魅了されるのか』など。

なぜ生きる

平成13年(2001) ４月20日　第１刷発行
令和５年(2023) ７月10日　第145刷発行

監　修　高森 顕徹
著　者　明橋 大二　伊藤 健太郎
発行所　株式会社 １万年堂出版

〒101-0052　東京都千代田区神田小川町2-4-20-5F
電話　03-3518-2126
FAX　03-3518-2127
https://www.10000nen.com/

印刷所　凸版印刷株式会社

©Daiji Akehashi, Kentaro Ito 2001　Printed in Japan
ISBN4-925253-01-8 C0095
乱丁、落丁本は、ご面倒ですが、小社宛にお送りください。送料小社負担にてお取り替えいたします。定価はカバーに表示してあります。

苦しみの人生が、
「この世の幸せ限りなし」に転じ変わる道のり

なぜ生きる2

高森顕徹 著

『なぜ生きる』の読者から最も多く寄せられた「どうすれば、親鸞聖人のように、大悲の願船に乗れるのか」に答えます。親鸞聖人の教えが詳しく解説され、仏教を学びたい人にも最適です。

こちらから試し読みができます▼

「人生は苦なり」
どうにもならぬと、アキラメていませんか

私たちは、苦しみの波の絶えない海を、さまよい続けている……
・「生きる」苦しみ　・「老いる」苦しみ
・「病む」苦しみ　・「死ぬる」苦しみ
「生まれてこなければよかった」で終わってはならない

「この世の幸せ限りなし」

どうすれば、苦しみの人生が、「この世の幸せ限りなし」に転じ変わるのか

「生・老・病・死の苦しみ渦巻く人生を、明るく楽しく渡す『大船』がある」と明言する親鸞聖人の言葉

◎定価1,650円（本体1,500円＋税10%）　四六判　上製　352ページ　ISBN978-4-925253-75-8　オールカラー

ベストセラー『なぜ生きる』のアニメ映画化！

ブルーレイ・DVD
映画 なぜ生きる
蓮如上人と吉崎炎上 完全版

原作『なぜ生きる』　脚本 高森顕徹

予想もしなかった不幸に襲われ、苦しんでいた青年が、蓮如上人の法話に出会い、本当の幸せに、生まれ変わっていく物語。

蓮如上人役 里見浩太朗さん

俳優生活59年の中で、初めてアニメ声優に挑戦しました。しかも、蓮如上人という高僧役でしたが、おおいに楽しんで演じさせていただきました。ぜひ、ご覧ください。

【声の出演】
蓮如上人 里見浩太朗
本光房了顕 小西克幸
法敬房 田中秀幸
千代 藤村 歩
赤尾道宗 関 貴昭
語り 鈴木弘子

▲詳しくはこちらから

STAFF
脚本：高森顕徹
監督：大庭秀昭
音楽：長谷部徹
原作：『なぜ生きる』(1万年堂出版)

〔ブルーレイ/DVD 各1枚組〕
本編87分＋特典約10分

〔特典映像〕
「著者からのメッセージ」
ナレーション：田中秀幸

【ブルーレイ】
〔音声〕日本語、中国語
〔字幕〕日本語、バリアフリー日本語、英語、ポルトガル語

【DVD】 日本語音声のみ・字幕なし

価格7,700円(本体7,000円＋税10%)

発売：株式会社1万年堂出版

無人島に、1冊もっていくなら『歎異抄』

歎《たん》異《に》抄《しょう》をひらく

高森顕徹 著

『歎異抄』は、生きる勇気、心の癒やしを、日本人に与え続けてきた古典です。
リズミカルな名文に秘められた魅力を、わかりやすい意訳と解説でひらいていきます。

原文の毛筆書きを掲載〈書・木村泰山〉

こちらから
試し読み
ができます
▼

『歎異抄』解説の決定版

読者から感動の声続々

もう何十年も前に、「無人島に一冊だけ本を持っていくなら『歎異抄』だ」という司馬遼太郎の言にふれて、人生、ある時期に達したら『歎異抄』を読みたいと、ずっと思っていました。私のあこがれの書でした。じっくり読み返したいです。

（70歳・男性　東京都）

他の本で『歎異抄』を読みましたが、よく理解できませんでした。『歎異抄をひらく』には、「原文」と「意訳」があり、読み通すことができました。母を亡くし、心にぽっかり穴があいていましたが、『歎異抄』を読むことで母に近づけた気がします。母に「ありがとう」の感謝でいっぱいです。

（79歳・女性　群馬県）

◎定価1,760円（本体1,600円+税10%）四六判 上製 360ページ　ISBN978-4-925253-30-7　オールカラー

やさしい入門書　例え話で解説

歎《たん》異《に》抄《しょう》ってなんだろう

高森顕徹 監修
高森光晴
大見滋紀 著

今、話題の古典『歎異抄』には、何が書かれているのか。

例え話で分かりやすく、解説します。

やさしい入門書

こちらから試し読みができます
▼

読者から感動の声続々

不安と、さみしさを感じるようになった時に、この本に出合い、心の中が、ほっと救われたような気分になりました。これからの人生を、明るく一歩一歩、進んでいこう、という気持ちになりました。

（80歳・女性　秋田県）


寂しくて、寂しくて、心が押しつぶされそうになる毎日でした。そんな時に、この本を読み、心が少し楽になりました。その日、その日を大切に生きよう、と思えるようになりました。

（89歳・男性　福井県）


『歎異抄』とは何なのか、とても分かりやすく書かれていて、私でも理解することができました。ありがたい本です。

（20歳・男性　福岡県）

◎定価1,760円（本体1,600円＋税10%）　四六判 上製 296ページ　ISBN978-4-86626-071-6　オールカラー

心をいやし、元気がわくヒント集

新装版 光に向かって100の花束

高森顕徹 著

古今東西の、失敗談、成功談などから、元気がわくエピソードを集めた100のショートストーリー集です。

1話3分で読める気軽さ。おもしろいだけでなく、人間関係、仕事の悩み、子供の教育、夫婦仲など、人生を明るくするヒントにあふれています。

（主な内容）

● かんしゃくの、くの字を捨てて、ただ感謝
● 他人の長所は、少しでも早くほめよ
……清正、深夜の急用
● 一職を軽視する者は、どんな地位におかれても、
不平をもつ ……秀吉の心がけ
● 忙しい人ほど勉強できる ほか

◎定価1,026円（本体933円＋税10%） オールカラー
四六判 224ページ ISBN978-4-925253-44-4

全国の書店で販売中。
ご自宅にお届け希望の方は下記の1万年堂出版注文センターへ
（通話無料） 0120-975-732 平日･午前9時～午後6時 土曜･午前9時～12時